科学技术哲学

(修订版)

孟庆伟等 编

哈尔滨工业大学出版社

图书在版编目(CIP)数据

科学技术哲学/孟庆伟等编.—2版.—哈尔滨:哈尔滨工业大学出版社,2006.9(2017.9重印)
ISBN 7-5603-1664-6

Ⅰ.科… Ⅱ.孟… Ⅲ.①科学哲学-研究生-教材 ②技术哲学-研究生-教材 Ⅳ.N02

中国版本图书馆 CIP 数据核字(2006)第 069441 号

责任编辑	孙 杰 苗金英
封面设计	卞秉利
出版发行	哈尔滨工业大学出版社
社 址	哈尔滨市南岗区复华四道街10号 邮编150006
传 真	0451-86414749
网 址	http://hitpress.hit.edu.cn
印 刷	哈尔滨久利印刷有限公司
开 本	850mm×1168mm 1/32 印张10.75 字数279千字
版 次	2001年9月第1版 2006年8月第2版 2017年9月第13次印刷
书 号	ISBN 978-7-5603-1664-2
定 价	18.00元

(如因印装质量问题影响阅读,我社负责调换)

目 录

绪 论 ·· (1)
  0.1 科学技术哲学的产生 ·· (2)
  0.2 科学技术哲学的性质、内容与范围 ······························ (7)
  0.3 科学技术哲学与中国现代化建设 ································ (15)

第1篇 自然篇

第1章 自然界的物质观 ··· (23)
  1.1 自然界的物质性 ·· (23)
  1.2 自然界物质性的解构与建构 ······································ (27)

第2章 自然界的系统观 ··· (32)
  2.1 物质联系的系统方式 ·· (32)
  2.2 自然物质系统的依存和作用 ······································ (35)

第3章 人与自然协同进化的生态观 ······························ (39)
  3.1 人与自然协同进化的理论内涵 ·································· (39)
  3.2 人与自然协同进化的荒野生态观 ······························ (44)
  3.3 人与自然协同进化的社会生态观 ······························ (48)

第2篇 科学篇

第4章 科学的本质和科学知识的构成 ···························· (57)
  4.1 科学的含义及特征 ··· (57)
  4.2 科学认识的结构和过程 ··· (63)

· 1 ·

4.3 科学价值与科学精神 ……………………………………（72）
第5章 科学认识的形成与科学理论的创立 …………………（81）
5.1 科学问题的提出 …………………………………………（81）
5.2 科学事实的获取 …………………………………………（90）
5.3 科学抽象与科学思维 ……………………………………（97）
5.4 科学假说的形成与科学理论的创立 ……………………（109）
第6章 科学理论的评价与发展 ………………………………（118）
6.1 科学理论的逻辑评价与经验检验 ………………………（118）
6.2 科学理论的发展 …………………………………………（134）

第3篇 技术篇

第7章 技术的本质与结构 ……………………………………（147）
7.1 技术的本质与特征 ………………………………………（147）
7.2 技术活动的要素、分类原则及其形态 …………………（153）
7.3 技术的体系和结构 ………………………………………（158）
第8章 技术认识和技术方法 …………………………………（166）
8.1 技术认识的基本特征和过程 ……………………………（166）
8.2 技术的预测与评估 ………………………………………（173）
8.3 技术方案的构思与设计 …………………………………（182）
8.4 技术方案的试验与实施 …………………………………（189）
第9章 技术价值与技术社会观 ………………………………（194）
9.1 技术的价值 ………………………………………………（194）
9.2 技术伦理 …………………………………………………（200）
9.3 技术的社会观 ……………………………………………（205）

第10章 技术创新与高技术产业化 (216)
- 10.1 技术创新的概念和特点 (216)
- 10.2 技术创新的动力和能力 (225)
- 10.3 高技术及其产业化 (234)

第4篇 科学技术与社会篇

第11章 科学技术的社会运行 (245)
- 11.1 科学技术社会运行的特点 (245)
- 11.2 科学技术社会运行的不平衡性 (249)
- 11.3 科学技术社会运行的保障 (259)

第12章 科学技术的社会建制 (272)
- 12.1 科学技术的体制化 (272)
- 12.2 科学技术的社会组织 (286)
- 12.3 科学技术的社会规范 (294)

第13章 科学技术与社会发展 (302)
- 13.1 现代科学技术革命与社会发展的新阶段 (302)
- 13.2 现代科学技术革命和发展模式的选择 (314)
- 13.3 科学技术与中国现代化 (319)

参考文献 (334)

修订版后记 (337)

绪　论

科学技术哲学是以人类对自然界的总体认识为基础,以科学技术作为主要研究对象,对科学技术的性质、发展,以及科学技术在社会大系统中的地位等所作的哲学探讨的理论体系。它涉及科学技术发展的一般规律、人类认识和改造自然的一般方法以及科学技术与人类社会发展的关系。它是自然辩证法在新的科学革命和技术革命条件下丰富和发展的新的表现形式。

一个多世纪以前,马克思和恩格斯目睹了当时科学技术的飞速发展及其给社会带来的深刻变革,用唯物辩证法对其作了科学的概括和总结,同时批判地继承了哲学史上的宝贵遗产以及人类文明史中一切有价值的成果,特别是汲取了黑格尔哲学中辩证法的合理内核,并在唯物主义的基础上加以改造,在建立和完善马克思哲学体系中创立了自然辩证法。这是人类自然观、自然科学方法论和科学技术观发展中划时代的变革,也是那个时代最高水平上的概括。恩格斯说:"随着自然科学领域中每一个划时代的发现,唯物主义也必然要改变自己的形式"。[①] 一个多世纪以后的今天,科学技术又使世界发生了更为深刻的变化,世界性的新的科学革命和技术革命方兴未艾,它推动着自然辩证法这一开放的、革命的理论体系的不断丰富和发展。运用马克思主义的世界观和方法论来分析回答现代科学革命和技术革命提出的哲学问题,是人类对科学技术本身认识的迫切需要,这必然导致自然辩证法以一个崭新的形态展现在我们面前。这就是当代的自然辩证法——科学技术哲学。

[①] 马克思恩格斯选集.第4卷.北京:人民出版社,1972.224

0.1 科学技术哲学的产生

科学技术哲学是一门在当代科学和技术飞速发展的条件下产生的新学科。在国外，有分立的科学哲学和技术哲学，但还没有在哲学层次上把科学技术作为一体来研究的科学技术哲学。对科学技术哲学是否可以作为一门独立学科存在，国内学术界也有不同看法，但在我国，存在这样一个特定的研究领域，却是一个不争的事实，而且，同自然辩证法一样，这门学科的诞生也有深刻的历史渊源。一个多世纪以前，马克思和恩格斯创立的自然辩证法为在新的历史时期诞生的这门学科奠定了直接的科学基础。而从人与自然的关系这一古老而悠久的问题看，它也是人类对人与自然关系的认识的漫长过程发展的产物。这一认识过程，大致经历了以下几个阶段。

一、古代自然哲学

古代自然哲学是指人类社会发展早期自然科学知识与哲学观点交织在一起的自然科学和哲学的一种特殊形态，实际上是古代人对自然界的总的看法。在西方，自然哲学诞生于古希腊奴隶社会形成后期，约公元前 7 世纪至公元前 6 世纪。当时生产力水平较为低下，人类对自然界的认识主要建立在粗陋的观察和思辨的猜测上。自然科学还没有从哲学中分化出来。在这一时期，一些既是哲学家又是科学家的哲人们企图用自然界的某种特殊事物或性质说明自然现象，并且力图从自然现象的总的联系去把握它们，从总体上勾画出一幅自然界的总画面。他们提出了一些关于整个宇宙的根本问题，如万物的本原是什么，能否把万物看成是单一实体的不同表现形式，万物是怎样生成和变化的，等等。他们在对这些问题的探讨中，有不少唯物主义和辩证法的因素，达到了对自然界自发的唯物主义和素朴的辩证法的理解。这是古希腊哲学的伟大创立者在自然观方面留给我们的宝贵的遗产。

几乎在同一时期,中国古代的哲人们创立了独特的自然哲学体系,如盖天说、浑天说、宣夜说,以及用五行(金、木、水、火、土)及其变化(阴、阳)来解释自然万物。

但是,限于当时人类的实践和认识水平,这种自然哲学还没有进步到对自然界进行解剖和分析的地步。古希腊的自然科学基本上是以简单的经验观察为基础的,一般说来,还没有系统的实验方法,着重于逻辑的推理和概括,因而他们提出的一些理论缺乏充分的事实根据。这就使得他们的自然观具有直观性、猜测性和思辨性的特点。也正因如此,这些自然观不可避免地包含了以后分裂的种子。

二、中世纪的经院哲学

公元5世纪以后,欧洲进入封建社会,一直延续到17世纪,其间长达1 000多年,从5世纪到15世纪,历史上通常称为中世纪。在中世纪,基督教在欧洲社会中日益占据统治地位。8世纪以后出现的经院哲学,又使以基督教为核心的宗教神学更加理论化,一些经院哲学家采用思辨的逻辑来论证神学及其自然观,并使之系统化,成为统治一切的力量。从奴隶社会进入封建社会,从社会形态来看是个进步,但是在自然观上却是个倒退。古代自发的唯物主义和朴素的辩证法对自然界的认识,变成了一种典型的唯心主义,科学沦落到理性跪倒在神坛之下充当了神学的婢女。

三、近代自然科学的认识论和方法论

15世纪末16世纪初,欧洲城市商业经济的发展和地理大发现,奠定了世界贸易以及从家庭手工业到工场手工业的基础,在经济和生产发展的推动下,伴随着思想文化领域的文艺复兴和宗教改革运动的深入,科学又重新兴起。1543年,哥白尼的不朽著作《天体运行论》出版,标志着自然科学开始从神学中解放出来,走上了独立发展的道路。近代自然科学不仅摆脱了神学和经院哲学的束缚，也克服了旧的自然哲学的缺陷，把对自然界的认识建立在观察和实验的基础上，并把实验方法和数学方法相结合，使自然科学大踏步前进。弗兰西斯·培根创立了唯物主义的自然观、经验论的认识论和归纳法的方法论。笛卡尔则提出了唯理论的认识论和演绎法的方法论。在对科学本身的认识上，培根还发展了近代科学的人文主义传统，强调真正的科学应当具有实践的性质，科学的合理目标应是给人类生活提供新的发现和力量。这些都对近代自然科学的发展起了积极的推动作用。

但是，从哥白尼开始直到18世纪末，自然科学主要是处于搜集材料的经验阶段，当时只有力学和天文学以及为它们服务的数学取得了一定程度的成绩，其他学科还处在襁褓之中。与这种情况相联系，决定了当时对自然界的认识以及认识论和方法论的机械论和形而上学局限性。这一阶段，自然科学的最高成就就是经典力学，它是当时起带头作用的中心学科。用力学尺度去衡量一切，用力学原理去解释一切，被看成理所当然。于是，人们把一切运动都归结为机械运动，把一切运动的原因都归结为力，认为自然界是一部按力学规律运转的大机器，甚至人本身也是机器，这就是机械论的观点。在自然科学的创建和搜集事实材料阶段，自然科学家采用的研究方法主要是观察、实验、解剖分析和归纳。采用这种以分析为主的研究方法在科学上是必要的。但是，这种做法也给人们留下了一种习惯，即把自然界的事物和过程孤立起来，撇开广泛的总的联系进行考察，因此就不是把它们看做运动的，而是看做静止不动的；不是看做本质上是变化的，而是看做永恒不变的；不是看做活的，而是看做死的。这种考察事物的方法被培根和洛克从自然科学移到哲学中以后，就造成了近几个世纪所特有的局限性，即形而上学的思维方式。自然辩证法这一新学科的诞生，就是从突破机械论和形而上学的局限性开始的。

四、马克思主义的自然辩证法

18世纪,首先发生在英国的工业革命有力地推动了科学技术的发展,19世纪初,自然科学进入从搜集经验材料走向对这些材料进行理论概括的全面发展阶段。自然科学各个领域相继涌现出一系列重大发现,越来越深刻地揭示了自然界的辩证法。与此同时,辩证法也在德国古典哲学特别是黑格尔哲学中,达到继古希腊哲学后第二种历史形态的发展。不过,黑格尔只是在概念的辩证法中猜测到了事物的辩证法,它的辩证法还被深深地束缚在唯心主义的体系之中。

科学和哲学的发展,都为一门新学科的建立奠定了基础。正是在历史发展的这种必然进程中,也是为了适应自然科学和哲学发展的需要,马克思和恩格斯科学地总结和概括了当时自然科学以及技术发展的最新成就,批判地继承了哲学史上的宝贵遗产以及人类文明史上一切有价值的成果,特别是吸收了黑格尔哲学中辩证法的合理内核,并在唯物主义基础上加以革命性的改造,在建立和完善马克思主义哲学体系的过程中创立了自然辩证法。

阐明自然界和科学技术的辩证法,是马克思和恩格斯共同提出的任务。系统地研究和建立自然辩证法的工作,则主要是由恩格斯进行的。由于一些特殊的原因,影响了恩格斯写作工作的正常进行,因此直到他1895年逝世,遗憾地留给我们的仍然仅仅是一部未完成的手稿。但就是在这部手稿中,自然辩证法这门学科作为马克思主义哲学严整理论体系的一个重要组成部分,作为一门关于自然界和科学技术发展的一般规律以及人类认识和改造自然的一般方法的科学,实际上已经被建立起来了。

自然辩证法是马克思主义哲学的重要组成部分,它的地位是和历史唯物主义并列的。前者是马克思主义关于人类认识自然和改造自然成果的概括和总结;后者是马克思主义关于人类认识社会和改造社会成果的概括和总结。两者共同构成辩证唯物主义的基石。自然辩证法从人与自然的对象性关系出发,运用辩证的方法去研究自然界发展的最一般的规律,研究人类认识自然界的最一般的规律与方法,研究自然科学发展的最一般的规律。它是马克思主义哲学和近代科学技术结合的产物。

马克思和恩格斯在创立自然辩证法方面的贡献,主要体现在自然观、科学认识论和方法论、自然科学的发展三方面,即现在被学术界普遍接受的自然辩证法的理论体系中自然观、科学技术方法论、科学技术观这三个基本组成部分。

自然观是关于自然界以及人与自然关系的总的看法、总的观点。马克思和恩格斯建立自然辩证法,首先在自然观上发起了一场革命。他们克服了古希腊自然哲学中直观、猜测、思辨的局限性,汲取了其中关于整体联系和运动发展的思想;批判了近代自然观中的机械论和形而上学,保留了其中的唯物主义基础,以自然科学的最新成果为依据,深刻地揭示了自然界本身的辩证法,建立了一种反映自然界真实状况,适合自然科学发展需要的辩证唯物主义自然观,即把自然界看成是整体联系的不断发展变化的"过程的集合体"。[①] 并从人类认识自然界的基本范畴、普遍规律等方面,勾画出一幅自然界发展的总图景。

科学技术方法论是人们对自己从事科学技术研究所运用的认识和实践方法的哲学概括,是关于科学研究和工程技术研究一般方法的性质、特点、内在联系和变化发展的理论体系。马克思和恩格斯克服了培根经验论的形而上学性质,批判了笛卡尔唯理论的唯心主义观点,把他们发展了的归纳法和演绎法有机地结合起来;同时,批判了康德的先验论和黑格尔的理念论的唯心主义观点,把康德特别是黑格尔从认识主体方面抽象地发展了的思维的能动作用批判地加以改造,第一次明确地提出了以社会实践为基础、出发点和目的的辩证

---

① 马克思恩格斯选集.第4卷.北京:人民出版社,1972.240

唯物主义的科学技术方法论,把社会实践提到认识论和方法论的首要地位。这是人类在认识论和方法论的历史上的根本变革。

科学技术观是关于人类对科学技术及其发展以及科学技术与社会关系的总的看法。在对科学技术自身的认识上,马克思和恩格斯与把自然科学看成是为知识而知识的纯粹理性活动,仅仅是关于自然的知识体系的狭窄看法相反,认为科学首先是人类历史上的一种特殊的而且是极其重要的历史活动,并把它放在社会历史的发展中去考察。他们在科学史领域内第一次全面地、科学地研究了自然科学与社会的相互作用,明确地指出了自然科学的起源和发展同物质生产之间的关系,并在此基础上对自然科学的性质和作用、自然科学的体系结构、自然科学发展的规律性等问题进行了探讨,提出了诸如自然科学属于一般社会生产力、科学技术并入生产过程转变为直接的生产力这样一些崭新的思想,创立了辩证唯物主义的科学技术观。

自然辩证法是开放的、发展的理论体系,因而它必然会随着科学技术的发展而不断丰富与发展。20世纪以后,随着科学和技术的进一步发展,辩证唯物主义的自然观、科学技术方法论、科学技术观的内容都进一步得到了丰富,并启发了科学社会学、技术社会学、科学学与技术文化学等领域的研究,正在形成科学技术学这一广阔的研究领域。在当代科学革命和技术革命的条件下,自然辩证法的理论体系日臻完善,向更高级的形式发展,这就是新时期的自然辩证法——科学技术哲学。

0.2 科学技术哲学的性质、内容与范围

一、从自然哲学到科学技术哲学

19世纪马克思和恩格斯建立的由辩证唯物主义自然观、辩证唯物主义科学技术方法论和辩证唯物主义科学技术观构成的体系完整

的自然辩证法,其核心部分是辩证唯物主义的自然观,这是自然辩证法的理论基石,由此出发,他们研究了科学技术这种极为重要的社会实践活动,并研究它与社会发展的关系。正是在这一意义上,我国一些学者也把自然辩证法看成是马克思主义的自然哲学。以自然观为核心,也是和当时的科学技术发展水平相适应的。尽管在19世纪近代科学技术都得到了全面发展,但是仍不足以对自然界的复杂现象达到深刻认识,许多本应属于自然科学去解决的问题不得不依赖于哲学的思辨。而哲学是否能够很好地完成这一任务,自然观是其基点。因此,马克思和恩格斯把自然观作为自然辩证法理论体系的核心是完全正确的。

20世纪以来,随着科学技术的飞速发展,出现了许多在马克思、恩格斯时代没有看到过的新趋势。首先是科学、技术与生产紧密结合,科学开始走在了技术的前面,决定着生产的方式与方向,形成了科学、技术与生产紧密结合的态势;其次是科学技术成为第一生产力,在现代科学革命与技术革命时期,科学技术系统已经成为生产力系统中一个极为重要的组成部分;最后是技术创新及开发研究成为推动科学技术发展的关键因素,技术创新既是科学技术转化为直接生产力的中心环节,又成为一国经济、政治、社会与文化发展的动力和企业充满生机与活力的主要源泉。归根结底,科学技术在经济和社会发展中的地位越来越重要,以致成为任何一个国家发展中都必须考虑的因素。

科学技术发展的这些新趋势,使人类对自然界认识和改造的能力越来越强,那些原来科学难以触及而不得不依靠哲学的思辨的领域,越来越多地进入科学的视野,成为自然科学的基本组成部分。过去作为自然观的一些东西,实际上多数已成为自然科学的基本研究任务。而由于科学技术在协调人和自然的关系中的地位日益加强,对其深入认识的必要性也越来越大。由此导致了以自然观为核心的具有自然哲学性质的自然辩证法开始向以科学技术作为认识重点的科学技术哲学转向。科学技术哲学和思辨性的自然哲学的根本区别在于,科学技术哲学的直接研究对象不是自然界而是作为人和自然联系中介的科学技术,而直接研究自然界的任务则理所当然地落到了自然科学本身的肩上。当然,科学技术哲学只有依赖科学技术的研究成果才能牢固地树立起自己的范畴和观点,因而,科学技术哲学也必须以辩证唯物主义的自然观作为基础。把自然辩证法推进到一个新的阶段,把它发展成为科学技术哲学,是与当代的科学技术水平相适应的。由于科学技术哲学是自然辩证法的丰富和发展,所以,它在学科的研究对象、内容和范围方面,必须以自然辩证法的观点和理论作为出发点和依据,就其学科性质而言,它仍然是马克思主义哲学的重要组成部分。

二、科学技术的历史起点和逻辑起点

科学技术哲学研究的对象是科学技术,而在科学技术的背后,反映的却是人与自然的关系。因此,要深刻理解科学技术哲学的研究范围和学科内容,也必须从理解人和自然的关系开始。人与自然之间的矛盾是人类社会发展中贯穿始终的一对基本矛盾。科学技术就是在解决人与自然的矛盾中逐渐产生和发展起来的。解决人和自然的矛盾既是科学技术的历史起点,又是科学技术的逻辑起点。

首先,解决人和自然的矛盾是科学技术的历史起点。人和自然对象性关系的形成是与科学技术的诞生同时开始的。人类在漫长的进化过程中,为了在自然界中获得独立地位,摆脱完全被动地依赖自然界的消极状态,开始进行生产劳动,同时也就开始在生产劳动中取得认识自然的知识和改造自然的技能,这些知识和技能,积累起来,流传下去,便形成了科学技术的萌芽。

人类以自己的活动来引起、调节和控制人与自然之间物质交换的劳动过程,是从制造工具开始的。打制的石器是人类祖先最初制造出来的劳动工具,它标志着人类掌握了第一种最基本的材料加工技术,因而也就成为古代技术发端的第一个标志。与此同时,人类又学会了取火和用火,大大扩展了人类活动的时间和空间范围,并有可能渡过了最后一次冰期。用火使人类第一次掌握了驾驭自然的能力,人类在自然面前再也不是毫无作为了。人类认识自然、改造自然的一切活动从一开始就是在一定的社会关系中进行的,社会交往的需要产生了语言,为了克服语言受时空限制的局限,人类又发明了文字,这是在信息领域中的基础性发明。打磨石器、取火用火、文字以及其他一些发明,构成了古代技术的开端,而这一开端正是由解决人和自然的矛盾引起的。

人类在对自然界的初步认识中,以在对自然界的初步变革中所积累的经验为基础,又形成了以自然哲学形式出现的朴素的自然观。有了以技术形态出现的经验的自然知识,又有了以自然哲学形式出现的自然观,人类对自然界的认识出现了第一次飞跃,这就是在古希腊亚历山大里亚时期古代自然科学的萌芽,人类开始借助于理性的思维自觉地对自然界进行认识。

科学技术的进一步发展使人类在处理与自然界的关系上越来越处于主导地位。在解决人和自然的矛盾中产生的科学技术反过来又深刻地影响了自然界,使自然界越来越多地留下了人工的痕迹,并且使自然界的内涵发生了深刻的变化。

其次,解决人和自然的矛盾是科学技术的逻辑起点。逻辑的东西和历史的东西是一致的。"历史从哪里开始,思想过程也应该从哪里开始,而思想进程的进一步发展不过是历史过程在抽象的、理论上前后一贯的形式上的反映。"[①] 科学技术的发展过程也是如此。

我们之所以把人与自然的矛盾作为科学技术的逻辑起点,在于这一对矛盾是科学技术整个历史发展进程中最简单、最基本、最常见的。犹如商品交换是资本主义社会里"最简单、最基本、最常见、最平

---

① 马克思恩格斯选集.第 2 卷.北京:人民出版社,1972.122

凡,碰到过一万次的关系",它包含着现代社会的"一切矛盾的胚芽",① 正如马克思研究资本主义的发展规律是从商品交换开始一样,研究科学技术就应该从分析人和自然的矛盾开始。

从科学技术的本质上看,自然界要成为人的认识对象,要借助于科学;自然界要成为人的变革对象,则要借助于技术。科学是在变革自然中认识自然规律,是人类能动地变革自然的间接的潜在的力量;技术则是运用自然规律来变革自然,是人类能动地变革自然的直接的现实的力量。科学技术既是人与自然的矛盾的不断强化又不断解决的历史证明,又是推动这一矛盾不断发展的力量。所谓科学技术的进步,包括历史上发生的历次科学革命和技术革命,实质上都是人在自然界中的地位的某种改善和提高,是人类对自然界的认识深化和对自然界支配能力强化的标志。失去了人与自然的矛盾,科学技术就失去了存在的前提和价值。

从科学技术的社会职能上看,科学技术的直接使命是促进社会生产力的发展,满足人们日益增长的物质生活和文化生活的需要。而物质财富的丰富主要靠人类对自然界利用和变革领域的扩大和深化,靠人类对自然界支配能力的提高;精神文化生活的发展必须以物质生活的发展为基础,归根结底也依赖于人与自然关系的改善。从根本上说,科学技术的直接使命就是调节和改善人类与自然界之间的关系,使自然界能够在越来越大的范围内、越来越深刻的层次上为人类服务。

可见,人与自然的矛盾不仅是贯穿人类历史全过程的最基础、最初始的矛盾,而且解决这一矛盾也是科学技术的最根本的使命。对科学技术的研究和讨论,也只能从这里开始。

---

① 列宁.哲学笔记.北京:人民出版社,1974.409

三、科学技术哲学的研究范围和内容

马克思和恩格斯创立自然辩证法的主要贡献,是建立了辩证唯物主义的自然观、科学技术方法论、科学技术观。虽然他们最终没有建立起一个完备的理论体系,但是,他们在以上三个方面作出的卓越贡献却得到了公认。正因为如此,自然观、科学技术方法论、科学技术观三大板块的理论框架也同样成为理论界共同接受的理论体系。在这三大部分的基本内容中,自然观又是基础和核心。自然界是自然辩证法的主要研究对象。

科学技术突飞猛进的发展引发了自然辩证法研究重心的变化,由于研究重心的变化,科学技术哲学的研究范围和内容也应当随之丰富和发展。

由于时代的变化,在人和自然这对矛盾中,科学技术已经扮演了主要角色。因此,对科学技术的认识便构成了本学科的基本框架。虽然20世纪以来科学技术化、技术科学化,进而科学技术一体化的趋势开始出现,但是科学和技术并不是一回事,它们反映了在协调人和自然关系中人对自然认识和改造的不同侧面,自然界以人化自然和人工自然两种不同形态展现在人类面前,科学和技术在发展中也呈现出不同的规律性。简单地把科学和技术混为一谈,会妨碍我们对于科学技术的深刻认识,也不利于我们更好地推进科学技术事业的发展。由于我们过去不重视两者的严格区分,以至于在科学与技术发展战略目标的确定上出现过失误。因此,对科学技术自身的认识有必要分开进行。但仅仅研究科学技术自身发展的逻辑过程并不能达到对科学技术的深刻认识,还必须把科学技术放到社会的大系统中去认识。科学技术在社会大系统中的运作,各自所呈现的规律也不尽相同,作一定的区分是必要的。但是,在和社会大系统的关系方面,科学和技术还是有许多共通之处的,分开讨论科学与技术自身发展以及研究活动的逻辑,合起来讨论作为一种社会历史现象,作为

社会大系统中子系统的科学技术,有助于我们取得对科学技术的总体认识。

循着这一思路,科学技术哲学主要包括以下一些研究内容。

从逻辑上讲,协调人和自然界的关系,关键是对自然界的认识和改造,而人类只有在对自然界深刻认识的基础上,才能对自然界进行有效的改造。所以学科的理论框架首先从对科学的认识开始。这里,我们首先要回答的问题是,科学究竟是什么,它从哪里来,又将往何处去,进而,我们还有必要讨论科学是遵照什么样的规律向前发展的;科学作为人类认识自然界的精神成果,人类是通过何种方式、何种途径获得的。因此,在这部分内容中,要从实践的观点,运用经验与理性相结合的方法,沿着科学哲学的规范方向与实证方向,深入地阐明科学理论的本质特征、形成、检验与发展等问题。

认识世界是为了改造世界。控制和改造自然界所采用的基本手段是技术,它在协调人和自然的关系中的作用比科学更为直接。所以,在对科学有了一个基本认识的基础上,进而就要把技术纳入我们的认识视野。技术究竟是什么,技术是怎么来的,它在发展中又有哪些和科学发展不同的规律性,同样也是我们首先要回答的问题。和科学不同,技术成果的最终表现形式,一般是以人工制品的形态展现在我们面前的。从自然物品向人工制品的转化过程,就是技术研究和开发的过程。对技术研究和开发的途径、方法的探讨,也是对技术的认识中不可或缺的内容。科学技术变成人类控制自然和改造自然的实在力量,是在人类的生产活动中实现的。从科学技术到生产,还有一个必经的转化阶段,这就是技术创新。如果技术不能通过技术创新向现实生产力转化,那么,它在人类社会发展中的地位和作用将会大打折扣。在当代社会的发展中,由于科学技术和社会的关系越来越密切,科学技术如何能够更迅速、更有效地转化为现实生产力的问题越来越引起人们的关注,技术创新的地位也变得越来越重要。因此,在技术部分,有必要专门对技术创新问题进行探讨。在这部分内容中,要从实践的观点、从技术与科学相互联系与相互区别上,深入地阐明技术的本质特征,技术的认识论、方法论与价值论,技术的社会建构,特别是技术创新与高技术产业化问题。

科学技术不是一个封闭、孤立的系统,而是整个社会大系统的有机组成部分。它的运作过程,是在社会大系统中进行的。科学技术变革了人与自然的关系,进而也推动了人类文明的进步和人类社会的变迁。特别是在当代,科学技术业已经成为国家的战略产业。所以,要真正认识科学技术在社会发展中的地位和作用,更好地推动科学技术事业的发展,必须把它放回到社会大系统中,分析它和社会大系统中诸种要素的交互作用关系。阐明科学技术的社会运行、社会建制、科学技术与社会发展及其与中国现代化的关系,批判地吸收国内外不同学派与此相关的论述。这种认识是为了使科学技术更好地发挥其在协调人和自然界的关系以及在推动人类社会发展中的作用服务的。

事实上,人类社会的发展和进步,是在两个协调发展的基础上实现的,一是人和自然的协调发展;二是科学技术、经济、社会的协调发展。两个协调发展的实现,从根本上取决于在深刻认识科学技术运作规律的基础上,确定合适的发展战略。中国的可持续发展战略、科教兴国战略是实现两个协调发展的根本保证。

从人和自然的矛盾出发,从感性认识上升到理性认识,进而用所获得的理性认识成果去指导进一步的实践,实现认识领域的第二次飞跃,这就是从协调人和自然关系的需要开始,又回归到人和自然关系的协调实现的完整过程,也就是从必然王国走向自由王国的过程。

从科学技术哲学研究的内容可以看出,毫无疑问,科学技术哲学是马克思主义哲学的重要组成部分,但是,它又绝不简单的是马克思主义哲学中的一个分支学科,当代科学革命和技术革命条件下的科学技术哲学,和科学史、技术史、科学学、技术学、科学技术社会学、科学哲学、技术哲学、科学技术管理科学等学科都有着密切的关系,它是一门自然科学、社会科学与思维科学相交叉的哲学性质的学科。科学技术哲学从自然观、认识论、方法论与价值论方面,研究科学技术及其与社会的关系,它又是科学技术研究(即正在形成的科学技术学)的思想理论基础。

0.3 科学技术哲学与中国现代化建设

作为马克思主义哲学的重要组成部分,不论是科学技术哲学,还是自然辩证法,都与中国现代化建设有着不可分割的联系,曾经和继续为中国的现代化建设作着重要贡献。自然辩证法在当代之所以以全新的形式——科学技术哲学表现出来,在很大程度上也是中国社会主义现代化建设提出的新要求。

早在20世纪30年代,自然辩证法就传入中国,并出现了学习和研究自然辩证法的组织,如1940年在延安成立的自然科学研究会,就在当时的延安掀起了学习自然辩证法的热潮。但是,这门学科的真正成熟则是在新中国建立以后,伴随着我国社会主义建设事业的发展。新中国建立以后,从自然辩证法到科学技术哲学的发展,大体经历了三个阶段。

一、新中国建立初期

新中国的建立使自然科学的地位大大提高,国家建设迫切需要中国的自然科学迅速发展。在这种情况下,用马克思主义武装我国的自然科学工作者和用马克思主义来解决科学研究中发生的问题,研究科学工作中的政策和方针问题,就成为必须认真看待的问题。而自然辩证法可以使人们更好地认识自然科学发展的规律性,并可以促进科学技术工作者和社会科学工作者的结盟,因此,在国内科技界,出现了自觉学习自然辩证法的马克思主义学习启蒙运动。一些科学工作者,还开始自觉地把恩格斯的自然辩证法思想运用到自己的科研工作中。如地质学家李四光、人类学家裴文中、数学家华罗庚等，都结合自己的专业，发表学习心得，讨论科学技术工作中的世界观与方法论问题，在知识界产生了很大影响。

二、工业化时期

从1953年开始，我国开始执行实现工业化的第一个五年计划；1956年，在"三大改造"基本完成之后，我国开始进入社会主义建设的新阶段。自然辩证法的发展，也进入了第一个黄金时代。

1956年是我国各项事业大发展的一年，也是自然辩证法取得丰硕成果的一年。在这一年里，国务院领导组织制定全国自然科学和哲学社会科学的十二年(1956~1967年)发展远景规划。在制定哲学和社会科学规划时，哲学社会科学规划委员会邀请北京及少数外地的自然科学家，讨论并制定了《自然辩证法(数学和自然科学中的哲学问题)十二年(1956~1967年)研究规划草案》，作为哲学和社会科学研究规划的组成部分。制定这一规划的宗旨是加强哲学和自然科学工作者之间的联盟，一方面可以通过自然科学的迅速发展为认识论、辩证法和逻辑学的研究提供丰富的新材料；另一方面可以帮助自然科学家提高辩证思维能力，克服工作中在认识论和方法论方面遇到的困难。在规划的制定过程中，大家在一起比较全面地、系统地、深入地考察了自然辩证法的多方面问题，特别是马列主义与自然科学的关系，自然科学的性质、特点，自然科学和生产的关系，科学与社会的关系，现代科学技术发展的规律和特点，科学中真理和谬误的关系，自然科学中的认识论和方法论，以及批判、清除唯心主义思想方法对自然科学的干扰和影响等问题。

1958年以后，我国自然辩证法学习和研究的领域不断扩大，由研究自然辩证法的基本理论和各门自然科学中的哲学问题，逐步扩展到工业、农业、医学中的辩证法，以及生产过程的辩证法，技术革命中的辩证法问题。当时的自然辩证法研究，与广大工农群众和知识分子学习毛主席著作的活动结合起来,理论联系实际,不仅在自然科学理论研究中,而且在生产斗争和科学实验领域中学习和运用辩证唯物主义,形成了我国自然辩证法学习和研究所独有的特点和优点。

这里尤其值得关注的是自然辩证法的学习与研究在技术与生产领域中的蓬勃发展。在这段时间里,在全国各地的工厂企业、科学研究机关和大专院校中出现了一股学习和运用毛泽东思想,大搞技术革命、技术革新和教学改革的热潮。为了交流这方面的学习情况和经验,1960年8月,中国科学院哲学研究所在哈尔滨召开了全国自然辩证法座谈会,这次会议是自然辩证法的一次盛会,它推动了自然辩证法的研究工作向更加广阔的领域展开。在这次会议上,哈尔滨工业大学教师提交的论文,就包括后来发表在《光明日报》上,被《红旗》杂志转载,并引起毛泽东同志浓厚兴趣的关于机床发展的辩证法的论文。毛泽东同志亲笔写信给哈尔滨工业大学,要求撰写一篇有关机床内部矛盾运动的"长文",当"再论机床内部矛盾运动的规律和机床的'积木化'问题"一文在《红旗》杂志发表时,《红旗》杂志专门发了编者按。编者按指出:"我们全国有很多大学,每个大学都有若干专业,全国各地有很多研究机关,有很多生产单位,他们在教学、研究和生产的过程中,天天接触和处理各种问题,或者说各种特殊矛盾。如果每一个专业,每一个科学机关,每一个生产单位,都能用同样的方法抓住他们自己业务中的一个特殊矛盾,用一定的时间进行深入的、系统的、全面的研究,那就可以预期,我们的科学工作将获得越来越多的成果,将出现更加繁荣的百家争鸣、百花齐放的景象。"哈工大的这篇文章和《红旗》杂志编者按引起了全国机械工程技术界的广泛兴趣,不少省市的高等院校、工厂和研究单位都对这个问题进行了探讨,这是在工程技术领域学习、研究和应用自然辩证法的一个良好开端。

在这段时间里,自然辩证法的学习和研究工作取得了很大成绩,但也出现过严重失误,受到"左"倾错误的干扰,有不少值得总结的教训。这些失误提醒我们,应当在理论和实践上坚持贯彻百家争鸣的方针,严格区分学术问题和政治问题、哲学问题和科学问题的界限,不要轻易地给不同意见扣上唯心主义、形而上学甚至"反动"、"反革命"的帽子,只有这样才能促进自然辩证法和自然科学的发展。

三、改革开放时期

1978年的全国科学大会迎来了科学的春天,同时也迎来了自然辩证法的春天。作为全国科学技术规划会议的一部分的全国自然辩证法规划会议,制定了《1978～1995年自然辩证法学科发展规划纲要》(初稿),经邓小平同志批准,中国自然辩证法研究会成立,标志着自然辩证法学科的发展又进入了一个新的阶段,步入又一个黄金时代。

改革开放以来,自然辩证法与中国现代化建设紧密结合,研究科技发展战略、科学技术与经济发展、科技政策、科技工作管理、科学技术与人类文明、批判分析当代西方各种关于科学技术与社会的思潮,使研究领域不断扩展,为中国的现代化建设作出新的贡献。从1978年在全国科学大会上邓小平同志重申"科学技术是生产力"这一马克思主义的基本观点,到20世纪80年代"经济建设依靠科学技术、科学技术面向经济建设"方针的提出,再到"迎接新技术革命的挑战",直至80年代末期邓小平提出"科学技术是第一生产力",90年代中叶"科教兴国"战略的确定,知识经济的兴起,进而是国家创新体系的建立,在每一个中国现代化发展的关节点上,自然辩证法都起了重要作用。

科学技术的发展及其在社会发展中的地位不断提高,一方面使自然辩证法的研究领域不断扩展,另一方面也使其研究视角发生了转变,同时,随着改革开放事业的逐步深入,国际间的学术对接也变得越来越重要,正是在这种情况下,中国自然辩证法学者于光远、高达声等人在20世纪80年代后期提出,建议用科学技术哲学取代自然辩证法这一名词,并在学科建设中得到体现。

当代中国正在进行前所未有的社会主义现代化建设,科学技术现代化是整个现代化的关键。早在100多年前,恩格斯就指出:"一个民族想要站在科学的最高峰,就一刻也不能没有理论思维。"[1] 在当代科学革命和技术革命的条件下,哲学对科学技术的促进作用就更为明显。它可以启迪我们的思维,开阔我们的思路,用唯物辩证法武装我们的头脑。从宏观上看,它可以使我们切实掌握科学技术发展的客观规律,为科学技术方针和政策的制定,科学技术的发展规划,科学技术工作的领导和管理提供科学基础。从微观上看,它有助于提高自己的哲学素养,学会用辩证唯物主义观点去分析科学技术发展中提出的各种问题,科学技术领域中的各种哲学、社会思潮,增强自身的鉴别能力;加深对党和国家的科学技术方针、政策的理解,增强自身从事科学技术活动的自觉性。

---

[1] 马克思恩格斯选集.第3卷.北京:人民出版社,1972.467

第1篇 自然篇

人类对自然界的认识是对科学技术认识的基础,在以科学技术作为中介所进行的协调人与自然的关系中,人类对自然界的认识也在不断深化。在经历了古希腊朴素辩证法的自然观和17、18世纪机械唯物主义自然观之后,19世纪马克思、恩格斯创立了辩证唯物主义自然观,成为马克思主义哲学的重要组成部分。20世纪以后,在辩证唯物主义自然观的基础上,以科学技术发展的最新成果为基础,人类对自然界的认识进一步深化,产生了辩证唯物主义自然观新的发展形式——系统自然观和生态自然观。本篇讨论的内容,包括建立在最新科学基础上的自然界的物质观、系统观和人与自然协同进化的生态观。

第1章 自然界的物质观

自然界泛指进入人类认识过程的一切事物的总和,包括地球自然界和地球之外的宇宙自然界。这些自然界的事物尽管具有形态上的千差万别,但是,它们都具有哲学意义上的物质性和规律性,都存在于普遍联系和运动变化之中。

1.1 自然界的物质性

一、自然界的物质形态

自然界的物质形态,可以划分为生命物质与非生命物质两大类。生命物质是由非生命物质变化并产生出来的;非生命物质先于生命物质,是生命物质的基础。

非生命物质的最简单的物质形态是基本粒子和构成宇宙介质的各种物质场。迄今为止,有300多种基本粒子被发现。从宇观看,自然界由各种天体构成。天体包括星云、恒星、行星、星系、星系团、超星系团、总星系等物质形态。从宏观看,地球自然界是迄今为止唯一具有生命的天体。它的圈层结构可分为大气圈、水圈、生物圈、岩石圈、地幔、地核等。其中生物圈是地球行星物质发展到一定历史阶段的产物,地球生物圈是充满生机的世界。在生命世界里,动物、植物和微生物是最基本的生命存在形态。动物界与植物界又分为门、纲、目、科、属、种等几个层次。

自然界的物质形态,从物质的聚集状态可以划分为固态、液态、气态,这是日常熟知的。还有四种物质聚集形态是不常见的,即等离子态、超密态、真空态和反物质态。

等离子态 当气态物质温度升至几千度时,气体的原子外层电子脱离原子。于是中性的原子变成带阳电的离子。这种电离气体叫做等离子体。宇宙中有99.9%以上的物质处于等离子态。

超密态 当物质在超高压(如几百万大气压)下,其分子与原子之间、原子核与电子物质之间的空隙几乎为零,它们被紧密地挤在一起,物质密度极大。如白矮星的密度高达 $10^5 \sim 10^8$ g/cm^3;中子星的密度高达 $10^{14} \sim 10^{15}$ g/cm^3。这种物质形态叫做"超密态"或"超固态"。

真空态 现代科学发现,所谓真空不过是一种物质形态,它就是负能态的粒子海,通常所观察的粒子,不过是从粒子海中逸出的少数粒子,以及粒子逸出后在真空中留下的空穴(相应的反粒子)。真空态是物质的更基本的形态。

反物质态 所谓反物质,就是由反粒子构成的物质。在自然界中,每一个粒子都有与之质量和寿命相同的反粒子。宇宙中正反粒子的存在,反映了自然界的一种重要的相反相成的物质存在性质。

自然界物质运动的变化不仅产生了生物界,而且产生了具有文化特色的人类。人类社会是生命世界的重要成员,是地球生物圈发展到人类阶段的历史必然。因此,自从有了人类社会及其发展,就在生物圈的基础上产生了一个新的圈层——社会圈或智力圈。智力圈就是人类的智力所及的自然界。这种自然界在地球上主要分为人工自然、人化自然两大组分,而在人类智力圈形成之前存在的物质自然界,或几乎没有受到人类影响的自然界,又称为天然自然界,或原发自然界。

天然自然指的是尚未与人类发生联系和相互作用的那部分自然界。在人类出现之前,整个自然界都是天然自然界。这部分自然界被称为第一自然界,或荒野自然界。在智力圈范围内并受人类经济、社会规律作用而形成的人工产物的世界,又称为人工自然界,而仅仅是人的认识能力所及,而其自身却没有任何改变的自然界则称为人化自然界。人工自然界和人化自然界统称为第二自然界。

人工自然界作为物质的存在方式,主要表现为人造的城市、人工的产品以及设施、设备和装备等;也包括农、林、牧、副、渔业以及采矿业等对大自然的部分干预和作用过程形成的自然界。人化自然界则是人类对自然界认识的成果,包括从总星系到基本粒子间已经被人类认识到的东西。

人工自然界是符合人类目的的创造物,是人类精神及其设计的物化,反映人类的意愿和追求以及人类文化发展的阶段性。关于第二自然界的性质,马克思说:"自然并没有制造出任何机器、机车、铁路、电报、自动纺棉机等等。它们都是人类工业底产物;自然的物质转变为由人类意志驾御自然或人类在自然界里活动的器官。它们是由人类的手所创造的人类头脑底器官;都是物化的智力。"[1]

二、自然界统一于物质性

自然界的万事万物在形态上纷纭复杂、多种多样、千差万别,但它们都具有共同的特点——物质性以及物质运动的规律性。也就是说,自然界的事物不论其形态、种类如何,都是物质的,都是有其运动规律的。物质存在是自然界的最普遍最基本的单元,物质运动的规律是把握自然界物质形态的多样性和统一性的本质联系。

自然界的一切事物都是物质的,它们都存在于人的意识、感觉、精神之外,离开人的意识、感觉和精神而独立存在,而且能为人们的感觉和意识所反映。自然界的物质性是一个经验的命题,是可以通过科学实践来检验的。全部人类科学的历史都证明了自然界的物质性或自然界的物质统一性。

自然界的物质性的发现和确证是哥白尼的太阳系学说和开普勒

---

[1] 马克思.政治经济学批判大纲(草稿)(1857~1858年).转引自马克思,恩格斯,列宁,斯大林.论科学技术.北京:人民出版社,1979.31-32

创立的行星运动规律,而取得集大成的物质性理论是牛顿的经典力学体系。哥白尼的太阳系学说改变了以前以宗教神学为特征的将整个世界划分为不完善的地上世界和完善的天上世界两个迥然不同的世界的自然观。哥白尼和开普勒用科学事实证明了天上世界与地上世界没有本质的区别。地球本身就在天上,行星和地球一样围绕着太阳作椭圆运动,它们都服从统一的行星运动规律,和地球一样都是物质世界的一部分。伽利略设计了望远镜,发现月亮上有山谷,太阳上有黑子,它们和地上世界一样,都不是"纯洁无瑕"、"完美无缺"的事物,它们都统一于我们所属的物质世界。牛顿的经典力学则进一步发现,引起地球上物体下落的力量和引起行星运动的力量都是同一个物质力量,即万有引力,从而打破了"天上世界"和"地上世界"的划分,在天体范围内证明了自然界物质的统一性。

物理学和化学的物质结构理论证实了宇宙的各个不同领域的物质统一性。一切天体,包括地球在内,按其化学成分来说是统一的,都是由地球上可以找到的或可以人工合成的同样的化学元素组成的。现代的光谱分析就证明了这一点。因为,处于炽热气体状态下的每一种化学元素的原子,都发出自己特有的谱线,通过对自然界一切天体发出的光线进行光谱分析,证明它们是由同样的物质化学元素组成的,这在化学结构上证明了自然界的物质性和物质统一性。除化学上的物质统一性之外,自然科学还发现了其他领域的物质结构统一性。例如,一切实物不论它们是否采取元素的形态都有统一的基本粒子结构;一切同类的基本粒子,无论是从天上来的还是从地上来的都是同样性质的。这表明自然界一切事物在结构上有其物质统一性。

19世纪发现的质量守恒定律、能量守恒和转化定律以及20世纪发现的物理界的各种守恒定律(如电荷守恒、重子数守恒、轻子数守恒等)进一步证明了自然界的物质统一性。19世纪初,人们认为自然界各个领域的现象是不相联系、不相贯通、不相统一的。热现象来源于"热素",化学现象来源于"燃素",光现象来源于"光素",电现象来源于"电流体",生命现象来源于神秘的"生命力",它们之间相互隔绝,就像各有各的独立王国一样。但是质量守恒定律和能量守恒定律证明,它们不过是统一的物质运动的不同形态。物质和运动不能被创造也不能被消灭,它只能从一种物质形态和运动形态转变为质量和能量相等的另一种物质形态和运动形态。这样,自然界的一切现象和过程,都联结成为一个统一的相互联系和相互转化的链条,其中没有任何一种事物可以由"非物质"或虚无中产生,也没有任何一种可能转化为"非物质"或虚无。自然界除了永恒运动着的物质之外一无所有。

1.2 自然界物质性的解构与建构

科学家对自然界的认识在于揭示自然规律,而对自然规律的揭示取决于方法和手段,方法和手段的选择则取决于方法论和认识论。本节为揭示自然界的物质本质,简要探讨一些必要的解构和建构的方法论和认识论。

一、自然界物质性的解构

对各种自然物质性质的探索有多种多样的方式。为了比较简便地揭示出自然物质内在的本质,通常要运用物质统一性原理,即承认无穷多样的自然现象背后都有统一的物质基础,承认揭示这种物质基础是可以找到思路和规律的,即可以从表达自然界物质性的实体、属性、关系三个方面的解构来分析。

对物质属性进行分析是理解自然现象的起始步骤。如果对对象的属性一无所知,就谈不上对对象的进一步理解。如果我们要了解电磁现象,揭示其物质性,就要研究电磁物质及其造成的感应性质。科学中常用的质量、能量、动量,空间上的并存性,时间上的持续性等,都是一般自然物质所共同具有的属性。

要理解物质属性,需要对物质实体进行分析,目的是揭示出属性的自然载体。自然界物质实体的形态千差万别,但归根结底可以概括为两大类。一是实物,具有间断性、并列性或不可入性等;二是场,包括引力场、电子场、介子场,具有连续性、叠加性等。

实体与属性是统一的。实体与属性的统一总是与物质关系有关。物质关系有多种存在方式,既有内部与外部之分,也有潜在和显在之别;既有直接和间接物质关系,也有有序和无序的物质关系等。

实体以属性标志其存在;属性决定于实体的内部关系并通过实体的外部关系来表现。科学家通过对关系的探索可以了解属性;了解属性则可以把握实体。所以,物质实体、物质属性、物质关系是同一客观实在的三个方面。

在科研实践中,要对自然界不同形态的事物进行科学研究,透过现象看本质,也就必然要对其特殊性的物质性进行解构,应用物质实体、物质属性和物质关系的相关性原理,为揭示自然奥秘提供启示和思路。

二、自然界物质性的建构

自然界的客观实在性是物质的普遍本质和唯一特性。这表明两方面的哲理:一是物质独立于人的意识而存在;二是物质是可知的,是可以通过人的感觉、知觉和思维被认识的。

爱因斯坦说过:"相信有一个离开知觉主体而独立的外在世界,是一切自然科学的基础。"[1] 月亮难道因为人未去观察而不存在吗?微观粒子难道因为人未去测量而不存在吗?自然科学工作者如果根本不相信他所研究的对象是客观实在的,又如何分得清正确或错误,把握真理或谬误的界限?所以,承认世界的客观实在性,是科学认识

---

[1] 爱因斯坦文集.第1卷.北京:商务印书馆,1976.267

的基本出发点。

但是,人究竟如何认识客观实在呢?人的认识过程,作为一个能动的反映过程是怎样建构的呢?当代科学在这方面提出了不少发人深思的问题。

按照狭义相对论,由于"尺缩"、"钟慢"、"质增"等效应的存在,观察者所得到的关于观察对象的观测值,既与对象本身的固有属性有关,也与参照系有关。这就意味着,人在把握客观实在时,其自身的运动状态会不可避免地介入认识过程。普里高津等认为,"牛顿定律并不假定观察者是一个'物理存在'。客观描述被精确地定义成对其作者没有任何涉及",而相对论则是"一种预先假定了一个位于被观察世界之内的观察者的物理学。我们和自然的对话仅当它是来自自然之内时才会成功"。① 这意味着科学所把握的客观实在一般不是某一对象的终极规定,而常常包括对象之间的相互影响,而获得的关于对象的认识也与认识条件密切相关。

考虑到诸如此类的现象,在理解物质本性的发现时,主体的"参与"问题不能够被排除。人在把握客观实在时,不是袖手旁观,而是和客体发生一定的关系,包括有物理内容的相互作用,并在思维中通过一系列的抽象、加工和建构把客体能动地再现出来。正如贝塔朗菲所说:"我们把科学看做一种'透视',人带着他的生物的、文化的、语言的才能和束缚,创造性地去处理他所'投入'的宇宙。"②

认识自然界并把握客观对象的物质本性使之成为科学研究的对象,潜在着主体认识方式、科学实验手段等的参与。人的活动之所以能参与到对象中去,不仅由于人体本身就是物质性存在,人所具有的力量就是一种可交换的自然力,更因为人脑是高度组织起来的物质。它具有许多内在属性,诸如接收信息的选择性、将环境和自我加以区

---

① 普里高津,等.从混沌到有序.曾庆宏,沈小峰,译.上海:上海译文出版社,1987.267
② 贝塔朗菲.一般系统论.林康义,魏宏森,等译.北京:清华大学出版社,1987.6

分的可辨识性、进行创造性反映的能动性等。以这些内在属性为基础,人可以与其他自然物建立有选择的物质、能量、信息交换关系,即在复杂的自然网络中抽取某种自然物作为交换对象。比如,在生命体中抽取某种细胞,在化合物中抽取某种元素,在原子中抽取原子核等。这种选择性关系是人有意识地设置起来的。为设置这种关系,人不仅需要在观念上将对象性客体明确化,更需要在实践中将它从周围事物中区分出来,即人为地截断或淡化对象性客体与其他自然物的天然关系,使它和人发生物质、能量、信息的交换。这通常是靠认识条件(工具仪器、语言符号、操作规则等)的创设而实现的。可以把这种由认识条件创设而导致选择性关系建立的活动称之为建构性活动。建构性活动主要包括两方面的内容:其一,在思维中对客观对象作出区分或重组,建构出以观念形式存在的研究对象;其二,在实践中将研究对象现实化,建构出以感性直观形式存在的研究对象。

经过建构,人参与到自然物的表现之中。在这个过程中,人引起了对象的变化,也获得了对象与人相互作用的信息。对这些信息进一步加工之后,一般可推断出关于对象自身的一些规定。例如,由音调而推断出振动的频率,由颜色而推断出电磁波的波长,由光谱红移量推断出星系退行速度等。这就是独立自存的自然物基于物质性基础上转化成被理解的自然物的过程。

这个过程是在一定的建构方式下进行的。如果人不曾选择建构方式,或选择不出合适的建构方式,那就无法形成人对客观对象的认识。客观对象虽然作为客观实在存在着,但却不能成为认识论意义上的对象性客体。建构方式并未改变自然物的客观性,而只是把新的关系(人与自然物的关系)、新的条件(人所设置的仪器、工具等)置于自然物的表现中,从而把对人来说是混沌模糊的客观实在变成了人能区分、能理解、能作用其上的客观实在。

既然客观实在是经由建构方式的选择而被理解的,那么,同一客观实在在不同的建构方式中自然可以有不同的表述。比如,中医和西医对生命机体的同一病变所作的病理诊断常常是不同的,同一微观客体在不同的仪器上则可显现为坐标或动量、时间或能量。企图把不同建构方式下所获得的知识约简化为唯一的陈述,一般是不可能的。普里高津认为:"没有一种理论语言……能把一个系统的物理内容表达无遗。各种可能的语言和对系统的各种可能的观点可以是互补的。它们都处理同一实在,但不能把它们约化为一种单一的描述。"①因此,科学认识的任务往往是探索自然物质相对于一定认识条件所表现出来的规律性,而不是对客观实在作出穷尽一切的绝对断言。

自然物质独立于人的意识而客观存在着;为了理解这种客观实在,科学家必须通过建构性活动参与对象;不同建构方式可以提供对同一客观实在的不同反映,但不管是否通过建构性活动参与对象,对象总是作为客观实在而存在着的。所以,认识过程中主体的参与、认识论意义上的客体的可建构性,同本体论意义上的自然界的客观实在性是一致的。作为认识主体的人正是通过参与和建构能动地反映客观存在的对象,使自然界的客观实在为人类所理解和把握。

---

① 普里高津,等.从混沌到有序.上海:上海译文出版社,1987.274

第 2 章 自然界的系统观

2.1 物质联系的系统方式

一、系统方式的基本特点

在对自然界的系统认识中发展的自然界的系统观,是随着系统论、控制论、信息论以及耗散结构理论、协同学和突变论等系统科学的发展而产生的一种对自然的认识。

自然界的系统观,是运用系统科学的框架对自然界的总体透视得出的一种有机整体的自然观。自然界是系统,是一种物质联系的系统方式。在这种方式中,若干有特定属性的要素经特定关系而构成具有特定功能的有机整体。或者说,系统是以各要素的属性为基础经由特定关系而形成的属性不可分割的整体,其构成要件主要有以下四个方面。

(1)系统是由若干要素组成的。要素是构成系统的组分或组元。单一要素不是系统,必须有两个以上的要素才可能构成系统。而要素不是随便一种实体,只能是有一定属性的实体。换言之,对于一定的系统来说,要素的属性是"给定"的,因而重要的事情不是要素本身由什么构成,而是要素具有什么属性和处于什么状态。

(2)系统的各要素之间存在着特定关系,形成一定的结构。结构是系统中各种关系的总和。这些关系可以是数量关系(数量结构),也可以是空间关系(空间结构),还可以是时间关系(时间结构),而更重要的则是相互制约关系(相互作用结构)。一般来说,数量结构和时空结构往往是相互作用结构的表现。立足于对相互作用结构的分析而阐明系统的时空结构,是系统研究中所要解决的重要问题之一。一个稍微复杂的系统,其相互制约关系必然纵横交错,而这些相互作用之间又有交叉效应,从而使相互作用结构异常复杂。相互制约关系是系统结构得以形成的主要杠杆。

(3)系统的结构使它成为一个有特定功能的整体。功能是系统在内部关系和外部关系中所表现出来的特性和能力。功能也是一种属性,但它不是要素的属性,也不是某个部分的属性,而是系统整体才有的属性。功能之所以为整体所具有,是因为功能需以结构为载体,要在系统各要素的功能耦合中突现出来。在这个意义上说,功能是由结构决定的。但是,结构对功能的决定并不是单值决定。一种结构可以表现为多种功能,一种功能也可以映射多种结构。结构与功能之间不存在一一对应关系。结构与功能关系的辩证性质,既造成了认识上的曲折,无法从功能推断出唯一的结构;但也提供了实践上的方便,为实现一种功能,原则上可以找到多种结构,从而有优化的可能。

(4)功能是在系统与外部环境的相互作用中表现出来的,系统总是存在于一定的环境之中。凡是与系统的组成元素发生相互作用而不属于系统的事物,均属于系统的环境。

要素、结构、功能和环境这四个概念构成了认识自然系统的总体框架。其基本关系表现为:系统的功能依赖于其要素、结构和环境,要素性质的变化,结构构型的变化,环境条件的变化,都会影响系统的功能表现,甚至导致系统的质变。因此,单有关于要素的认识,或者单有关于结构的认识,或者单有关于环境的认识,都不足以逻辑地推出系统的功能。

系统方式是事物之间普遍联系的一种方式,但并非所有联系都可以称为系统,只有那些有物质、能量、信息交换且造成新属性突现的联系,才能构成系统。在没有发现对象之间制约性关系的情况下,在没有发现新属性出现的情况下，抽象地谈论系统是于事无补的。从实质上说，系统概念的要义并不是一般地强调联系，而是强调那种具有新质突现的联系。

二、自然系统中整体与部分的关系

自然界整体与部分是存在于自然系统中的对立统一关系，在这对范畴中，部分与整体可以经由两种方式相互过渡：加和性方式与非加和性方式。

加和性是指自然系统内在的某些关联能够通过算术集数或简单的算术累加把原来分离的要素集合拢来的办法一步一步地建立起来的属性。在自然系统中关联方式的加和性的存在，使得在对有些问题的研究中可以将系统与其构成部分仅仅作为量上相区别的对象加以处理，通过量的分解和组合而实现整体与部分之间的相互过渡，这是洞察系统关系的简易途径。

部分对整体之间的加和性并不是系统的特征。系统之所以成为系统，乃是由于其中存在着非加和性关系。这种非加和性表征着新属性的出现，表征着系统与其构成部分之间的质的差异，突现出系统内部的相干性，这种相干性是导致部分与整体之间相互过渡的根据。相干性是指一种耦合关系。耦合各方经过物质、能量、信息的交换而彼此约束和选择、协同和放大。约束和选择意味着耦合各方原有自由度的减少乃至部分属性的丧失；协同和放大意味着耦合各方在一种新的模式下协调一致地活动，其原有属性可以被拓宽放大。它们交错重叠在一起，共同导致属性不可分割的整体形式。

加和性方式和非加和性方式表示的是系统内部各部分之间的耦合情况。如果一种耦合不改变各方的某种属性，那么在这种属性上，部分对整体是可加和的，反之，如果在耦合中各方的属性是相干的，彼此约束、选择、协同、放大，那么在这类属性上，部分对整体就是非加和的。系统的基本特点决定其中必然存在非加和性关系。加和性与非加和性的对立并没有绝对的意义。它们不仅共存于一个系统之中，而且在系统演化的过程中会相互转化。

自然系统是一个复杂的系统，其中既有加和性关系也存在非加和性关系。认识自然系统不仅仅在于认识这些复杂关系，更重要的是通过这些关系揭示系统内在的规律。

2.2 自然物质系统的依存和作用

一、自然界物质系统的类型

用系统观点看自然界，所有自然物质都自成系统或处于系统之中。按前已述及的对象的可建构性，对同一自然系统可以从不同角度进行分析，从而划归不同的类型。

从系统与环境的关系进行分析，可将自然界中的系统区分为孤立系统、封闭系统、开放系统；从系统内发生的实际过程分析，可把自然界中的系统区分为物理系统、化学系统、生命系统；从人对自然物的参与程度分析，可把自然界中的系统区分为天然系统、人工系统、复合系统；从系统内部要素相互作用的特点分析，可把自然界中的系统区分为线性系统、非线性系统；从人对自然的认识程度分析，可把自然界的系统区分为黑系统、白系统、灰系统；从系统所处的状态分析，可把自然界的系统区分为处于平衡态的系统、处于近平衡态的系统、远离平衡态的系统。

上述区分远不是所有可能的区分。各门自然科学和技术科学都会根据自己的需要而将系统分为相应的类型。

二、自然系统的层次结构关系

自然界万事万物都处在普遍联系中，科学家为了认识的方便，把研究对象在认识上分解为一个系统，研究系统内在的关联要素、结构关系、功能和环境,目的是揭示研究对象的本质规律。事实上,被确定的任何一个系统都不是孤立的,都是系统中的系统,或大系统中的子系统。所以,系统的观念内在地包含着层次的观念。

自然系统的层次结构指的是若干由要素相干性关系构成的系统,再通过新的相干性关系而构成新的系统的逐级构成的结构关系。在这种关系中,参与构成的系统称为低层系统,构成后的新系统称为高层系统。这种系统层次的构成是相对的,其主要特点有两个方面:一是低层次系统对高层次系统具有构成性关系。低层次系统必然是高层次系统的构成部分,而高层次系统只能以低层次系统为存在基础。同一结构内的分层排布之所以不是层次结构,就在于层与层之间并不存在这种构成关系。

层次结构中的构成关系是物质系统间的纵向关系。这种关系的存在往往要求对物质系统区分出多极结构、多极功能和多极环境。这有助于进行多层次的分析和综合。

层次结构的相干性关系是物质系统间横向关系。由于这种横向关系的存在,才导致纵向层次间质的差异。随着每一个新物质层次的形成,总会有新质的突现和新功能的发现。

新质的突现并不意味着新层次的结构一定比原有层次复杂,原因在于,系统进化创造出来的等级不单单是结构等级,还是控制等级。

层次结构是通过多极相干性关系构成为多极整体的结构。明确层次结构应当明确一些类别的系统,明确这些系统间的构成关系,明确构成性关系得以实现的相干性方式。

三、自然系统相互作用的稳态

自然系统总是在依存和作用中形成系统间的影响,影响的效果有稳态和涨落两种状态。

稳态是指系统受到冲击性影响后系统内在相互依存的各个组分

能够形成协同效应,保持系统能够维持或恢复系统正常功能的一种系统状态。与稳态相关的系统状态有衡稳态、亚稳态和不稳态三种形态。

稳定与涨落是认识系统动态变化的一对变量。任何系统都不可能不受到其他系统的影响和冲击。这是由于要素性能会有偶然变异,由于要素之间的耦合会有偶然起伏,也由于环境会带来随机干扰,刻画系统整体状态的宏观量很难始终保持在某种平均值上,宏观量对平均值的起伏就反映了系统的涨落。如果一个系统经受不住任何涨落,那么它将随时经由过渡状态而解体,事实上是无法存在的。只有在涨落出现后能恢复自身状态的系统,才有存在下去的可能。这种对涨落的不变性就是系统的稳定性。

对于自然系统的稳定状态来说,涨落将被收敛平息。这时,系统的运行表现为向某种状态的自发回归。处于平衡态的热力学系统就是如此,不论是由什么原因所造成的温度差异、密度差异、电磁属性差异、粒子数和产生速率差异,均会被消去,以至最后回归到熵最大状态。似乎系统中存在着"吸引中心",好像具有惯性,有人称之为一种自然目的性行为。

认识稳定与涨落的条件是认识系统变化和发展的关键。任何系统都是处于变化和发展过程中的,稳态是相对的,涨落是绝对的。任何系统的局部子系统受到干扰而产生涨落,都会引发与子系统相关的同一层次的其他系统以及上一层次的关联系统的"序参量"产生相干性作用。这种作用是对涨落的负反馈效应,使子系统的涨落趋于减弱,从而保持整体系统的稳态变化。然而,当子系统的涨落不能被与之相关的横向子系统和上一级系统的作用所减弱,就会导致直接关联系统的损害甚至破坏,效果上导致涨落被放大,就会引发相关联的横向和纵向系统发挥牵制作用。其效果有两种情况:一是恢复系统的稳态;二是被涨落同化,导致更多的系统关联的破坏。第二种情况甚至可能引发整体系统的崩溃,为创造新的稳定态创造条件。事实上,任何系统都存在着"稳态—涨落—恢复稳态",或者"稳态—涨落—失稳—新稳态"两种可能的未来状态。

自然系统的稳态的维持主要依靠系统间相互作用的四种机制：

①约束。系统之间的相互作用和相互改变状态,对系统内外因素起到一种限制和约束的作用。它限制了要素的自由度和随机性,使它们约束在一定的空间范围里,从而形成某种有序性的结构。

②选择。系统内外相互作用和约束,意味着选择,任何有序结构都是通过选择而形成的。在选择中既有排除又有保留,排除元素的一部分状态(或状态空间)、一部分可能性和随机性,保留另一部分状态和可能性,规定着系统选择的变化趋势和方向。

③协同。系统与系统之间的相互作用不仅对各方的行为与属性产生约束,而且还会使作用各方出现非线性的协调一致,一旦这些元素之间达到某种协调一致,就会出现新的质、新的有序结构。

④平衡。一个系统的结构,是以具有某种稳定性为特征的。因此,系统之间的相互作用只有达到某种平衡关系时,我们才能说系统的结构形成了。任何系统都有平衡的趋势存在。在比较复杂的系统中,平衡则主要是通过信息交换和反馈的机制达到的。

第3章 人与自然协同进化的生态观

3.1 人与自然协同进化的理论内涵

一、人与自然协同进化的理论来源

20世纪60年代以来,随着工业革命的深广发展,生态环境的恶化和自然资源的破坏开始显现。美国生物学家卡逊发表《寂静的春天》(1962年),向世人展示了人类和地球上的生命走向灭绝的暗淡图景,引发了举世震惊的所谓"环境革命"。瑞典的"罗马俱乐部"与美国赫德森研究所"关于人与环境未来"的争论、美国生物学家埃利希与康芒纳关于"环境污染主要原因"的争论,极大地推动了生态学研究的迅速崛起和普及。在全球范围内,统领科学技术发展的物理学科群开始向生物学科群转变;人类日常生态和荒野生态的哲学凸显到哲学的前沿;传统的工业社会文明转向后工业社会的生态文明;传统的社会经济也由资源经济转向环境经济和生态经济,并展现出未来走向知识经济的端倪。人类生产方式、生活方式和社会发展也都呈现生态化趋向。人们日益认识到,地球并不是只为人类准备好的,地球的生存目的并不一定与人类的生存目的一致。然而,人类发展的铁的事实表明,人类未来发展的生态必将支配并决定着地球生存的未来。脱离自然的人类和脱离人类的自然,都是不现实的。这种新生的人作为自然组成部分的协同进化的生态学说得到了长足的发展,其价值形态主要来源于以下四方面理论。

1. 生物协同进化论

生物协同进化论基于两方面的科学事实：一是达尔文生物进化论的适者生存、由低级向高级生命形式的进化遇到尖锐的挑战，如在自然界荒野中越是在进化链条上优等的、处于食物链顶端的生物，其繁殖率越低，种群个体数越少，一些濒临灭绝的和被"淘汰"的种属竟然是它们，而许多处于食物链底层的、劣等的、简单的生物种属，包括一些动物、植物、细菌，既比人类早在地球上出现几百万年、几千万年、几十亿年，且至今盛而不衰；二是系统科学、协同学、控制论和生态学、生物圈科学的发展扩大了人们的视野，使研究生物进化和怎样相互作用的机制问题，从达尔文的个体、种群和群落基点扩展到整个地球生态系统，创立了生物与环境的协同进化论，揭示出保证整个生物共同体与环境形成稳态关系，其根据在于，低等与高等同在，简单与复杂并存，它们无所谓优胜劣汰，而是异彩纷呈、和谐共处、协同进化。这表明在一定的历史阶段，在特定的环境容量范围内，生物多样性、资源多样性能导致生物种间协同进化。

2. 非平衡生态学

非平衡生态学反映了近年来生态学中发生的一场根本性的思想变革。生态学从强调平衡、均质性、确定性，以及局部的或单尺度认识论的自然平衡生态观，转移到强调非平衡、异质性、相对性，以及多重尺度或大尺度认识论的非平衡生态观。这种非平衡的生态观基于大多数生态系统的动态特征不是恒定的平衡，而是不停的涨落，有时还表现出混沌状态的事实。非平衡生态学坚持，生态系统的动态过程是稳定因素和不稳定因素相互作用、相互转化的过程，这个过程的规律性描述与时空尺度和切入生态的"观察窗口"(observational window)的主体选择偏好有密切关系。在不同尺度上，生态系统稳定性规律及其性质可能很不相同。生态学中不可能存在唯一正确的观察尺度，也不存在"放之四海而皆准"的"宇宙律"。因此，任何生态系统都具有两大特征：一是结构层次多样性和时空异质性特征，小尺度或低层次的生态过程可以被大尺度或高层次的生态过程所兼容(incorporation),通过兼容,小尺度上的非平衡性或时空上的异质性,可转化为大尺度上的平衡性和均质性;二是任何生态系统的变化都存在着约束,约束的形式包含系统所必需的物理、化学和生物等条件,约束的关系包括低层次水平上的生物约束和高层次水平上的环境约束的总和。

自然平衡的生态理论与非平衡过程的生态理论,在描述不同尺度的生态系统运动方式上具有互补性。局部系统的平衡孕育着非平衡,子系统的非平衡触发系统创造平衡,这是一个对立统一的过程。但是,这两个层面的理论还不足以描述不同尺度生态系统的渐变和质变的限度,还必须加入"环境容量论"。特别是在当今生态环境破碎化、物种加速灭绝等形势下,地球生物圈生态系统已经呈现出非平衡不稳定特征,地球自然的非持续性已经影响到人类的持续性。因此,平衡论与非平衡论,以及"环境容量论",可以为人与自然协同进化提供方法论的指导。

3. 盖娅智慧——生物圈伦理学

盖娅是古希腊女神大地母亲的名字,本义是表达创生万物的地球是一个充满活力的完整的有机体。20世纪60年代以后,英国大气专家拉弗洛克受盖娅含义的启发,研究了大气圈氧气和二氧化碳的浓度及其平衡关系,并以此与火星和金星上的大气成分作了相关性的对比,发现用地质化学系统来解释地球大气圈能够自我调节非平衡态是不充分的,还必须考虑扮演主要角色的生物系统的作用及一系列反馈过程,并用盖娅的名字命名这种试探性的发现过程,即"盖娅假说"。"盖娅假说"的表达形式主要有五种:一是地球上充满活力的生命集合体,能自然地调控大气圈的温度和成分;二是生命和环境是一个耦合系统中不可分割的两个组成部分,生物影响环境,同时环境也约束生物;三是生物圈是充满活力的适应-控制系统,能够保持地球稳态;四是地球的大气圈不仅仅是不寻常的,它体现的是为实现一系列的目的所作出的特殊设计;五是地表的温度、pH值和物质元素混合的现状,经过了漫长的优化选择,正好适宜生命在地表繁衍。这种适宜生存的环境条件是地球生物的内在属性和外在功能的作用结果。

"盖娅假说"为地球上总体生物的角色(包括人类)、变动的无机自然过程与稳态的生态参数(生物多样性),提供了科学的解释,也能够促进我们进一步思考人类在地球生物整体中的地位和生态作用的限度,以及整体支配并决定人类社会的客观规律和固有价值,为人与自然协同进化奠定了理论根基。

4. 社会生态学

社会生态学亦称政治生态学或绿色政治,主要是基于西方社会生态哲学家布克津的社会重构思想。这种思想主张,要改变人类统治自然、征服自然的行为,不仅仅是一个改变对自然的态度和观念问题,而且更重要的是要改变支撑这些态度和观念的人类社会的组织方式,尤其是与此相关的社会等级制度。社会生态学家在社会与自然关系的协同层面上研究人类社会的重构,提出应依据人类社会共同体是自然生态共同体的一部分,建立起与人类社会契约相配套的规导人类社会体制的自然契约。社会生态学是人与自然协同进化论的社会形态学。

二、内在的生态规律性关系

人与自然协同进化不同于人们常说的"人与自然协调"或"人与自然和谐","协同进化"的概念是对客观存在的生物与环境生态关系的规律性的反映,而协调或和谐的概念只是对客观存在的生物与环境关系的某一侧面的正确反映,不是基于生态规律基础上的概括。因为自然界既有和谐、协调的一面也存在对立、生存竞争不和谐的一面。人与自然协调是人们的设想、理想,怎样协调是人与自然协调概念本身回答不了的,还需要对怎样协调作出进一步的解释。人与自然协调概念所指的寓意具有因人而异的特点。而协同进化是生态共同体的一般规律，人与自然协同进化是一般生态规律的特殊化，其本身就是仿效生物生态智慧，把对人类行为的要求，提升为人与自然关系的环境伦理规则。因此，人与自然协同进化比人与自然协调更少歧义、更具体、更客观、更直接地设定了人与自然的生态规律性关系，对于研究人与人、人与自然的互补规律具有重要意义。

　　在达尔文提出生物进化论后的100多年里，涌现出不少新的理论和学说，影响较大的有新达尔文主义、社会达尔文主义、新拉马克主义、中性突变说、镶嵌进化说、间(点)断平衡理论、分支系统理论以及协同进化理论等。这些理论中，对我们的思想和行为影响较大的有社会达尔文主义和协同进化论。然而社会达尔文主义由于其成为种族歧视的理论基石而遭到人们的反对。但是在从生物学方面研究人类社会行为，用生物学一般规律，警示人类社会行为应仿效的生存和发展的智慧这一点上，社会达尔文主义开拓的方向是正确的。然而社会达尔文主义不能从生态系统的水平揭示生物间的行为，这个历史任务就落到了协同进化论的肩上。协同进化论是指在同一居群内的某些种的进化与另一些种的进化相互关联、相互受益。这里包括两方面的含义：一是指物种之间与个体之间的直接的相互受益；二是指为达到生态平衡而在不同生物种群之间的相互制约。表面看来是相互争斗，但实际上却保护了生态平衡。达尔文的生物进化论与当代协同进化论代表了两个时代的人对自然界的不同认识，达尔文主要对物种起源和演化感兴趣，而协同进化论却对生物及其环境或整个生态系统的演化和平衡感兴趣。

　　以往改造自然的成功经验和失败教训使人类深刻地认识到，只有自然内在生态的协同进化，才有人类的协同进化；只有人类内在生态的协同进化，才能保证自然生态的协同进化。因此，人与自然协同进化是一个人类建构过程，其有序度，既与人们所处的生态区位、经济基础有关，也与人们对生物整体生态的规律性认识程度有关。但是，无论是处于什么形态的人与自然关系，要保证其具有合理性基础，在本质上还是取决于人们持有的生态价值观。

3.2 人与自然协同进化的荒野生态观

一、荒野的概念

荒野一词，英文是"wildness"，狭义上，它是指荒野地；广义上，它是指生态规律起主导作用，没有人迹，或有人到过、干预过，但还没有制约或影响自然规律起主导作用的非人工的陆地自然环境。如原始森林、湿地、草原和野生动物及其生存的迹地等。荒野在西方生态哲学和环境伦理学认识上有多种角度，从我国荒野保护的问题出发，透视荒野的生态结构和功能，以及不可取代的价值，荒野具有如下特点。

1. 源发自然性与建构自然性

荒野是地球陆地生态的摇篮，是人类产生之前地球陆地生态系统的重要表现方式。荒野在漫长的地球生物进化过程中，逐渐形成的植物（生产者）、动物（消费者）和微生物（分解者）与无机环境相互依存和相互作用的协同结构和进化功能，有助于地球生命生生不息和正向演替。这是大自然几十亿年在地球环境中积累起来的生态成就。这种地球生态的原始性是源发自然性。这是在地球生命历史长河中，生命自我组织、自我选择、自我更新、自我维持和发展的内在属性和关系。然而，人类产生以后，地球原始自然逐渐进入了人类时代的自然。人类的文化特殊性和靠"经济—技术—社会"发展的人类本质，决定了人与自然整体系统的建构自然性。建构自然性不同于源发自然性：一是在时间上荒野源发自然环境先于乡村和城市人工自然环境，并随着人口的大规模增长和经济的高速发展急剧退缩，源发的和人工的自然环境在空间比例上出现严重失调。二是建构自然性是地球上的生态发展到人类阶段的产物,自然越来越成为一种社会建构。这种人与源发自然的相互作用形成的社会建构的自然,不符合"存在的,就是合理"的荒野规律,而且以往人类建构自然大多破坏了荒野的源发自然性,忽视了荒野的内在价值和不以人类意愿而存在的生态合理性。三是荒野的保护已经成为世界性的共识,这不仅仅是为了人类利益,还包括荒野的利益,而且荒野的利益和自组织存在价值,最终决定和支配人类利益和欲望的选择根据。

2. 多样性与统一性

荒野具有多样性。原始森林、湿地、草原和野生动物是荒野的主要存在方式。原始森林是陆地生态系统的主体,其不同物种的异质镶嵌结构和种群内异龄斑块结构与树木、灌丛和地表杂草构成了稳态森林的空间水平分布和垂直复层配置的源发自然景观。

原始湿地和草原是地球造山运动和水平运动后自然形成的重要地表生命结构分布形态,它们起着保护土地、维持生态的作用。野生动物是地球生物群落的重要组成部分,它们与其他生命形态共同构成了地球迄今为止唯一存在的千姿百态的生命机制。荒野具有人类游乐、审美、性格塑造、科研和医疗价值,也具有非人类价值。它产生生命,支持、考验和折磨生命,同时对一切生命形式都利弊共存地平等对待。

荒野不仅具有多样性,还具有统一性。荒野的统一性就在于野性。野性不同于人性的本质特征是荒野在生态结构关系上的属性。任何野生生物都是野生生物群落生态关系的总和,人为地使野生生物脱离野生生物群落和处境,野生生物也就不是荒野的产物,也就不能适应野生生物群落和环境的选择。

3. 稳定性与波动性

野性世界类似人类世界,既有其特有的自然运行秩序和相对稳定性,也存在着动态波动性和随机涨落。生态学描述的"任何物种都有其特有的生态位"、"有一个物种,就有一个天敌,相生相克"、"种内竞争比种间竞争激烈",拉马克的"用进废退"和达尔文的"自然选择、优胜劣汰",以及康芒纳的"物皆相互联结"、"物质不灭、循环永续"等,都在一定意义上揭示了荒野呈现的自然秩序和稳定性规律。

在荒野世界稳定状态中也存在着周期性的波动,如四季的流转、候鸟的周期性迁徙等。荒野也存在非周期的或非线性的波动,如种群内数量的波动、群落内种间竞争的波动、生态系统内群落与环境相互作用产生的系统结构和功能的波动,以及地球生物圈中人类对荒野生态系统干扰和破坏产生的大气环流模式、气候模式和生物地球化学循环模式等的波动。荒野本质上是一个始终处于动态波动中的生态系统。通常这种波动总是在一定的阈限内上下涨落,能够保持荒野生态系统在整体上的动态稳态。当这种动态波动超过特定的生态阈限,荒野生态系统就会出现生态平衡的破坏。

4. 局部斗争性与整体和谐性

系统科学和生态学、生物圈科学的发展,扩大了人们的视野,使研究荒野生物种进化和怎样相互作用的机制问题,从达尔文的野生生物个体、种群和群落基点,扩展到整个荒野生态系统。人们发现,尽管生物种进化总的趋势是由低级向高级演进、由简单向复杂发展、由种类少向种类多发展,但从整个生物共同体稳态关系上看,却是低等与高等同在,简单与复杂并存,它们无所谓优胜劣汰,而是多彩纷呈、和谐共处。在一定的历史阶段,在特定的环境容量范围内,荒野生物种类局部斗争的多样性能导致荒野生态系统生物种总体的和谐稳定。

荒野生态系统中局部的斗争性导致整体的和谐性,既表现在不同物种及不同个体之间的直接的相互受益,如寄生生物和寄主生物的相互作用和依赖,在同一生态域中的许多不同生物种之间的相互对立和统一;也体现在为了达到生态平衡而在不同生物种群之间的相互制约作用,表面看来是相互争斗,但实际上却保护了荒野生态稳态。

要使荒野与需要更高生活水准而且不断膨胀着的人口共存,同时还要保证所有人过上有价值的生活,就必须正确认识和对待荒野,这也就要进一步研究荒野的本质。

二、荒野的本质

荒野的本质在于它的野性。荒野的野性是荒野生态系统内在结构要素和关系结成的相互依存、相互作用的有机体属性。这种属性在人类对野生植物和动物驯化过程中表现得尤为明显。人们现在种植的谷物和蔬菜,无一不是从野生谷物和野菜驯化过来的。离开了人的培育,这些驯化了的谷物和蔬菜,或者在荒野竞争中急剧退缩,或者不能持续地存活。

野性是自然物种在生态群落、系统和环境相互依存、相互作用的信息调控下,植物物种个体适应,或动物物种个体习得的一种生存方式。就野生动物而言,这种学习过程与人从小到大要接受近百名教师的指教并步入社会,接受社会竞争信息所习得的文化根本不同,个人主要是向人类学本领、学智慧,学习的主要方式是间接性的书本知识和技能,而其他非人类动物是向它的父母学习生存本领,学习的方式是直接训练,如羊带领小羊学习吃草、奔跑、登山,狼带领小狼学习捕食等。

在荒野系统中交织着的最基本的生态关系是生物与环境,物种与生态系统整体之间的依存和作用关系。从地球荒野大系统的尺度上看,自然选择对生物个体、物种和子生态系统发挥作用,在总体水平上制约并限定个体、物种和子生态系统的运动规模和发展方向。其中伴随着强有力的生态场。生态场是与无机环境和生命物质相互渗透、彼此互补的,使荒野中的个体—物种—生态系统具有"协同性质"。任何一种生物或物种的存在,既是自在,又是利它在,[①] 荒野中

[①] 叶平.回归自然:新世纪的生态伦理.福州:福建人民出版社,2004.462

内在的"协同性质"展开为生物共同体和生态系统内在的生态平衡关系,是地球荒野整体系统的结构属性。正是这种结构属性,才保持了千百万年基本生态参数(如光照通量、湿度、温度、气候条件,淡水的循环和土壤的生命物质)的动态稳态,才使生物的生灭和环境的熵增熵减形成基本平衡,才使得生命的长河源远流长。因此,地球荒野大系统中内着的"协同性质"是一种人类应仿效的生存智慧。在人类看来,"协同性质"是一种自然内在价值,蕴含或暗示着人类对自然的行为规范,指导着人与自然的和谐关系。

地球荒野动物、植物和微生物,以及无机环境因素协同进化,呈现山、川、河流,虫、鱼、鸟、兽共存共荣的荒野"王国"的自然景象。这是地球上集结了所有生命与其环境构成的最大的荒野生态系统,是迄今为止在宇宙中唯一产生荒野存在的地球生态。

然而,以往我们看待荒野是作为我们人类工具价值的组成部分,忽视或不顾荒野这个生命整体"王国"的固有价值和它们特有的生活方式、生产方式。我们人类正在从无知走向有知,作为指导人类走向可持续发展的新世纪哲学,没有生态的哲学是不完善的。

3.3 人与自然协同进化的社会生态观

一、协同进化的社会生态

人是以人类共同体的存在方式整合在自然生态结构中,形成各自的存在状态。任何人都不能脱离这种社会与自然的关系而存在。因此,要形成人与自然协同进化的未来生态,首先就要研究作为"人以群分"的社会生存状态的历史变化和未来发展模式。

社会生态是社会存在的状态。社会存在起源于人类原始社会形态,迄今经历了农业社会、工业社会,现在开始进入后工业社会阶段。社会状态也由忽视生态转变到与自然协同进化的发展形态。

在原始采集、狩猎社会,人与自然协同进化的特征主要是人类惧怕自然、顺应自然。人在地球上一出生就面对残酷的自然选择和生存斗争。人要生存就要采集野果、集体狩猎。原始人对许多自然现象迷惑不解,由此也就产生了种种的解释,包括猜测、点滴经验、迷信、传说和想象等,占主流的解释就形成了所谓原始文化的雏形。这种文化的核心是"万物有灵论"和"顺应自然论"。

在几千年的农业社会发展过程中,人类掌握了种植和驯养动物的技术,由此发展起来的社会经济是自然经济形态。这种农业自然经济已经能够解决人类在地球上的生存问题,有一部分人能够分化出来开展物理学和形而上学的研究;社会的政治也由家长制转向了奴隶制进而发展到封建专制。在农业社会中,人与自然协同进化的特征表现为敬畏自然。如果一年有个好收成,农民要感谢老天爷的恩惠;如果一年来灾害不断,减产甚至绝产,农民也要向老天爷顶礼膜拜,接受惩罚。农民的心境随着农业的发展进一步拉近了与大自然的距离,增进了人与自然的情感。

在几百年的工业社会发展过程中,创造了以"主宰自然"、"征服自然"为特征的开发性占有性文化。形成了推动经济利益最大化的社会政治结构。这种社会结构由依靠科学发现和技术创新支持的经济子系统,创造或表达社会政治指令的管理子系统,维护公共卫生、开展保健和普通教育、保持就业率,以及提高社会福利等目的的社会子系统三大部分组成。与人类经济、社会和管理子系统密切相关的生态环境子系统,是生长在生物圈大系统的结构中的。然而,传统的社会管理却把经济过程与生态过程割裂开,把社会管理的重心定位在生产和消费之间不断持续运动的封闭系统,生态环境子系统和生物圈大系统只是经济子系统的原料库和垃圾场。

从原始社会、农业社会到工业社会,尽管社会生态多有差异,但是它们的共同点是都忽视生态的存在。

在未来的社会发展中,环境革命的深广发展必然将人类主流社会生态,由工业社会推向后工业社会的生存状态。在这个时代,单纯经济增长的不可持续的社会生态,将代之以人与自然协同进化的新的社会生态。其社会生态观念转变主要有三方面。

(1)扩展社会共同体的观念。由隔离的一国一地的国家、民族或利益集团的共同体,扩展到全人类共同体和地球生命共同体的概念。社会的管理不仅要考虑本国、本民族或本集团的利益,而且要考虑地球生物总体的利益。

(2)扩展健康的概念。从人的生态健康扩展到地球生态健康。要考虑符合生态的人的健康要素的满足,包括物质的、精神的和社会的等诸方面,更要考虑维持物种生态健康的各种属性的满足。

(3)扩展国家安全的概念。生态安全是国家安全的重要组成部分,世界各国的生态安全均属于全球生态安全的组分。全球生态安全取决于地球生态安全。维持地球生态安全的生物多样性、完整性、稳定性和美丽等价值应当作为保证国家安全的基础来考虑。

由此建立起来的符合人与自然协同进化的生态伦理的社会管理的主要特征是:经济发展的生态转向以知识经济为主的发展状态;政治发展的生态更加趋于全球化,生态政治交流和协商成为促进人与自然协同进化的重要国际手段。文化的生态已经形成生态文化的基础结构并造就了强有力的社会舆论导向,公民的环境素质和休闲意识普遍提高;环境发展与现代化发展由对立开始走向趋同,朝向生态现代化的方向发展。

二、协同进化的社会生态难题

世界各国经济发展的不平衡,决定了社会管理质和量的不同,无论是发达国家,还是发展中国家,仍然面临着消灭贫穷和保护荒野的双重任务,这也是今天制约着人与自然协同进化的社会生态难题。

1.消灭贫穷

提高整个民族的生态道德意识和观念是各国都面临的大问题。

贫穷是环境的大敌。人们只有脱离了生存底线,解决了衣、食、住、行等这些生存层次的问题,有能力参与社会生活时,才能为人与自然伦理关系的转变创造条件。这是人与自然协同进化的生态伦理学应用的前提条件。

当今世界按经济发展程度划分为发达国家、发展中国家和欠发达国家三个世界。发达国家中国民生活水平也有上、中、下的程度区别,这些国家处于"下等"生活程度的人的生活水平,可能比欠发达国家的"中等"生活程度的人还高,这就引出"相对贫穷"和"绝对贫穷"的概念。"相对贫穷"是相对一国一地内部人群进行经济程度的分类评价而得出的贫穷;"绝对贫穷"是在全世界范围将各国人均消费水平按统一标准分类排序而得出的贫穷。人与自然协同进化的生态伦理提出的消灭贫穷指的是消灭"绝对贫穷"。要推动这方面的进展就要真正尊重和维护民众的生存权利和环境平等权利。

2. 保护荒野

正确认识野性和野生生物共同体保存是各个国家都不可回避的大问题。

现在各国共性的问题是:越来越多的野生动物在声称被保护的关怀下,残酷地遭到驯化,去掉的是动物野性。一旦失去了野性,野生动物也就成了供人利用的工具。野性是自然物种在生态群落、系统和环境相互依存相互作用的信息调控下,个体动物习得的一种生存方式,因此,人类对野生动物不干预就是最好的保护。按照某些人的利益保护野生生物,看似保护实则迫害。人类要发展就得干预自然,但是应当尽量避免对荒野世界的改造和破坏,不得已时,也要将对荒野的影响降到最低限度。这是任何国家走人与自然协同进化的发展道路都必须认真考虑的问题。

社会要发展就必然要与荒野自然相冲突,问题是怎样在荒野自然的生态限度内开展人类发展活动。类比企业借助社会资金投向扩大再生产的过程,如果我们利用荒野不破坏它的生态的根和本即生态资本,而仅仅动用它的"利息",那么,社会发展就会走向协同进化。

三、协同进化的社会生态导向

消灭贫穷与保护荒野及其野性,不仅仅是人类生存问题,也是自然生存问题。要为解决这些问题作好准备,首先就要纠正"经济增长就是社会进步"的传统观念,将社会的发展转移到依靠人与自然协同进化的指导思想上来。

古德兰德等在《古典经济学和可持续发展的原则》中认为,社会进步的评价不应当仅仅从经济学方面,而应当从地球生态系统的角度来衡量。其标准应当是形态复杂性、适应性、基因和生物多样性以及生存持续性。

从形态复杂性上看,市场经济的发展带来人类文化日益简单,而传统经济发展,如在狩猎时代和农业文化时代,日常生活方式、思想文化方面则极为复杂,呈现出民族性、地域性和历史性。20世纪的文化日益适应市场经济,文化趋向统一、单一。从适应能力上看,生存能力的一个重要方面是灵活性和多样性,而建立在市场观念基础上的社会和技术的统一性,使人类的生存能力日益脆弱,灵活性和多样性日益贫乏,适应能力下降;从基因和生物多样性看,虽然人口增长极快,已超过60亿,但人种却不断丧失,土著民族在世界范围内急剧减少。物种的灭绝速度也达到令人吃惊的程度,基因的减少,破坏了人类或物种的抵御灾变的能力。从生存持续性看,人类的生存能力只建立在技术进步的基础上。人们越来越依靠医疗设备的进步而不是自身的生命机制来抵抗疾病。虽然人的寿命延长了,但健康状况、生存能力却没有增长,并且出现了许多新的恶性疾病,成为威胁人类的新问题。

古德兰德得出结论,社会进步应该是一个综合性概念,而决不仅仅是经济增长和经济发展。当今世界正处在大变革的社会转型期,这对人类既是一场挑战,也是一次机遇。我们不能再用传统的经济增长方式来换取人类的眼前利益。发展应该是多方面的,应该是在人与自然的和谐状态中进行。为达此目的,需要前所未有的人类管理。

我们必须接受这样一个事实,即人类知识和所需要的信息是有限的。社会总是有问题要求政府作决策,而决策过程通常面临着知识欠缺,或信息模糊和一些不确定性问题。为了使政府的决策尽量建立在科学的基础上,开展环境决策问题的超前研究立项,建立政府"智囊团"或成立顾问委员会,以及增加广泛的公众参与机会等,都是行之有效的方法。值得注意的是,政府要作出决策的环境问题,如果产生了很大的争议,人们的疑虑难以用一般的标准确定时,就有必要深入研究和思考,暂缓行动。

政府决策遵循谨慎原则是对社会负责。政府在作环境决策时,还应当持守"不造成生态环境不可逆变化"的原则。如大面积森林的砍伐影响到野生物种的生存、水土的保持和气候变异;大型水利工程项目影响到局部地质过程、小气候模式的质变;农药、杀虫剂、化肥、激素、添加剂和防腐剂在农业生产和食品生产过程中的大量应用,直接或间接地导致人类恶性疾病;野生生物的工厂化繁殖和饲养改变野生生物的野性等,都是可能造成人与自然不可逆变化的事例。政府对此类项目作出决策,就不仅仅是慎重,而且要对可能产生的后果负责。如我国在20世纪70年代末在农业生产过程中引进国外的农药、化肥和杀虫剂。当时作出决策的主导观念是经济伦理。现在人们都知道这种"化工农业"直接影响我们的健康,政府开始推行"绿色农业",其决策的指导思想是保证土壤的可持续利用和人类的健康,即生态伦理。可是,把"化工农业"转变为"绿色农业"要经历漫长的适应过程。因为即使投入保持不变也要牺牲产量。不仅农民的观念转变慢,就是土壤也需要一个改良过程。

政府作决策难免有误。希望作出的决策是经过实践检验证实后的决策,有时是不可能的。但是,应当使决策可能产生的实践结果预留出修正决策的机会,则是可能的。即不要作出无可挽回的错误决策。如20世纪80年代在黑龙江省推行的"湿地变农田"的决策,20世纪90年代推行的"拍卖五荒"的决策等,在今后的决策中都是应该避免的。

第2篇　科学篇

人类是通过科学来认识自然界的。本篇依据自然观、认识论和方法论相一致的原理，从对科学的本质与特征等基本问题的认识开始，围绕科学认识的形成与发展，以科学问题为起点，研究通过观察和实验获取科学事实的经验方法，研究经由科学抽象、运用各种科学思维形式建立科学理论和检验、评价科学理论的方法及其中包含的深刻哲学问题，并在此基础上进一步探讨科学理论发展的多元模式。

第4章 科学的本质和科学知识的构成

近代自然科学的诞生使自然科学从哲学中分化出来,获得了独立发展的地位。科学有了自己的研究对象和方法,逐渐成为一种社会建制,并在几百年中获得了长足的发展。科学不仅影响着人类的生产和生活,也影响着人类的思维方式和行为方式。对科学的含义的理解,已成为理解我们这个时代和社会的一个重要的视角。科学也是整个科学技术哲学最基本的范畴之一。

4.1 科学的含义及特征

一、科学的含义

科学在我们这个时代中是使用频率最高的概念之一,但究竟什么是科学?各说不一。贝尔纳曾指出:"科学作为一个历史性的范畴,本来就不能用定义来诠释……故而必须用一种阐明性的叙述来表达。"[①] 科学在它的历史发展中表现为方法、知识、生产力和社会建制等种种形象,我们可以从科学的历史发展中把握其本质。从词源上考察,拉丁文中"scientia"是"知识"的意思,英、德、法语中的"科学"均由拉丁文衍生而来,其含义与"知识"相似。作为一个历史性范畴,科学至少可以从以下几个方面来理解。

第一,科学是一种反映客观事实和规律的知识,是理论化、系统化的知识。把科学作为知识来理解,在12世纪的欧洲就已经开始流

---

① 贝尔纳.历史上的科学.北京:科学出版社,1981.6

行。当时主要是从与神学相对立的角度来说的,如宇宙论者威廉就将科学定义为以物质为基础的知识的一部分。到17世纪,弗兰西斯·培根提出"知识就是力量"时,更是把科学当做一种知识。今天随着科学的进步,对自然的解释更加深入,科学作为知识文化的观念日益根深蒂固。与此同时,随着科学的发展,科学对自然现象间的联系和多样性的揭示使得科学知识之间建立起联系,科学更呈现出系统化的形态,所以可以把科学理解为一种知识体系或系统化的知识。

第二,科学不仅仅是知识体系,而且是特殊的认识活动。科学是一种探求真理、推进知识的活动,科学知识的获得离不开科学活动,知识是探求的结果,而活动才是内容本身。英国科学社会学家约翰·齐曼指出,一般来说科学被理解为了解的艺术,它和研究几乎是一回事。研究是指通过系统的观察,周密的实验和合理的理论来积累知识。前苏联哲学家凯德洛夫则认为,科学的概念既用于表示获得科学知识的过程,也用于表示获得由科学实验检验其客观真理性的知识的整个体系。所以可以把科学看成一个发现、解释并检核知识的过程或活动。同时作为一种特殊的认识活动,科学一方面和实践的艺术或技术密切相关,另一方面又和精神范畴或宗教相联结。

第三,科学是一种社会建制。自17世纪中叶英国皇家学会建立以来,科学开始其社会建制化的进程。进入19世纪后,科学家作为特殊的社会角色进入职业化的阶段。20世纪以来,随着各种科学机构的纷纷建立,科学活动的规模日益扩大,科学研究的方式也由个体自由探索、集体分工合作走向社会协作组织。特别是第二次世界大战后,随着国家规模的科学活动的展开,科学已成为"大科学",科学成为一种"社会建制",即科学是一项国家事业,是社会中的一个专业部门,是一种新兴的社会产业,并成为国家的战略产业。随着科学的国际交流和合作研究的展开,科学开始成为一项国际事业。

综上所述,在当今时代,科学的含义已从单纯的对知识及知识体系的理解,逐渐有了更丰富的内涵。可见,科学作为一个历史性的范畴,只能采取阐明性的叙述,从历史的进程中来把握。

科学有广义与狭义之分,广义的科学包括自然科学、人文科学、社会科学及思维科学,而狭义的科学特指自然科学。本书中的科学概念,主要是在狭义上理解的。

二、科学的特性

科学与非科学的区别是一个很有争议的问题,尽管我们不能提供关于科学划界的标准,但至少可以从以下几方面来说明科学与常识以及哲学等的区别。

1.科学的解释性

科学并非事实的简单堆积,它能提供一系列的概念,用这些概念对科学事实进行解释。科学常常把材料分为不同的类型或种类,如生物学把生物分为不同的物种,但这不仅仅是建立在归纳基础上的分类,科学必须对此作出解释。科学的解释性使其与常识相区别。古人早已知道用装有圆形轮子的车搬运货物节时省力,但却不知其原因;从神农氏尝百草,人们已经知道许多草药的药性,但却不知道草药的作用机理。科学则不仅要弄清事实,而且要对事实进行解释。正是对解释的追求造就了科学,依照解释性区别进行的系统化和分类便是科学的一大特征。

2.科学的精确性

科学的精确性一方面表现为科学是明智的,它知道它的知识的适用条件和界限,而常识则不知道它有效或实践上取得成功的条件和界限。另一方面,科学的表述是系统而严格的、精确的、明晰的,它能提供具体而明确的知识。科学的结论通常要使用科学的语言(如科学符号、数据、公式等)来表示。科学不接受任何模棱两可的、有歧义的陈述。因此,良好的符号系统有助于科学的进步。

3.科学的可检验性

科学作为对事实的解释并非笼统的、一般性的陈述,而是确定的、具体的命题,这些命题在可控的条件下可以重复接受实验的检验。常识并非没有解释,但这种解释往往是未经严格检验而被接受下来的,而科学作出的解释是受事实证据的控制的。可检验性要求科学在对其所涉及的内容进行解释的同时,必须推导出可以接受检验的论断,并预言今后可能出现的新的实验事实,进而通过实验的检验确定其解释内容的真伪。

科学的可检验性蕴含着批判性,即不管用什么科学方法得出的科学理论、或从理论推演出的结论,以及用来检验理论的证据,甚至是方法本身,都必须进行批判性的评价。正是在这一点上,科学不仅与常识,而且与巫术、宗教、伪科学区别开了。

4. 科学的可错性或可变性

科学的可错性或可变性也是科学和常识的重要区别。常识之所以可以长期存在而不被推翻,主要是因为常识所使用的语言是含糊的,由于这种含糊性,对常识是很难核验的,因此,常识就不易被推翻,它的生命力就很长。此外,由于常识满足于一般人的日常生活需要,因而没有必要非常精确,也就不需要进行改进。而科学不能满足于含糊的语言和不严格的概括,这种精确性使其具备了可核验性的特征,因而也就具有了可变性。可变性中也包含了科学的可错性。因为科学本身是按照一定的理论预期而进行的一种探索未知的活动,它试图告诉人们世界是怎么样的,而探索的结果有可能与人们的理论预期是不一致的,这就需要修改原有的理论。允许科学出错正是科学不断发展的原因之一。

5. 科学的系统性

科学活动是通过对科学问题进行系统性的研究来获取知识的过程,作为其认识结果的科学知识,是对事实的有组织的、系统的阐明与理解,是通过概念、判断、推理等思维形式表达出来的严密的逻辑体系。作为科学知识,要求知识体系在逻辑上的自洽性以及经验知识与理论知识的一致性。科学力求完全地反映客观事物,把握事物的一切方面,这一点虽不能完全做到,但必须有全面性、系统性的要求,以防止片面和僵化。零散的知识堆积在一起不能成为科学。

6.科学的主体际性

科学知识具有客观真理性,它的基本概念反映事物固有的本质属性;它的基本定律反映客观事物之间的内在联系。因而科学知识是客观的、普遍的,能被不同认识主体所重复和理解。能接受不同认识主体用实验进行检验,并在他们之间进行讨论、交流。这就是主体际性。科学的主体际性是科学发现获得社会承认的基本条件。

三、关于科学划界标准的几种不同观点

关于科学特性的讨论实际上涉及科学划界问题,如何将科学与非科学区分开的核心问题是科学划界的标准。20世纪20年代以来,关于科学划界问题在西方科学哲学中进行过旷日持久的争论,大致形成四种观点:逻辑经验主义的观点、批判理性主义的观点、科学历史主义的观点以及科学实在论的多元观点。

(1)逻辑经验主义的观点。逻辑经验主义认为有意义的命题才是科学的命题,否则便是非科学的命题。一个陈述如果与人们的感性经验有关联,亦即能用经验事实加以证实才是有意义的,一个陈述的意义就在于它的实证方法或它的真值条件。可见,逻辑经验主义的科学划界标准是与证实原则紧密联系在一起的。但是,对科学命题的经验证实在逻辑上是没有充分保障的,因为结论为真,前提未必真。这样,后来的逻辑经验主义放宽了对科学划界的经验标准,强调科学的"可检验性"或"可验证性"。新观点虽然已经接近了对科学本质的刻画,但仍然存在着不可克服的困难。

(2)批判理性主义的观点。批判理性主义的代表人物波普针对逻辑经验主义意义标准的缺点,提出了可证伪性或可反驳性标准。波普认为,科学理论或命题具有普遍性,而经验总是个别的,因而科学不可能被经验证实,而只能被证伪。波普指出:"我们当然只在一

个理论体系能为经验所检验的条件下,才承认它是经验的或科学的。从这些考虑中得出的结论是,可以作为科学划界标准的不是可实证性而是可证伪性。换句话说,我们并不要求科学体系能在肯定的意义上被最终地挑选出来,我们要求这样的逻辑形式,它能在否定的意义上借经验检验的方法被挑选出来。科学经验的理论体系必须可能被经验驳倒。"①

可以看出,批判理性主义者和逻辑经验主义者都把理论与经验事实的关系作为科学划界的标准。

(3)科学历史主义的观点。科学历史主义学派认为与科学本性相联系的不仅是科学理论和经验事实的关系,而且包含社会和心理因素。因此,以经验证实或经验证伪作为科学与非科学划界的标准,都是对科学采取非历史的、非社会的观点的结果,因而是不全面的。在科学与非科学之间并不存在绝对分明的划界标准。西方科学哲学家库恩认为,科学与非科学的划界的区分就在于是否在范式的指导下从事解难题的活动。另一个科学历史主义的代表人物费耶阿本德则认为,不存在普遍适用的科学研究方法,科学的发展常常需要非科学的精神活动来帮助。科学与非科学不可区分,对科学与非科学的人为划分只能对知识进步造成危害。费耶阿本德对科学划界问题的消解使科学历史主义走向了极端。

(4)科学实在论的多元观点。西方科学哲学的研究近年来经历着向后实证主义的变化。作为与后现代思潮同源的后实证主义,力图克服传统科学哲学偏重实证论、忽视历史逻辑和人文精神的倾向。他们认为传统科学方法论所设定的目标是无法实现的,因为不可能存在一种普适的思想和中性的规则,科学方法论对某种理论的相关性是不可避免的。这一学派强调科学哲学研究与科学史的关联以及对各种专门学科多元化的哲学探讨。

---

① 波珀.科学发现的逻辑.查汝强,邱仁宗,译.北京:科学出版社,1986.6

总之,科学划界是一个亘古常新的问题,不同时代、不同学派在科学划界问题上的认识在不断深化,在从绝对标准到相对标准、从一元标准到多元标准、从静态标准到动态标准的认识与争论中,虽不能建立起一劳永逸的标准,却可以使人们对科学特性的认识逐渐清晰,使科学的形象越来越丰满。关于科学划界问题的探讨,不论是对于科学的发展,还是对于辨明科学在人类知识中恰当的位置和作用,都有着积极的意义。

4.2 科学认识的结构和过程

一、科学认识的结构

科学作为一种认识活动,具有一般认识的结构,即由认识主体、认识客体和认识中介三要素组成。但是,科学认识作为人类的一种特殊认识活动,对其中各个要素又有特殊的规定。

1. 科学认识的主体

作为认识主体应该是有目的、有意识地从事认识活动的人,同时也是社会化的人。作为科学认识的主体,除此之外还有一些特殊的规定。

首先,知识和经验方面的规定。作为科学认识主体,在进入认识系统的时候,必须有一定的知识储备和经验储备,对于不同的研究对象,要求认识主体具有不同的知识内容。科学中所要解决的问题越复杂,所需储备和积累的知识也就越多。随着科学的发展,人们对知识本身的含义也有了更深刻、更丰富的理解。经济合作与发展组织(OECD)在其研究报告《以知识为基础的经济》中,就是在四种含义上来理解知识的——为什么、是什么、怎样做、是谁(谁有)。作为科学认识主体,具备合理的知识结构至关重要,而且要随着科学发展的要求不断使知识结构"现代化"。

其次,方法和技能方面的规定。掌握方法和技能要比掌握知识本身更重要,诸如记忆能力、观察能力、思维能力、检索能力、动手操作能力等,特别是创造性思维能力,对于科学研究是至关重要的。在科学技术高度发达的今天,研究人员应具有不断获取新知识、解决新问题的能力。

第三,价值准则方面的规定。所谓价值准则是指能对某些客观事件作出价值分析和判断,从而对其是否需要研究、值得研究作出选择。价值准则本身是多样的,如理性的、审美的、经济的等,都可以成为选择的标准。科学认识主体的价值判断能力需要以知识为基础,并要充分理解知识之间的联系及科学发展的现状和趋势,这样才能对科学应用的社会意义作出准确的估计。

2.科学认识的客体

在一般认识论中,客体是指进入实践活动领域,并与主体发生联系的客观事物,科学认识客体则是其中的一个特殊部分。对于科学认识的客体,其规定性一方面取决于事物自身,另一方面取决于它和科学认识主体的关系。

首先,作为科学认识的客体要有自身的规定性,以便将其与其他事物相区分,从而对其本质进行认识。

其次,科学认识客体的规定性还取决于其与科学认识主体的关联,只有那些确定而现实地纳入科学认识主体的科学研究活动结构中,并为主体的研究活动所指向的客观事物,才具有科学认识客体的完整规定性。当然,在科学研究过程中,认识主体需要不断地把"自在的存在"转化为科学认识的客体,这取决于主体的需要和主体实践能力和认识能力的发展。据此可以认为,科学认识客体是主体需要研究而且有能力作用于其上的客观存在。

3.科学认识的中介

科学认识主体需要通过一系列的认识中介才能实现其认识的目的。作为科学认识的中介,包括三种基本形态:其一,科学研究中所使用的仪器和工具。这是一类感性的物质中介,其作用在于延伸主体的躯体力量、感受能力和部分思维能力。这是中介的硬件部分。其二,科学陈述中所使用的语言和符号。语言和符号主要是对客体的信息进行编码、组织思维过程,并固定、记载、传播思维的成果,由此使主体能够准确表达客体的本质和属性。其三,科学推理中所使用的操作、运算和推理规则。操作、运算、推理规则的作用在于使主体可以有选择地搜集客体的信息并对它们进行适当的加工处理,这样便可以通过直接触及的方面推理出看不到的东西,以全面地复制客体,从而建立起完整的科学体系。各种形态的科学认识中介也内在地包含了科学方法和技术方法。

由此可见,科学认识就是科学认识主体在科学实践中运用科学认识中介与客体相互作用从而能动地反映客体的过程。

创造性是科学的特征之一,而科学的创造性在很大程度上体现在科学家的"建构"过程中。"建构"不同于消极地反映,也不同于"摄影"或"复制",它体现了主体的能动性,使人超越现实。只有通过对客体的建构才能够做到当研究对象越来越远离我们的时候,我们仍可以在一定程度上把握其本质。在科学研究中研究者要依据科学事实(感性材料),但科学事实本身并不能直接告诉我们概念和理论,人们也不可能等待感性材料全部收集齐备以后再去形成概念和理论。相反,在科学认识中,往往是人们在观察之初就要提出假说,以引导以后的认识过程。正如恩格斯所说:"只要自然科学在思维着,它的发展形式就是假说。"[1] 这正是科学认识的独到之处。对于同一个研究对象,不同的科学工作者可以选择不同的建构方式,使研究对象按照主体的研究目的和符号知识纳入相应的建构方式中。正如马克思所说:"科学和其他建筑师不同,它不仅画出空中楼阁,而且在打下地基之前就造起大厦的各层住室。"[2]。拉卡托斯也曾经提出,建构精

---

[1] 马克思恩格斯选集.第3卷.北京:人民出版社,1972.561
[2] 马克思恩格斯全集.第13卷.北京:人民出版社,1962.47

心设计的框架,必须比准备住进去的事实现象快得多。建构往往要超越现实,这正是科学的力量所在。只有首先在头脑中建构一个新的世界,才能改造或创造一个新世界。但科学的建构不同于纯粹的思辨,它要有一定的事实基础,同时要经受经验的检验和控制。

二、科学知识的构成

科学是一种系统化、理论化的知识,同时也是把握事实、寻求解释和证据的过程。作为科学知识的静态结构,它是由科学事实、科学定律、科学假说以及科学理论构成的严密的体系;作为动态的研究过程,科学研究经过获取科学事实、形成科学定律、提出科学假说以及建立科学理论的不断深化的过程,力图达到对研究对象的准确把握。因此,科学事实、科学定律、科学假说以及科学理论,就构成了科学知识的基本要素。

1. 科学事实

科学事实是科学研究的基础。要回答什么是科学事实,首先要区别客观事实和科学事实这两个概念。

所谓客观事实,是科学研究中观察和实验的对象,它是自然界的客观物质过程,是客体的自在状态,而不是知识本身。

科学事实则是指通过观察和实验所获得的经验事实,是指对客观事实的感知、描述和记录,作为观察和实验的结果反映到人们的意识中。经验事实一般可分为两类:事实Ⅰ,指客体与仪器相互作用结果的表征,如观测仪器上所记录和显示的数字、图像等;事实Ⅱ,指对观察和实验结果所作的陈述和判断。

事实Ⅰ既与客体有关,又与人所设置的认识条件有关,同一客体的某些特征在不同的仪器上的显示可以是不同的。如压力的变化究竟表现为汞柱的升降还是压力指针的摆动,取决于认识手段。事实Ⅱ既与客体的本性、仪器的性能有关,也与人用以描述事实的概念系统有关。同一事件在不同的概念系统中所作出的描述也可以是不同的。由此可见,经验事实实际上是客观事件在仪器和符号系统中的表征,与其相关的因素应包括事件本身、测量系统、概念符号系统。

因此,科学事实属于认识论的范畴,它体现的是客观事件在科学认识主体中的陈述和判断。科学事实的内容是客观的,而形式是主观的。客观事实是不存在正确或错误之分的,而经验事实是可错的。并非所有的经验事实都是科学事实。作为科学事实应具备下列性质。

(1)科学事实是直接的单称陈述。尽管科学事实所用的词带有某些概括的成分,但由于它本身是对特定观察者的特定观察的纪录,所以它本身是用单称陈述表达的。例如,"铀具有放射性"、"氩具有化学惰性"等,均是科学事实,而"金属具有导电性"、"所有的微观粒子都具有波粒二象性"等普遍陈述,则不是科学事实,而是对科学事实加工提炼出的理论。另外,科学事实是关于事件的有序集,它是直接的,而不包括演绎推理。强调科学事实的个别性和直接性,是为了突出它主要来自感性物质活动,而不是理性抽象活动。

(2)科学事实是可重复、可重现的。判明一个科学事实的可靠性的重要标准,是科学事实应该是可重复的。如果一个事实根本无法复核并重现,那就不能叫做科学事实。强调可重复性是为了尽可能排除对事实描述和判断中可能存在的谬误。

(3)科学事实应该比较精确、系统、全面地反映客观事实。例如,麦克尔逊 – 莫雷实验是为了判定"以太"是否存在,但考虑到地势、地球自转和公转等因素对测量的影响,要得出精确的结果就需要在高山、低谷、白天、黑夜以及不同的季节分别进行观测,从系统化的经验材料中确立一个精确的科学事实。

科学事实的上述特点决定了它不仅是形成新概念、新理论的基础;而且是对科学假说和科学理论进行评价的基本手段。

2.科学定律

科学定律是人们对于自然现象之间的必然的、实质性的、不断重复着的关系的认识。科学定律以观察和实验为基础,具有不以人的意志为转移的客观性,在自然科学中所表示的是某一类自然现象之间所具有的一般的、普遍的联系。作为科学认识形式,科学定律是科学认识主体把握客体的映像,是主观性与客观性的统一。通常科学定律以全称命题的形式出现。

根据对自然现象理解的深刻程度,科学定律又分为经验定律和理论定律。经验定律又称"经验概括"或"经验公式",它反映事物和现象之间的某种联系,具有可描述性、直接实践性,与观察、实验直接相关,一般借助归纳法从科学事实中概括出来,通常可以用比较容易理解的或可观察的词项和语句加以表达。经验定律往往是关于系统功能的规律,把对象当做"黑箱",不追问系统的内部结构。如玻意耳定律、自由落体定律、开普勒行星运动三定律等都属于经验定律。理论定律是对那些不可直接观察的实体和属性的规律的解释,通常用不可直接观察的理论词项或语句表达。理论定律是对"黑箱"中的组成元素和内部结构的解释,反映了客体更深刻的本质,具有更大的普遍性。从经验定律到理论定律标志着科学描述到解释的认识深化的过程。

科学定律的特征主要表现为两个方面:其一,科学定律是绝对真理与相对真理的统一。不论是经验定律还是理论定律都是经过观察和实验的检验而对自然规律的反映,因而具有绝对真理的成分;同时科学定律对自然规律的反映又是近似的,其深刻性和普遍性受到时代的认识水平和条件的限制,其真理性又是相对的。其二,科学定律具有简明性特征。科学定律通常用科学符号和语言,尤其是数学符号和语言来表述。

科学定律作为科学认识的成果,在科学知识结构和科学认识中发挥着重要作用。首先,科学定律有助于科学概念和科学理论的形成。经验定律的提出和发现的过程中会伴随着对科学概念的抽象和概括;科学概念的内涵往往需要通过科学定律来表现。科学概念和科学定律是科学理论的基础,其中,科学定律尤其是基本定律是科学理论的核心,发挥着极大的作用。其次,科学定律是科学解释和预测的有效工具。在科学发展的初级阶段,科学侧重于查明事实,通过发现经验定律来解释经验事实;在科学发展的比较高级阶段,科学通常需要揭示理论规律,构造出将若干经验定律包含于其中的理论定律。借助于理论定律,可以解释已知的经验定律并预见未知的科学事实和经验定律,因而在科学认识中具有重要的意义。

3. 科学假说

科学假说是根据已知的科学事实和科学原理,对所研究的自然现象及其规律提出的假定性说明,是自然科学理论思维的一种重要形式。科学假说由事实基础、背景理论、对现象本质的猜测、演绎出的预言和预见几个基本要素构成。

科学假说具有以下几个特点。

第一,科学性。科学假说是以一定的科学事实为依据,以科学理论为前提,按照事物自身的内在逻辑提升和推断出来的。这使得它不同于毫无科学根据的神话和缺乏逻辑基础的幻想。越好的假说,越是在依据尽可能多的实验材料和经验事实以及尽量可靠的科学知识基础上创造出来的。有时假说不可避免地与某些先前认识到的背景知识相冲突,因而造成概念问题。但这种冲突越少越好,至少应与当时的认识主体的知识背景相符合,否则这个假说就不可信。

第二,猜测性。科学假说是相对于资料而言的。科学假说是在经验事实不充分的情况下对事物的本质和规律的猜测。它需要依靠想象和类比等逻辑的跳跃,结论已经超出了它所要说明的证据或资料的范围,其内容远远大于它所覆盖的或所包含的资料。假说中包含着假定性的成分,在未来可能被证伪而淘汰,也可能基本上被确证并经修正完善后成为理论。但是,一个具有较大猜测性的假说往往会带来更大的创造性,它意味着假说的提出者需要充分发挥思维的想象力。

第三,试探性。猜测性决定了科学假说只是尝试性地解决问题,所以必然具有试探性。一个假说只是问题的可能解决方案之一,并非独一无二的解决方案。由于人们占有的材料不同、看问题的角度不同、知识结构的不同以及使用方法的不同,对于同一个科学问题,可以提出多种不同的假说,假说之间的相互竞争,可以使问题逐渐得到解决,而竞争中的假说将会面临不同的前途。

科学假说的特点决定了它在科学认识中具有重要的方法论意义。首先,科学假说是科学观察和科学实验的先导。科学假说作为"工作模型"决定着观察和实验的设计与构思,直接影响着观察与实验过程中主体对经验材料的确认和选择。其次,科学假说是发挥思维能动性的有效方法。在对未知领域所掌握的科学知识和事实材料不充分的条件下,人们可以凭借假说的形式大胆探索,提出新见解。这既是创造性思维的体现,又为创造性的进一步发挥提供了可以借鉴、依赖的生长点,从而推动经验思维向理论思维的跃升。第三,科学假说是形成和发展科学理论的必经途径。科学的根本任务是达到对自然现象的本质和规律的理论把握,当客观事物的本质尚未充分暴露,人们掌握的经验事实不够完善时,需要借助假说探索未知,通过不断地积累经验材料、不断增加假说中的科学内容减少假定性成分,逐步向客观真理逼近。自然科学就是沿着假说—理论—新假说—新理论……的途径不断发展着的。从科学的历史发展看,甚至可以把科学理论广义地称之为科学假说。正是在这个意义上,恩格斯指出:"只要自然科学在思维着,它的发展形式就是假说。"①

4. 科学理论

科学理论是经过实践检验的具有客观真理性的知识体系,是对某种自然现象本质的系统说明,是由科学概念、原理、定律、论证组成的知识体系。

---

① 马克思恩格斯选集.第3卷.北京:人民出版社,1972.561

科学理论由三个基本的知识元素构成:基本概念;联系这些概念的判断即基本原理或定律;由这些概念和原理推演出来的逻辑结论,即各种具体的规律和预见。正如爱因斯坦所说:"理论物理的完整体系是由概念、被认为对概念是有效的基本定律,以及用逻辑推理得到的结论这三者构成。"① 基本概念、基本定律以及逻辑推论依一定的关系构成一个严密的、前后一贯的逻辑体系。科学理论由科学假说转化而来,是在一定的认识条件下相对完成的东西,是科学认识的较成熟阶段。在科学事实、科学定律以及科学假说基础上形成的科学理论,对研究对象的认识更加深刻和广泛。科学理论的功能首先在于对其所研究的对象提供一个更为精确、深刻和全面的解释;其次在于依据理论所揭示的规律性和本质联系并通过严密的逻辑推理从理论前提和先行条件中演绎出预见,从而扩展知识。科学理论往往以抽象、完整的理论模型和数学模型等形式存在。

科学理论的基本特征表现为以下几个方面。

第一,客观真理性。科学理论是在一定的认识条件下,通过严密的逻辑论证和反复的实践检验,对研究对象的本质及其规律性的把握,因而具有客观真理性。这是科学理论区别于科学假说的基本特征。当然,由于实践活动受到历史条件的制约,任何科学理论对真理的把握都既有客观性、绝对性的一面,又有条件性、相对性的一面。

第二,逻辑完备性。科学理论是一个概念的体系,但它不是概念的简单堆积,而是由概念作为要素构成的严密的逻辑体系,是系统化的知识。在科学理论中,必须概念明确、判断恰当、推理正确、论证严密,即合乎逻辑。科学理论一般具有演绎的逻辑结构,并遵从逻辑上的无矛盾性和完备性的要求。

第三,普遍性。科学研究从具体的科学事实出发到最终建构起科学理论,是一个对普遍性的追求过程。科学理论力求对与它有关

---

① 爱因斯坦文集.第1卷.北京:商务印书馆,1976.313

的一切现象与事实作出统一的、比较精确的揭示与说明。因此,科学理论通过揭示某一领域的共同本质而普遍适用于该领域,能对该领域复杂多样的现象作出解释。

第四,预见性。科学理论的上述特征决定了科学不仅能够解释已知,并且还能预见未知。科学理论的预见性是科学理论的逻辑结构的合理性、理论的客观真理性以及普遍性的具体展开。科学理论的预见提供了进一步认识事物发展进程的可能,并使得科学表现出明显的独立性和能动性。科学理论的预见往往依据对数学模型的逻辑推演。

科学事实、科学定律、科学假说以及科学理论作为构成完整的科学知识体系不可或缺的组成部分,不可分割地、辩证地联系在一起。其中,科学事实是科学知识体系的出发点,是检验科学假说和科学理论的依据,同时也是科学理论解释的对象;科学定律是构成科学理论的逻辑基础;科学假说通过对经验事实的超越,为科学认识开辟了道路,并成为从科学事实到科学理论的桥梁;而科学理论作为科学认识较为完整的形态,是上述认识形式和过程的结果,也是科学认识的新起点。当然,科学事实、科学定律、科学假说以及科学理论作为科学知识的四个方面,不是绝对的、凝固的,而是相对的、发展的。

4.3 科学价值与科学精神

一、科学价值

价值是一种关系范畴,涉及主体与客体之间的关系,马克思曾指出:"'价值'这个普遍的概念是从人们对待满足他们需要的外界物质关系中产生的。"① 它"表示物和人之间的自然关系,实际上是表示物

---

① 马克思恩格斯全集.第19卷.北京:人民出版社,1963.406

为人而存在"。①

从马克思的观点来看,首先,价值表征的是客体属性对主体需要的满足关系,而作为主体的人是价值衡量的中心,价值衡量以人的需要为尺度,因此,离开了人就无所谓价值;其次,这种关系是"自然的"、客观的,是以客体的固有属性为基础,并且不以评价者的知识、情感和意志为转移的。就科学而言,它既能满足人认识世界的需要,又能满足人改造世界的需要。通常把前者称为科学的内在价值或学术价值,而把后者称为科学的外在价值或社会价值。②

1. 科学的内在价值和外在价值

科学的内在价值或学术价值通常被理解为由于其对真理的追求而对人认识世界的需求的满足,这是一种对人的智力上的追求的满足。亚里士多德曾指出,"实用之学","目的在其功用";"制造之学","以人世快乐为目的";"理论学术","目的在于真理"。法国科学家彭加勒也曾断言:"对真理的探索是科学的目的及唯一价值。"③然而,真理到底意味着什么? 科学哲学家夏佩尔指出:"哲学史上曾提出过三种一般类型的真理论:一是符合论。根据这种理论,一个信念或命题,当且仅当它'符合实在'时才是真的。二是融贯论。根据这种理论,一个信念或命题,当且仅当它与其他(可能和它们中最大多数)信念或命题'相贯通'时才是真的。三是实用论。根据这种理论,一个信念或命题,当且仅当它'有用'时才是真的。"④因此,"科学求真"可能被理解为"符合论"所指的对客观真理的追求;也可能被理解为"融贯论"所指的对相互融合、连贯、协调等"理性之美"的追求;还可能是指追求"广义的善"(有用)。

因此,在现实中科学家对科学的内在价值的理解是多元的,既与

---

① 马克思恩格斯全集.第26卷(第3册).北京:人民出版社,1974.326
② 张华夏,叶侨健.现代自然哲学与科学哲学.广州:中山大学出版社,1996.493
③ 彭加勒.科学的价值.北京:商务印书馆,1988.187
④ 夏佩尔.理由与求知.上海:上海译文出版社,1990.39-39

科学家所追求的目标密切相关,也与一定时期科学共同体中流行的科学评价标准密切相关。但是从辩证唯物主义的认识论出发,承认真理的客观性,并且科学作为对客观世界的认识和反映,势必将科学的内在价值理解为由于其对客观真理的认识从而满足人类认识世界的需求。

科学的外在价值或社会价值是指科学与社会相互作用过程中对人类社会的作用或意义。科学对社会的作用,可以分为正负两个方面,但通常科学价值被理解为科学所具有的积极的、正面的社会功能。它具体表现在两个方面:其一,科学的物质价值,即人利用科学的认识成果通过技术的中介作用对自然物进行加工、改造,使之适合人的生存和发展,主要表现为对人类的物质生产和物质生活的改善;其二,科学的精神价值,即科学作为人类的认识活动,其科学方法、科学思想以及科学精神对人类的思维方式、行为规范以及文化事业的影响。

2.科学的"价值中立说"与"价值负荷说"

尽管人们并不否认科学有价值,在科学知识本身是否有价值属性或价值倾向这点上,在对科学的应用价值是否有好坏、善恶之分上,看法并不相同。"价值中立说"和"价值负荷说"是两种典型的看法。

(1)科学价值中立说。科学价值中立说是直到20世纪70年代以前西方的科学价值观的主流观点,"价值中立说"认为,科学知识与价值观念是互不相关的,即科学与价值无涉。应该指出的是,所谓科学的价值中立说,是一种狭义的、伦理的价值中立说,仅仅是指科学本身无伦理的善恶。

一般认为,科学价值中立说可以追溯到休谟。休谟严格区分了两类命题:第一类是事实陈述,回答"是不是"的问题;第二类是价值陈述,回答"该不该"的问题。两类命题之间不能互推。而科学是关于第一类事实的陈述,与价值无涉。18世纪以后,康德继承休谟的思想,把人类理性法则划分为自然法则和道德法则,相应地哲学也被划分为自然哲学与道德哲学。康德认为科学是关于事实的认识,本身不包含价值的成分,价值作为评价的标准在理论形成的过程中并不起作用。20世纪初,马克斯·韦伯首次提出了"价值中立"的概念,强调经验科学只能回答事实"是"怎么样,而不告诉人们"应当"怎么样。关于客观世界的经验知识的科学必须拒绝承担价值判断的任务,才可以保持科学认识的客观性和中立性。在马克斯·韦伯之后的逻辑经验主义普遍认为,科学只关乎事实,科学是客观的、理性的,是对客观真理的追求;而价值是关乎目的的,是主观的和非理性的,并且是追求功利的。在事实判断与价值判断之间具有严格的区别,因而科学是价值中立的。

从强调科学对客观真理的追求、力求保持科学知识的客观性的意义上来说,"科学价值中立说"有其合理性和积极的意义,但它却忽视了科学作为人类的活动,其中必然会内含着一定的目的并实现于人类的社会活动的背景之中,这是有局限性的。长期以来,科学价值中立的观点被许多科学家接受和坚持。奥本海默就宣称:"良心——是道德的范畴。任何情况下都不是科学的范畴。科学、科学活动同道德观念没有任何相同之处。"[1] 这样,当科学价值中立的观点从强调科学知识的客观性走向将科学看做可以脱离社会约束的完全独立的"中性"的事业时,有可能造成科学家对自己的社会责任的忽视,使科学发展迷失方向。

(2)科学价值负荷说。科学价值负荷说认为,科学本身以及科学的应用都无法回避价值的问题,甚至科学具有伦理意义。因此,科学本身就有善恶之分。那么,科学究竟是"善"的还是"恶"的呢? 在对这一问题的认识上便出现了价值分裂。

近代自然科学产生以来,从弗兰西斯·培根的"知识就是力量",

---

[1] 拉契科夫.科学学.北京:科学出版社,1984.257

到马克思的科学是"一种在历史上起推动作用的革命的力量",人们把科学看做是人类文明发展、社会进步的力量。因而,科学是善的,科学是一项令人尊敬的高尚的事业。

然而,第二次世界大战以后,战争的威胁与破坏以及环境问题的日益突显,科学在战争和工业中的广泛应用使得人们对传统的"科学价值中立"的观点进行了深刻的反思,人们追问科学到底是善,是恶?

实际上,早在18世纪科学和理性成为欧洲启蒙运动所倡导的文明核心的时候,法国的浪漫主义思想家卢梭就曾经指出,科学技术产生于游手好闲,反过来又培养游手好闲,科学是与奢侈并行的,并且"随着科学和艺术的完善,我们的灵魂腐化了……随着科学和艺术之光的增强,美德消失了"。① 卢梭的思想被认为是反科学思潮的先声。20世纪中叶以后,许多哲学家、社会学家都对科学价值中立的观念提出了质疑。美国社会学家芒福德指出:"科学和技术的蓬勃发展和自动化的成就是一股力量,这股力量不可避免地损害人在社会和精神上的尊严,使人变得'微不足道',把人的财力、力气和荣誉交给机器。"② 法兰克福学派的马尔库塞认为,科学本身就意味着人对自然的控制,而这种对自然的控制必然导致对人的控制,科学使人失去了最宝贵的批判精神而成为"单向度的人"。这些对科学的批判引导人们对科学进行广泛的反思。

20世纪80年代,美国科学哲学家普特南从哲学的角度提出了"价值事实"的思想,认为事实与价值是不可分的,"每一个事实都有价值负载,而我们的每一个价值也都负载事实。"③ 基于这一思想,普特南对传统的实证主义把科学视为纯客观的理性活动的思想进行了批判,他认为,不仅科学知识体系中渗透着价值和价值判断,而且科学家和科学共同体在科学活动中也脱离不了价值判断。科学知识社

---

① 拉契科夫.科学学.北京:科学出版社,1984.258
② 拉契科夫.科学学.北京:科学出版社,1984.94
③ 普特南.理性、真理与历史.沈阳:辽宁教育出版社,1988.428

会学也把科学知识看做社会建构的结果,科学活动是在特定的社会背景中进行的社会事业,因而科学不可避免地会负载价值。

"科学价值负荷说"把科学看做事实判断与价值的统一,对于我们在哲学上深刻理解科学,在实践上使科学沿着有利于人类社会的进步和人类幸福的方向发展具有积极意义。但如果把科学的社会应用的负面效应完全归咎于科学,势必导致"反科学"思潮,从而阻碍科学的发展,并且使一些社会政治问题无法彻底解决。

二、科学精神

1.科学精神及其内涵

科学作为一种追求真理的认识活动是人类文化活动的一个范畴,科学不仅仅是知识体系,而且是在一定的文化背景下观察并解释世界的方式。在科学研究的过程和科学成果中通过科学思想、科学方法表现出科学独有的精神气质——科学精神。美国的科学社会学家默顿曾指出:"科学的精神特质是指约束科学家的有情感色彩的价值观和规范的综合体。这些规范以规定、禁止、偏好和许可的方式表达。它们借助于制度性价值而合法化。这些通过戒律和徽戒传达、通过赞许而加强的必不可少的规范,在不同程度上被科学家内化了,因而形成了他的科学良知……尽管科学的精神气质并没有被明文规定,但可以从科学家的道德共识中找到,这些共识体现在科学家的习惯、无数讨论科学精神的著述以及他们对违反精神特质表示的义愤之中。"[①]

科学作为历史性的范畴,其精神的基本内涵是历史地演变的,人们对其进行的理解和概括也不尽相同,但通过上述对科学特征和科学知识的构成要素的讨论,我们以为科学精神主要包括以下几个方面。

第一,求真精神。科学始终把探究自然界的运动变化的规律作

---

① 默顿 R K.科学社会学.北京:商务印书馆,2003.363-364

为其根本的任务,科学家们在科学研究中以对真理的追求为使命。科学研究中常常会犯错误,经常会面临失败,但科学家总是力求获得与科学事实一致的认识结果。在此过程中,科学家追求的不是"有用的"知识,而是对对象尽可能真实而全面地描述与解释。因此必须将个人的得失置于对真理的追求之下。

第二,理性精神。科学作为人类的一种理性活动,要求人们力求合乎理性地认识世界。所谓理性精神,一方面是指科学家在进行科学研究活动的过程中坚持对自然界规律性的信念;另一方面,在科学研究的过程中遵循有条理的、严格的、精确而完备的思维方式,所以科学理论往往以自洽的逻辑体系的形式展示着科学认识的结果。

第三,有条理的怀疑精神。可检验性或批判性作为科学的基本特征之一,要求所有的科学发现,不管它的出处如何,都必须接受检验。科学家对自己和别人的工作都应该采取怀疑的态度。但并不是盲目地怀疑一切,而是按照一定的规范进行有条理的批判,即根据一定的逻辑标准和事实标准对科学的结论进行评价与检验,而这些标准是普遍主义的而不是个人主义的。有人也将这一精神进一步表述为科学中的反权威主义。

第四,创新精神。科学是人类探索未知的活动,科学家不断提出新问题、新见解,并根据科学理论预见尚未出现的新事实。齐曼曾指出,科学是对未知的发现。这就是说,科学研究成果总应该是新颖的。一项研究如果没有给充分了解和理解的东西增添新的内容,则无所贡献于科学。这项规范强调科学认识论中的发现因素。他迫使科学家们要有不同形式的"创造性的"行为和"富有想象力的"思想。[①]科学研究过程是一个发现的过程、创造的过程,科学进步是与不断创新相关联的。创新精神常常表现为科学家在科学研究中对常规科学的大胆批判;在新的经验事实面前独立思考并提出新的见解;

[①] 约翰·齐曼.元科学导论.长沙:湖南人民出版社.1988.125-126,163

积极探索新奇,乐于接受新事物和新观点。

2.科学精神的文化意义

随着科学的发展和普及,科学知识已经成为现代人知识结构中不可或缺的组成部分。科学教育过程中的科学的思维方式和思维习惯的养成、通过体现在科学家身上的科学精神气质对社会其他成员的影响,科学所内涵的精神气质对人类社会进步具有显著的人文价值。

第一,科学精神有利于人们养成客观公正的心智习惯。著名科学家和自由思想家皮尔逊曾指出:"科学人的首要目的在于在它的判断中消除自我,提出对每一个心智与对他自己同样为真的论据。事实的分类、对它们的关联和相对意义的认识是科学的功能,在这些事实上形成不受个人情感偏见的判断是我们将称之为科学的心智框架的特征。"[①] 作为一个社会的公民,在社会事务中同样需要客观地对事实进行分类和评价。他在判断中必须受事实的指导,养成客观公正地判断事物、处理问题的习惯。科学教育和科学研究过程中科学思维方式的训练有助于这种严格而公正的心智习惯的形成。当然,科学人并不必然是好公民,关键在于其是否将科学的心智框架带入其他领域之中。

第二,科学的理性精神有助于人们形成诉诸理性的思考方式。人类的理性是让人类在与其他动物的比较中感到自信和骄傲的特征。尽管理性与情感是作为完善的人性所不可或缺的因素,但现代社会与前现代社会的区别往往在于前者在许多问题的把握中更具理性特征。而这种理性的特征与现代科学的理性精神是直接相关的,科学中诉诸逻辑和实证的精神气质影响了现代社会及个人理性的思考方式的形成。

第三,科学的批判精神以及科学评价中对普遍主义标准的追求

---

① 卡尔·皮尔逊.科学的规范.李醒民,译.北京:华夏出版社,1999.9

有助于提升人们的民主意识。民主作为现代社会的重要特征之一，要求社会具有完善的民主制度，而民主制度的建立和完善更需要每一个公民的民主诉求和对民主制度的自觉遵从。科学研究中的民主体制、科学家有条理的怀疑精神、自由探索和多元思考以及平等争论的文化氛围，会对社会民主制度的建立和完善提供范例，对公民的民主意识的觉醒提供帮助。正如人们在历史中看到的，科学与民主是一对双生子。

第四，科学不断创新的精神同样是社会进步所必需的。"创新是一个民族的灵魂"，在当今世界，创新已经成为一个民族能否立足于世界民族之林的关键所在，也是一个民族发展的内在动力。制度的创新、技术的创新以及文化的创新都需要社会及其公民具有良好的创新意识和创新能力。在科学中既尊重传统又不囿于成见，对常规科学的大胆质疑、对新假说的大胆想象、对新见解的批判性接受所形成的创新精神，会对一个民族的民族性格产生积极影响。

第5章 科学认识的形成与科学理论的创立

科学作为一种认识活动离不开科学方法。"方法"一词的希腊文原意是"遵循某一道路",指为了实现一定的目的,按一定的顺序采取的步骤。科学方法是指为了获得科学知识,在科学研究活动中应该遵循的程序和规则。现代科学哲学达到的成就之一,就是认为不存在科学发现的机械程序,也就是说不存在一成不变的方法。但是,不存在一成不变的方法并不等于没有方法,科学方法贯穿于科学理论形成过程的始终,其中既有理论的、经验的,也有逻辑的和非逻辑的方法。本章将遵循科学理论形成的大致过程,沿着科学问题的提出—科学事实的获取—科学材料在思维中的加工—科学假说的形成—科学理论的确立这一基本线索,对其中的方法论问题进行讨论和介绍。

5.1 科学问题的提出

一、科学问题

1. 科学研究从问题开始

科学研究作为一项创造性活动,它的逻辑起点在哪里?这一直是致力于科学方法论研究的科学家和科学哲学家们感兴趣并长期争论的问题之一。早在古希腊时代,亚里士多德就曾明确提出过科学发现逻辑的一般程序,即从观察个别事实开始,然后归纳出解释性原理,再从解释性原理演绎出关于个别事实的知识。在这个程序中,科学研究的起点必然是观察，由此得出"科学研究从观察开始"的论断。近代科学革命以后，以培根为代表的古典归纳主义学派从理论和实践上进一步发展了亚里士多德的思想。培根认为，观察和实验是科学认识过程中获得感性材料的首要环节，离开了感性认识的基础，理性认识将成为无源之水、无本之木。只有通过科学实践，才能使感性认识经归纳上升为理性认识。以经验科学为特征的近代科学也从实践上为"科学始于观察"的观点提供了许多有力的佐证。因此，观察和实验是科学研究的逻辑起点的观点曾得到学术界的普遍认可。

然而，随着现代科学的发展，人们注意到，现代科学研究的实际过程很难与传统的"科学始于观察"的程序模式相符合。批判理性主义者波普根据现代科学发展的规律和特点，从理论上对"科学始于观察"进行了批判，并系统地阐述了"科学始于问题"的观点。波普指出，观察和实验都离不开理论，尽管通过观察可以引出问题，但观察过程总是要渗透、伴随着预设的问题，观察总是要有选择的，漫无目的的观察实际上是不存在的。波普在一次讲演时，一开始就宣布"请观察"，听众莫名其妙，不知道要观察什么。波普认为这就是由没有问题引起的。

科学问题是科学研究的逻辑起点，这一观点反映了现代科学研究活动的重要特征。首先，从现代科学理论发展的总体进程看，只有出现了原有的理论不能解释的问题时，如旧理论与新事实的矛盾、理论本身的不完备性等，人们才会去修正、补充它，或着手建立新理论。所以科学理论的萌发、进步以及新旧理论的更迭都是由问题引起的，问题既是旧理论的终点也是新理论的起点。其次，从科学研究的具体过程看，科学认识主体总是按照问题的框架，有选择地去搜集事实材料，有目的地进行观察和实验。在这个过程中与问题有关的材料被收集起来，与问题无关的材料则任其流散，不在科学认识主体中引起信息效应或经验的共鸣。这种由问题驱动和引导的科学研究将会有效地提高科学研究的效率。

"科学研究始于问题"这一观点在于强调科学研究的主动性,科学研究是一个不断提出问题并解决问题的过程。科学家或科学研究人员应对问题保持高度的敏感,能否提出好的问题也是衡量科学研究人员创造力的标志之一。

2. 科学问题的含义

从科学认识论的角度,我们可以把科学问题概括为:一定时代的科学认识主体,在当时的知识背景下提出的关于科学认识和实践中需要解决而又未解决的矛盾,它包含着一定的求解目标和应答域,但尚无确定的答案。

理解科学问题应该注意以下几个问题。

第一,科学问题是一定历史时代的产物。某个问题是否可以称之为科学问题,是以整个时代科学发展水平来衡量的。因人而异的问题有可能是认识主体的知识或信息缺乏造成的,只有从当时的科学认识和科学实践的水平出发,才能提出有价值的科学问题。例如,德国数学家希尔伯特在 1900 年的国际数学大会上一下子提出 23 个令人震惊的数学问题,它们作为 20 世纪数学发展的目标,引导着世界的数学家的研究方向,对现代数学的发展产生了重大的影响。之所以如此,关键在于希尔伯特的研究领域几乎遍及当时数学的各个重要分支而且造诣很深,能总揽全局,把握数学的发展方向。

科学问题的时代性还表现在,时代所提供的知识背景决定着科学问题的内涵深度和解答途径。同一个问题,可以在科学发展的不同期被反复地提出并解决,但是,其内涵深度不同,解决问题的方法和手段也不尽相同。例如,关于遗传问题的探索,在 19 世纪末的知识背景下,魏斯曼提出的是"种质"的问题,而到了 20 世纪 50 年代,沃森和克里克则提出生物大分子 DNA 的结构问题。显然,问题的内涵因知识背景的不同而有所变化,使用的研究方法和手段也会因此发生变化。

第二,科学问题与科学认识主体的"欲求"以及智能状况相联系。

自然界或自然物本身并不存在什么"问题",科学问题并不会自发地从客观知识中涌现出来,问题需要研究者去认识、去提出。正如科学哲学家波兰尼所说:"一个问题或发现本身是没有涵义的,问题只有当它使某人疑惑或焦虑时,才成为一个问题,发现也只有当它使某人从一个问题的负担中解脱出来时,才成为一个发现……一个问题,就是一个智力上的愿望。"① 所以,对于科学研究人员来讲,问题意识尤为重要。爱因斯坦曾指出:"提出一个问题往往比解决一个问题更重要。因为解决一个问题也许仅是一个数学上的或实验上的技能而已,而提出新的问题、新的可能性、从新的角度去看旧的问题,却需要创造性的想象力,而且标志着科学的真正的进步。"②

第三,科学问题的提出不是孤立的,而是有结构的,它蕴含着问题的指向、研究的目标和求解的应答域。问题的指向是指问题的现状和性质(事实性问题、理论性问题或方法性问题);求解目标是指求解方向和要求(辨识性目标、发现性目标或应用性目标);应答域是指预设的求解范围。也就是说,在科学问题的结构中已经包含了问题求解目标、预设的求解范围和方法。当然,这些还仅仅是一种预设,而且是可错的。但是,这种预设,是从问题到解答的桥梁,在科学探索过程中起着定向和指导的作用。如果问题只有求解目标而没有应答域,则只是一般的疑问句,其求解范围是一个无所限定的全域,这样的问题很难成为科学问题。若所设的应答域是错误的,则问题的解不在所设应答域之内,研究者也将劳而无获。

3.科学问题的来源

从根本上说,科学问题来源于科学实践和生产实践。但科学理论发展的相对独立性和自主性使得问题的来源多种多样。具体地说,科学问题的来源主要有以下几个方面。

(1)科学理论和科学实践的矛盾中产生科学问题。随着科学实

---

① 殷正坤,邱仁宗.科学哲学引论.武汉:华中理工大学出版社,1996.139
② 爱因斯坦,英费尔德.物理学的进化.上海:上海科学出版社,1962.66

践的发展,实践技术和手段的不断完善,大量的经验事实被揭示,当原有的理论不能解释这些新现象、新事实时,必然会加剧理论与实践二者的矛盾,引发一系列经验问题。例如,现代物理学革命源于经典物理学难以解释19世纪末20世纪初不断涌现的实验现象和事实,如"黑体辐射"带来的"紫外灾难"、"麦克尔逊-莫雷试验"关于"以太"存在的否定结果等,由此引发了物理学革命。

(2)科学理论体系自身的内在矛盾所产生的科学问题。科学理论体系的建构,在逻辑上应该是自洽的。但是,任何一个理论都不是天衣无缝的。当科学理论内部出现逻辑困难,如逻辑推理过程中出现"断点"或发生"跳跃",或得出相互矛盾的命题或结论时,就会产生需要进一步研究的所谓内部概念问题。例如,数学中的悖论,物理学、天文学中的佯谬。此外,理论中的其他逻辑困难,如一个理论的基本概念的多义性和不确定性,也会造成科学研究中的问题。

(3) 科学理论之间的矛盾产生的科学问题。在科学发展中,对同一个问题往往存在着不同的解释,形成不同的理论,这些不同的理论之间的相互争论会导致理论的完善和新理论的出现。例如,光学发展过程中微粒说与波动说的矛盾,化学发展过程中的燃素说与氧化燃烧说的矛盾,以及热学发展过程中热素说与分子运动论的矛盾等。

(4)经验事实积累到一定程度时产生的科学问题。分门别类地研究自然界或自然现象是近代科学革命以后科学研究的一大特点。然而,科学的任务不仅在于描述、归纳、整理经验事实,而且在于从理论上概括和把握各种自然现象的内在联系。因此,经验事实积累到一定阶段,自然就会提出如何统一地对这些现象及内在联系进行解释的问题。这类问题的提出常常会带来科学的飞跃。例如,元素周期律的发现、能量守恒与转化定律的发现等都是建立在这类问题之上的。

(5)社会需要作为科学发展的外部因素,也是科学问题产生的重要来源。这是因为科学不仅是知识体系,同时也是一种社会建制,处于与其他社会活动的相互关系之中。社会需要可以来自于生产的需要、社会生活与健康的需要、军备和战争的需要等。这些问题经过抽象、转化,可以成为科学研究的问题。例如,当代工业对环境污染严重,威胁着人类的健康和安全,于是,就向科学提出如何进行环境保护、保持生态平衡的问题。正如恩格斯所说:"社会一旦有技术上的需要,则这种需要就会比十所大学更能把科学推向前进。"①

二、科研选题

1.科研选题及其意义

科研选题就是形成、选择和确定所要研究和解决的课题。科研选题是科学研究的起始步骤,是科学研究的重要组成部分。恰当地选择课题是决定科学研究工作成败、收效大小的关键。它关系到科学研究的方向、目标和内容,直接影响科学研究的途径和方法,决定着科学成果的水平、价值和发展前途。

科研选题本身就是一项研究工作,从大量的问题中选择出有价值的课题本身也可以反映出研究人员的科学知识水平和研究能力。由于选题是由已知判定未知、预测未知,不确定的因素很多,所以需要独具慧眼,并对相关的知识背景有较为全面、透彻的了解。此外,选题还必须对各种问题进行分析、比较、评价和筛选。这就要求研究者掌握一定的方法,具备一定的能力。

可见,科研课题的选择是一项极为复杂而重要的工作。正如贝尔纳所说:"课题的形成和选择,无论是作为外部的经济技术要求,抑或作为科学本身的要求,都是科研工作中最复杂的一个阶段。一般来说,提出问题比解决问题更困难……所以评价和选择课题,便成了研究的战略起点,要从一大堆课题中挑选出实质性的课题来,而不能

---

① 马克思恩格斯选集.第4卷.北京:人民出版社,1972.505

把它们同非实质性的课题混杂在一起。"① 能够发现有意义的研究课题,能够在科研课题的选择上作出合理的决策,是高水平的科学家和科学管理工作者的标志。

2.科研选题的步骤

科研选题的步骤一般是:文献调研和实际考察—提出选题—初步论证—评议和确定课题。

科研选题的第一步,是要进行文献调研和实际考察,以了解前人的工作和现实的需要。文献调研要广泛地收集信息、资料,并对其进行分析和研究。对所要研究的问题的产生、发展前景进行详尽的考察,从而充分了解前人的工作及其经验教训,以免重犯他人已指出的错误和重复他人已做过的工作,恰当地确定自己的研究起点。对于应用性较强的课题,除了文献调研,还必须进行实际考察。实际考察就是要考察课题的现实需要和可能,一方面,要了解社会对解决该课题的需求状况,恰当地估计其理论价值或社会经济效益;另一方面,要了解课题工作的内外部条件是否具备。

接下来的工作是提出选题,在文献调研和实际考察的基础上,对研究材料进行分析、比较,确定选题并提出选题报告。在选题报告中要明确所要研究的核心问题、研究路线、采用的研究方法以及时间安排等。

在初步选题后,要对课题进行初步论证。论证一般按照立题依据、实施条件和预期效果的顺序进行。立题依据一般涉及课题来源,理论研究和实用研究的需要程度和迫切性,理论依据是否充分、合理,同类课题的研究状况,课题研究起点的合理性。进行实施条件及实施方案的可行性分析,涉及物质条件、经费来源、研究能力等。预期效果是对科研结果的理论意义或使用意义、成果的完善程度、存在的问题或后续措施等作出的说明论证。为了使论证可靠,通常要建

---

① 贝尔纳.科学研究的战略.科学学译文集.北京:科学出版社,1981.28-29

立模型进行初步的计算,或者围绕课题设计一些必要的实验。在课题论证过程中,如果前一项论证被否定,则后面就没有必要再论证,此课题方案即被淘汰。

初步论证之后,还有一个评议和确定课题的环节。这是一个综合评估的过程,即在分析论证的基础上,对课题被选方案的各项内容进行评定,经综合、比较,选出最佳的或较好的方案,并为课题的最后决策提供参考意见。课题评估一般采用专家评议与管理部门决策相结合的方法。

由此可见,选题过程是一个不断反馈调整的过程,常常需要反复调整和多次论证。

3. 科研选题的基本原则

科学研究是围绕问题进行和展开的,在理论上任何一个问题都是可能予以研究的,然而,在特定的条件下,对于特定的认识主体来说,又并非任何问题都可以列入研究计划。为了保证所选择的课题确实是需要研究又可能研究的科学问题,科研选题应遵循以下几个原则。

(1)需要性原则。需要是选题的基本前提。科研选题必须满足社会需求和科学理论自身发展的需要。社会需要包括经济发展的需要、国防建设的需要、医疗卫生和文化教育的需要等。科学理论自身发展的需要包括开拓科学领域的需要、更新科学理论的需要、改进科学方法的需要等。对于不同类型的研究,其需要的含义是不一样的。基础科学研究要从科学理论发展的需要出发,去研究和发现自然界的新现象和新规律,为正确地认识和成功地改造世界提供根本性的理论依据。应用研究致力于解决国民经济和社会生活中提出的实际问题,其任务在于将理论推进到应用的形式。它的选题方向应指向加强生产活动的技术基础,弄清技术机理。而发展研究则应将当前社会需要置于首要位置,充分注意所开发项目的经济效益、社会后果和对环境的影响。

(2)创造性原则。创造性是科学研究的灵魂,创造性原则是指选出的课题应是前人未曾提出或没有解决的问题,并预期能从中产生出创造性的科学成果。创造性原则的核心是创新,创新的成果可以是概念和理论上的创新、方法上的创新、应用上的创新。为此,研究者应努力到科学技术发展前沿去探索,应在存在矛盾的前沿和富有挑战性的难题中选择,应在知识的空白带、各学科的连接点上选题。要保证研究成果的创造性,必须充分了解和熟悉前人已做过的工作和当代人正在进行的工作,恰当地估计课题的意义和可能包含的创造性成分。

(3)科学性原则。科研选题应以一定的科学理论或科学事实为依据,把课题置于当时的科学背景之下,使之成为在科学上可以成立和可以探讨的问题。就理论依据而言,首先应考虑所选择的课题是否有正确的理论作为基础,明显与已经确证的理论相违背的题目不宜选择,毫无事实根据的题目也不宜作为选择的对象。科研选题必须经过反复论证,而科学事实是论证的最重要的依据。即使暂时找不到充足的事实依据,也要有把握在以后的研究中会出现所需要的事实。若这两方面的条件都不具备,所提出的问题则是虚幻的。

选题是否科学,是区分科学与伪科学的重要标志之一。学术界一般将科学性原则称为"限制性原则",不符合限制条件的研究课题就不是科学的,甚至是伪科学的课题。

(4)可行性原则。可行性原则要求所选择的课题要与自己的主客观条件相适应,即根据自己已经具备的或经过努力可以具备的条件进行选题。我们只能在我们时代的条件下进行认识,而这些条件到达什么程度,我们便认识到什么程度。满足上述要求的课题也许会很多,但是如果主客观条件不具备也很难取得预期的效果。主观条件指研究者的学术知识、研究能力、操作能力等素质。要根据自己知识结构、研究兴趣、思维方式等特点来选择适合自己的题目,对于集体研究而言,应考虑研究队伍的协作能力,如人员素质、知识结构、能力及协作的状况等。客观条件主要指科研经费、实验手段、材料、图书情报资料以及研究期限等，还要考虑科研的外部环境，如国家科学政策、外部交流等。当然，强调可行性，并不意味着只能在万事俱备的条件下才能选择课题，这里强调的主要是要实事求是地估计自己，在可能的条件下充分发挥研究人员的主动性，使之经过努力能够创造出高水平的研究成果。

应当指出，在科学研究的实际活动中，充分具备以上条件的情况，或把这些原则兼顾很好的情况并不多见。这些原则之间常常会有矛盾，比如，需要性与可行性、科学性与创造性之间的矛盾，使研究者很难在各个方面都做得很周全，研究者只能在上述原则的综合乃至折中上选出相对合理的课题方案。如何根据实际情况处理好上述原则之间的关系也是科研选题中必须重视的复杂而重要的问题。

5.2 科学事实的获取

科学事实是科学研究的经验基础。科研题目确定之后，接下来的工作就是按照课题的要求收集经验材料或经验事实。观察和实验是获取科学事实的基本手段，在科学认识中起着重要的作用，同时也存在着许多需要探讨的问题。观察和实验既是科学研究中一个十分重要的环节，同时又贯穿于科学认识活动的始终。近现代自然科学之所以被一些人称为实验科学，主要就是因为观察和实验构成了近现代自然科学的基础，并且又是检验科学假说和科学理论的标准。一切自然科学都离不开观察和实验，一切科学知识都必然要包含观察事实。

一、科学观察

科学观察是在自然发生的状态下，对所要研究的对象进行的有目的、有计划、有选择的感知活动。科学观察有两个最主要的特点，即感知性和目的性。一方面,科学观察是一种感知性认识活动,它要通过感官或科学仪器来感知对象的信息。尽管观察有时也要借助于科学仪器,但仪器的使用不能改变对象的自然状态,即不对客体进行任何形式的干预和控制。另一方面,科学观察不像日常生活中的观察那样,随意地、消极地接受外界对感官的刺激,而是出于特定的科学认识需要进行的有计划、有步骤的认识活动。

观察方法作为一种最基本的科学研究方法,在科学研究活动中有着十分重要的地位和作用。首先,科学观察有助于研究课题的形成。在观察中,人们会发现目前理论没有预见到的现象,发现可以确证或否证某种假说的事实,发现对解决另一类问题有价值的线索,这样就为人们提供了新的研究领域,进而形成新的研究课题。其次,探索性的观察有助于科学假说的建立。它可以为科学假说的提出提供第一手的原始材料。第三,观察可以为检验科学假说和科学理论提供事实根据。爱因斯坦指出:"理论所以能成立,其根源就在于它同单个观察联系着,而理论的'真理性'也正在此。"[1]

二、科学实验

科学实验是人们根据一定的科学研究目的、运用科学仪器或设备等物质手段,在人为控制或模拟研究对象的条件下,获得科学事实的过程。

与观察方法相比,科学实验是在人为控制的条件下去观察研究对象,因此,能获得更精确的科学事实,而且更具主动性。可以说,观察仅仅是搜集自然界呈现给我们的东西,而实验则是人们主动地从自然界中索取所期望的东西。因此,与观察方法相比,在科学事实的获取中实验方法更具优越性。

第一,实验方法可以简化和纯化研究对象。实验能将对象置于

---

[1] 爱因斯坦文集.第 1 卷.北京:商务印书馆,1976.115

严格控制的条件下,把自然过程加以简化和纯化,排除其中的偶然、次要因素和外界的干扰,使对象的某种属性或联系以纯粹的形式呈现出来。

第二,实验方法可以强化研究对象。为了揭示某些事物的变化规律或本质,有时需要在特殊条件下对其强化。在超高温、超低温、超高压、高真空等条件下,可以发现对象在常温下所不具有的性质。例如,超导现象就不是在自然发生或生产实践中,而是在实验室中造成超低温的条件下,发现汞在那时失去电阻时发现的。是实验室的力量打开了超导研究的大门。

第三,实验方法可以再现、加速、延缓或模拟研究对象。在自然条件下发生的现象,有的转瞬即逝,有的旷日持久,有的细小入微,有的规模巨大,有的则时过境迁。对于这样一些现象,在通常情况下往往无法进行研究。但人们却可以利用实验方法对自然现象发生的过程进行控制和干预,使这一过程得以加速或延缓,有时还可以借助模型进行模拟,使人们在极有利的条件下观察研究对象。

第四,实验方法还是一种经济可靠的认识和变革自然的方法。人类对自然界的认识是一个不断探索、反复实践的过程,往往要经历过多次失败才能获得成功。但实验方法相对于生产实践来说,规模较小、周期较短、费用较小,即使出现多次失败,造成的损失一般也能够承受。同时,实验对环境及人身安全产生的影响也比在生产过程中易于控制。因此,在一些应用性的领域里,实验也十分必要。

实验方法的上述特点,决定了它在科学研究中具有越来越重要的作用,以至成为一个相对独立的社会实践领域。实验方法对科学发展的重要作用主要表现在:第一,实践是检验(证明或反驳)在科学认识中得到的理论的真理性的标准,是证明科学知识的手段。第二,实践是获得新假说、新理论的直接来源,是发展科学知识的手段。当然,这两方面的作用常常是不可分割地联系在一起的,即在证明某种科学知识的同时,也在一定程度上发展了这种知识;在发展某种知识的同时,也就证明了这种科学知识。

尽管实验方法有不同类型,但它们的设计程序或规划过程却是大致相同的。科学实验的基本过程包括准备、实施、结果处理几个阶段。准备阶段的实验设计是整个研究过程中极其重要的环节,它不仅影响实验能否得到科学的结果,而且关系到实验的人力、物力和实践的经济合理性。此外,在进行实验规划和设计时,特别需要重视实验的可重复性,可重复性是进行一切科学实验必须满足的条件。

三、观察和实验中的若干认识论问题

观察和实验作为科学研究的重要环节和基本手段,一直是科学哲学的主要研究对象之一,也是科学方法研究的基础。其中蕴含着相当丰富和深刻的科学认识论问题。

1. 观察和实验与科学理论的关系

在科学哲学中,关于观察(包含实验)与理论的关系存在两种不同的观点:一种是逻辑经验主义的观点,认为观察是独立于理论之外的纯粹中性的观察,只有经过这种纯粹中性的观察才能进入形成理论阶段。另一种是波普、汉森、库恩等人的观点,他们否认有纯粹中性的观察存在,明确提出"观察渗透理论"。从科学研究的实际过程看,后一种观点更具合理性。

"观察渗透理论"的观点之所以为人们接受,其主要原因如下。

首先,观察和实验是人们的一种有科学目的的感知性活动,它是按照一定的科学假说或科学理论设计出来的。要观察什么以及怎样去观察,是由一定的科学假说或科学理论确定的。观察和实验中所使用的仪器、设备也是根据一定的科学理论设计出来的。

其次,观察不仅是接收信息的过程,同时也是加工信息的过程。人们在观察的过程中必然对外界的信息进行挑选、加工和翻译。这些都与人的知识背景有关。不同的知识背景、不同的理论指导、甚至不同的生活经验,对同一事物都会得出不同的观察陈述。

第三,对观察结果的陈述要用科学语言表述,而科学语言又总是与特定的科学理论相联系的。当使用某种语言时,理论框架也就出现了。例如,当使用波长为 7 000 埃这个术语表述红光时,就隐含着光谱、波长、光学测量仪、实数集等一系列概念所构成的理论框架。

正是在这个意义上,爱因斯坦认为:"是理论决定我们能够观察到的东西","只有理论,即只有关于自然规律的知识,才能使我们从感觉印象推出基本现象"[1] 承认"观察渗透理论",也就是坚持在观察和实验中的客观性与主观能动性的统一。当然,渗透在观察中的理论应该是经过实验检验的理论,这种理论与由观察材料形成的或由观察实验验证的猜想和假说是有区别的。

2. 实验对象与测量仪器的相互作用

科学实验通常由三部分组成:实验者、实验对象和测量系统。测量系统是根据实验设计而选择的仪器、测量手段等组成的系统,是实验者置于自己与研究对象之间,用以干预、控制研究对象并从中获得研究对象信息的机构。在宏观领域,测量系统原则上不影响客体的运动状态,即使有影响也可以忽略不计或采取一定的措施进行修正或补偿,使测得的数值尽量接近于"原来"的状态。但是进入微观领域,测量仪器同它所测量的微观客体有无法忽略的相互作用,使被测量客体的运动状态受到严重的干扰,以至于无法说明客体的确切状态。例如,量子力学中著名的"测不准关系",在科学和哲学上引起了激烈的争论,使得如何认识客体与测量仪器的相互作用成为科学认识论所关心的重要问题。在这个问题上需要注意以下几点。

首先,必须坚持微观客体的客观实在性,明确它并不是依赖于认识主体而存在的。微观客体不会因为主体的测量而改变其客观性,不能把主体、客体与测量系统混淆起来。

其次,必须认识到主体不可能离开测量仪器去研究客体的性质。

---

[1] 爱因斯坦文集. 第 1 卷. 北京:商务印书馆,1976. 211

当人们的认识领域越来越深入时，绝对孤立不受任何测量仪器干扰的客体的运动是无法测量到的。要充分重视测量仪器对科学认识的积极作用，它是人们认识自然的桥梁，而不是主体认识客体的屏障。

第三，在判定从客体所获得的信息时，必须充分考虑测量仪器与客体相互作用的因素。特别是对微观现象和一切不能忽略其与仪器相互作用的客体的测量，在描述它们的性质时原则上不应包括对实验设备、测量系统的描述，但应当说明观测的条件性。

简言之，科学的观察是主体—仪器—客体相互作用的结果，在微观领域中原则上不可能排除仪器干扰，但主观与客观相统一仍然是必须坚持的原则。

3. 观察的客观性

在上述分析中涉及的最重要的科学认识论问题就是观察的客观性和客体的可知性问题。在此首先应区别两个概念：客体性与客观性。所谓客体性是指不依赖于我们的意识而存在的客观世界，它独立于主体，是科学观察无法达到的。而客观性是指客观世界在认识主体中的正确反映，这是在一定的科学认识条件下的客观结果，科学观察能够达到。

我们应当承认理论在观察实验中的作用以及仪器对客体的影响。科学要追求的是客体在一定的认识条件下所表现出来的规律性、客观结果。通过一定的努力，如在科学观察中以正确的理论为指导、尽可能地使用先进的科学仪器、使实验结果可以用标准的方法重演、保持严谨的实事求是的学风等，这种客观性是可以达到的。而追求微观客体的"自在状态"（客体性），对人来说是无法达到的，也是没有意义的。

4. 观察与实验过程中的机遇

观察与实验是人们有目的、有计划地探索未知的活动，"探索"本身意味着目的与结果之间并不一定完全契合。因此，在科学观察与实验中会经常出现意外、偶然的事件。在科学实践过程中由于意外的出现导致科学上的新发现的现象,称为机遇。

根据意外程度的不同,机遇可分为完全意外和部分意外两种类型。完全意外是指意外地发现了与原定的计划和目标完全不同的自然现象或自然事物;部分意外则是指在按原定目标和计划进行实验时,预期的结果出现的场合或解决问题的方式是意外的。前者离开了原来的方向和目标,可能导致新的或重大的发现,因而具有更大的价值;后者则加快了研究达到预期目标的进程。

机遇产生的客观根据在于:一方面,自然界本身就是偶然性和必然性的统一,偶然性以必然性为支柱,任何偶然现象的出现都有其客观依据。所谓偶然,只是相对于人的目的和计划而言的;另一方面,必然性通过偶然性为自己开辟道路。必然性或规律往往以偶然的、具体的事件来表现,当偶然现象出现的时候,如果能捕捉住它并进一步揭示其背后的必然性,便可能导致科学上的新发现。在科学史上很多重大的科学发现都缘于机遇,同时也有很多因为放过了机遇而和科学发现失之交臂的教训。

如何正确对待机遇是一个十分复杂的问题,但从认识论角度看,起码有两点是值得特别注意的:第一,在机遇面前,人们采取何种态度,在很大程度上取决于其对必然性和偶然性的关系的理解。如果认为意外的事件纯属偶然,很可能放弃对它的追问;但如果能够辩证地理解偶然性与必然性的关系,对意外现象抓住不放,对其背后的必然性进行追问,便可能有所收获。当然,在科学观察与实验中的意外现象并非都是有价值的。第二,能否抓住机遇还取决于认识主体在机遇出现时识别机遇、把握机遇的能力。包括研究人员的问题意识、必要的知识准备、勤于观察和勇于探索的品质等。正如巴斯德所说:"在观察的领域里,机遇只偏爱那种有准备的头脑。"[①]

---

① 贝弗里奇.科学研究的艺术.北京:科学出版社,1979.165

5.3 科学抽象与科学思维

科学作为系统化、理论化的知识,需要从观察、实验的感性认识阶段上升到理性认识阶段。在具体的科学研究过程中表现为从收集感性材料阶段进入整理和加工科学事实阶段。科学抽象和科学思维,就是运用理性整理和加工科学事实的基本手段。

一、科学抽象及其成果

科学的目的在于把握事物的本质。本质存在于现象之中,不能被直接感知,只有通过科学抽象这种理性思维的过程才能达到对本质的揭示。科学抽象是透过现象认识本质的思维方法,是科学认识由感性阶段向理性阶段飞跃的关键环节。

所谓科学抽象就是在思维中对同类事物去除现象的、次要的方面,抽取共同的、主要的方面,从而做到从个别中把握一般,从现象中把握本质的过程。按照辩证唯物主义认识论,科学抽象应经过两次飞跃:从感性的具体到抽象的规定,再从抽象的规定到思维中的具体。在科学研究过程中,感性的具体是指科学事实,这是人们通过观察和实验对对象的直观;抽象的规定指未经综合的科学概念、经验定律等概念或模型,抽象的规定虽然把认识深入到了科学事实的内部,从现象进入到了本质,但还仅仅是关于对象的本质的某一方面的认识;思维中的具体,是指上述要素辩证综合所形成的完整的理论体系,是研究对象作为整体在思维中的再现。

广义的科学抽象包括从形成概念到完整的理论建构的全部过程,狭义的科学抽象,则特指"抽象的规定"形成的阶段,科学概念、科学符号、思想模型就是在这一阶段的抽象成果,它们是进行科学理论建构的基础和工具。

1.科学概念与科学符号

(1)科学概念。科学概念是科学思维的"细胞",是科学思维结构的基本单位。在科学事实的基础上形成的科学概念,是反映对象本质属性的思维形式,也是科学"知识之网"的网上扭结。从逻辑的角度看,同任何概念一样,科学概念应具有内涵和外延两方面的特征。除此之外,科学概念还具有不同于其他概念的特殊规定。

第一,逻辑的可确定性。科学概念应该是可以明确规定其含义的,即概念在逻辑上的可确定性或可接受性。尽管科学概念允许有猜想和假定的成分,但应该在已有的科学概念之间构成可演绎的网络,从而获得逻辑上的支持。

第二,实践上的可检验性。科学概念不仅需要具有逻辑上的可确定性,而且必须具有实践上的可检验性。科学概念应该与经验事实清晰地、无歧义地相关联,也就是说,概念的含义应该是可直接检验或可间接检验的。

第三,流动性。科学概念是人们根据一定历史时期的科学经验和科学理论建构的,是在特定认识条件下对事物本质的把握。从科学发展的历史看,任何科学概念都不可能是绝对不变的。"科学的"概念的全部意义是随着科学实践的不断发展而发展的,错误的概念也是在这一过程中被修正或淘汰的。

(2)科学符号。人类与其他动物相区别的重大标志之一便是人类创造并运用了符号。所谓符号,从认识论的观点看,是一定可感知的物质对象,它在贮存、传递另一对象的信息方面充当另一对象的替代物。符号是思维抽象的结果,符号一方面需要具备含义,同时还需要具备物质性和可感知性。科学符号是人类符号系统中的一个子系统,它是科学实践、科学抽象的产物,又是推动科学理论形成的重要工具。

人类的语言文字就是人类最普遍的符号系统,在这个意义上科学概念也是科学符号的一种形式。在科学的历史发展中,人类最早使用的是被称之为自然语言符号系统的各民族语言,也是科学交流、科学教育中的基本语言。为了克服自然语言符号系统的多义性、歧义性以及语法结构不够严谨和统一等缺陷,当科学需要表达更精确、更复杂的关系时,便产生了人工语言符号系统。与自然语言符号系统相比,人工语言符号系统具有单一性、无歧义性和明确性。

人工语言符号系统的发展经历了"科学行话"与形式化语言两个阶段。科学行话是科学各学科中使用的专门的科学术语(符号),用以表示严格定义的科学概念,表示事物之间的特定关系和运动变化规律,如化学中的元素符号、物理学中"力"、"功"等概念。形式化语言是以数学、数理逻辑符号语言为蓝本的科学语言,"它完全撇开符号本身的意义,根据某些只涉及符号书面形态的转换规则来进行符号操作。"① 形式化语言的外在特点是:代替日常语言的词汇,引进了构成这些语言的用字母表示的专门符号,更具紧凑性和可观察性;这些语言中不仅提供了原始的标志(语言字母),而且准确地定义了建立名称和含义表述的规则,比"科学行话"形式化程度更高,并具有更大的精确性和适应性。②

近代西方科学的主要特征之一就是符号化,从过去以自然语言为主要语言逐渐向形式化语言的方向发展,良好的符号系统成为科学进步的有力工具。但应当指出的是,尽管自然语言存在种种缺陷,但仍然是科学符号系统的基础,不论是人工语言的建立、对符号的"转换规则"的解释,还是科学交流和科学普及,都仍然离不开自然语言符号系统。

2. 思想模型

思想模型是人们为了从事科学研究而建立的对原型高度抽象化了的思想客体或思想事物。如原子模型、DNA 双螺旋结构模型等,

---

① 鲍亨斯基.当代思维方法.上海:上海人民出版社,1987.40
② 国家教委社会科学研究与艺术教育司.自然辩证法概论.北京:高等教育出版社,1991.143

广义的思想模型也包括数学模型。

思想模型是科学抽象的产物,是人们通过逻辑与非逻辑思维方法的综合运用进行的思维创造。它把研究对象的本质属性、基本结构关系以及基本过程以最纯粹的形式表现出来,是科学理论与现实原型之间的中介环节。

理想模型是思想模型的特殊类型,它是既高度抽象,又具有某种极限特征的理想客体或理想事物。如理想刚体、理想气体、理想循环等。运用理想模型揭示事物的本质在科学研究中具有普遍的方法论意义。

第一,理想模型可以对研究对象进行极度的简化与纯化。理想模型既来源于现实原型又高于现实原型,在现实认识条件缺乏或认识对象难以完全把握的情况下,作为一种近似,人们可以将理想模型的研究结果运用于实际过程。通过理想模型的研究可以使研究工作顺利进行,同时也可以获得对对象的规律性的认识。如当人们试图研究地球围绕太阳公转的运动时,便可以将地球当做一个质点来处理。理想模型只是近似地反映原型的性质和规律,借助于理想模型得到的研究结果运用于现实原型时应注意应用的条件。

第二,理想模型的运用可以促使人们在研究中发挥科学想象力和逻辑思维能力。理想模型的建立本身就是一个想象力和严密的逻辑思维综合运用的结果。运用理想模型可以使研究在一定程度上跨越现有的研究条件,揭示理想条件下可能出现的情况,从而给科学研究指明方向,进而提出科学假说和科学预见。理想模型的这种预见功能也就是创造性功能,理想模型的构建和运用本质上是一种创造性思维方法。

与思想模型的构建和运用相关联,在科学思维中还经常涉及理想实验方法的运用。

理想实验又叫假想实验或抽象实验,是运用理想模型在思想中塑造理想过程,并进行严密逻辑推理的一种思维方法。理想实验并不是真实的科学实验,它是在思想中进行抽象和逻辑推理的过程。但由于理想实验与真实的科学实验在结构上十分相似,即在思维中设计出和真实的科学实验相类似的实验对象、实验条件和实验过程,因而将其称为"实验"。

在理想实验的设计和应用中应注意三个问题:首先,理想实验要以真实的科学实验为根据,抓住真实实验中关键的科学事实和基本的实验趋势,为理想实验的设计提供可靠的基础;第二,充分发挥思维的能动作用,恰当地运用各种思维方法,尤其是严密的逻辑思维和形象思维的综合运用。理想实验实际上是一个创造性思维过程;第三,理想实验的结果在应用中是有条件的。理想模型不等同于现实原型,思维中的逻辑过程也会与真实的物质运动过程有差异,不能将理想实验的结果无条件地外推。

二、逻辑思维方法

逻辑思维是在感性认识的基础上,运用概念、判断和推理等形式对客观世界的间接的、概括的反映过程,它的重要特点是在思维中遵循一定的思维规则。归纳、演绎、类比是在科学研究中可以遵循一定的思维规则的最常用的逻辑思维方法(也有人认为,除了演绎方法是必然性的推理之外,归纳和类比都带有不同程度的或然性和思维的跳跃性,不属于严格的逻辑思维)。

1. 归纳方法

归纳方法是从个别或特殊的事物概括出共同本质或一般原理的逻辑思维方法。其目的在于通过现象达到本质,通过特殊揭示一般。归纳方法的一般推理模式是:如果大量的 A 在各种条件下被观察到,而且如果所有被观察到的 A 都毫无例外地具有 B 性质,那么就可以归纳出所有 A 都具有 B 性质。归纳方法是科学研究中通过大量的经验事实得到普遍性结论的重要方法,因此,归纳过程必然包含着认识的能动飞跃。不过,归纳从特殊前提到一般结论的过渡,迄今还没发现普遍适用的逻辑桥梁。

归纳方法具有以下几个特点。

第一,它是根据过去推断未来,依据个别、特殊而推断一般、普遍,依据已观察到的事件推断尚未观察到的事件。因而,归纳逻辑的一个明显的特点就是其结论所包含的内容超出了前提所包含的内容。所以归纳逻辑所反映的是人们扩大知识、增加认知新内容的思维过程的一般程序和方法。但同时这种方法也带来了归纳结论的或然性的特点,归纳方法不适宜用来作逻辑证明。

第二,归纳逻辑的推理过程的合理性,以及前提和结论的正确性,不可能从蕴含的形式及蕴含关系的有效性和完全性来判定。归纳逻辑的推理过程必须与事件保持密切的联系和接触,以检验其前提和结论的客观真理性,有时还要利用演绎的逻辑证明。

第三,归纳逻辑的思维过程与假设和猜想有本质的不同。归纳要求逻辑思维按照观察和实验所显示的端倪,朝着反映客观必然的本质联系的方向不断上升、逼近,而不是像假设和猜想那样允许具有较自由的遐想和回旋空间。

2. 演绎方法

与归纳方法从个别到一般的过程相反,演绎方法是从一般到个别的认识方法。它从一般性的原理出发,对个别的或特殊的事物进行分析、推理,达到相应的结论。其古典形式就是亚里士多德的三段论,它由大前提、小前提和结论三部分组成。大前提是已知的一般原理或假设;小前提是对所研究对象的个别事实的已知判断;结论是根据一般已知原理或假设以及对个别事实的已知判断推演出的对个别事实的新判断。演绎方法在逻辑学中称为演绎推理,只要前提为真,又遵循形式逻辑关于推理形式的规则要求,结论就是恒真的,因此,演绎推理是一种必然性推理。演绎推理反映了科学思维最基本的要求。

公理化方法就是演绎方法派生出的一种重要的方法。公理化方法是从尽可能少的不加定义的原始概念和不加证明的公理、公设出发,运用演绎推理规则,推导出一系列的命题和定理,从而建立整个理论体系的方法。组成公理化系统的一般程序是:①选择只作公设的概念为基本概念,选择一类不证自明的陈述作为公理,无须证明就把它们置入系统中;②制定推理(推导)规则,用以指导该系统的所有演算;③依据规则从原初概念导出新概念,从公理演绎出新陈述;④遵循同样的步骤,从推导出的陈述和公理中进一步推导出其他陈述。只要需要,这一过程可以一直进行下去。传统的公理化方法,其基本概念和公理还要求首先具有自明性、本体论上的先验性等,而在以现代数学为代表的、由纯形式方法发展出的公理化系统中,这些都已经不再成为必要条件。所以,虽然在欧氏几何和非欧几何的公理化系统中具有相互矛盾的公理,但它们在科学的园地中仍然是相容的。

一个公理化系统的构造,必须满足的根本条件是,系统本身必须是一致的,无矛盾的,此外,系统的完全性、公理的相对独立性、公理的逻辑简单性以及形式化等也都是对公理化系统的要求。不过,在一个公理化系统中,这些要求未必能够同时满足。歌德尔的不完备定理证明了任何一个公理体系不可能既是完备的,又是无矛盾的。所以,任何公理化系统都仅仅是人类认识某一个阶段的总结,不可能是绝对严格、绝对完备的。

自从培根倡导归纳法、笛卡尔倡导演绎法以来,历史上就长期存在着"归纳万能论"与"演绎万能论"的争论,究竟归纳是科学发现的逻辑,还是演绎是科学发现的逻辑,双方各执一词。在辩证唯物主义的认识论看来,无论归纳还是演绎,都没有权利要求成为科学发现中唯一的或占统治地位的形式。从科学研究的实际过程看,归纳和演绎总是相互补充的,归纳是演绎的基础,演绎是归纳的指导。正如恩格斯所指出的:"归纳和演绎,正如分析和综合一样,是必然相互联系着的。不应当牺牲一个而把另一个捧到天上去,应当把每一个都用到该用的地方,而要做到这一点,就只有注意它们的相互联系,它们的相互补充。"①

3.类比方法

类比方法是根据两类对象之间在某些方面的类似或同一,推断出它们在其他方面也可能类似或同一的逻辑思维方法,在逻辑学上又叫做类比推理。类比方法的客观基础是事物之间存在着普遍联系的本性,由于不同事物之间的普遍联系性,才有可能从特定的对象或领域推导到另一特定对象或领域。但是,当运用类比方法进行推理时,实际上是扬弃了未知的或不清楚的中间环节,从此事物直接推出彼事物,这里同样出现了思维的跳跃、逻辑上的断环,其可靠性是值得怀疑的。况且,两类对象之间有再多的方面类似或同一,也绝不会在所有的方面都类似或同一。类比推理的可靠性程度如何,主要依赖于通过比较而进行的初步的不完全的归纳的正确程度,以及由此出发通过演绎导出的被类比对象的结论的正确程度。因此,类比方法的结论是或然的。也正是基于此,一些人不同意把类比方法归在逻辑思维方法中。

类比推理包含着比较和联想两个基本的环节。首先,通过比较找出对象、系统之间;研究方法、原则之间;形式结构、功能之间以及各种因果联系之间的相似之处,然后,依据对象、系统之间的相似特性,把个别对象、研究系统的结果类推到与其相似的对象、系统上去,这就是联想的过程。在这一推理过程中,实际上包含了归纳和演绎两种方法的运用。

与演绎和归纳方法相比较,类比方法具有更强的创造性,它在科学认识中具有形成假说、趋势外推、开拓思路、触类旁通的重要功能,能够充分发挥思维的想象力。正如康德所说,每当理智缺乏可靠论证的思路时,类比这个方法往往能指引我们前进。

---

① 恩格斯.自然辩证法.北京:人民出版社,1971.206

三、非逻辑思维方法

人们在思考问题时,往往有这样的情形,思维完全不受固定的逻辑规则的约束,思考者主要运用直觉、灵感和想象等手段来触发新思想、新意象的产生,这类思维形式,统称为非逻辑思维。

直觉和灵感是人们在科学研究中经常体验到的两种非逻辑思维方法,它们都不受固定的逻辑规则约束。广义的直觉是指对事物的本质的直接领悟,其最重要的特征就是结论获得的直接性,即认识结论的获得不是通过从其他命题出发推理而得出的,缺乏思维的逻辑论证以及对其产生原因的自觉意识。灵感通常是指新意象、新感觉、新思想在思维过程中突然涌现出来的现象。灵感的获得往往需要来自主体以外的启示物的启发。而直觉则主要是认识主体对认识对象的洞察,爱因斯坦称之为"经验的共鸣"。

直觉和灵感具有一些共同的特征:①认识发生的突发性。直觉和灵感都是认识主体在特定的状态下突然产生的随机过程。②认识过程的突变性。直觉和灵感产生的过程是一种逻辑上的跳跃,它可以一下子使感性认识升华为理性认识,使不知转化为知。③认识成果的突破性。直觉和灵感能打破常规思路,突破思维定势的约束,从而成为突破性创造的重要思维形式。

直觉和灵感的方法论意义在于,它们是创造性思维的重要形式,也是发挥科学认识主体思维能动性的突出表现。直觉和灵感都是创造主体长期从事科学研究活动的实践经验和知识储备得以集中利用的结果;是创造者日积月累地针对所要解决的问题所思考的各种线索凝聚于一点时的集中突破;是创造者显意识与潜意识的豁然贯通;灵感还包含着丰富的情感因素,实现了创造主体全身心的总动员。因此,直觉和灵感是在科学发现中产生新思想、新概念和形成新假说、提出新模型的基本途径之一。爱因斯坦认为,物理学家的最高使命是要得到那些普遍的基本定律,然而要通向这些定律并没有逻辑的道路,"只有通过那种以对经验的共鸣的理解为依据的直觉,才能得到这些定律",因此他强调"我相信直觉和灵感"。①

四、数学方法

恩格斯曾经指出:"纯数学的对象是现实世界的空间形式和数量关系。"② 这是对19世纪以前的数学的很好的概括。随着现代数学的发展,法国布尔巴基学派在20世纪30年代提出了数学是"研究抽象结构的理论"的观点。后来,美国数学家马克朗又提出数学是对反映客观现实世界和人类实践活动的形式结构的不断的发现,这个观点从实践的认识论出发,是对数学的一种有价值的概括。

1.数学方法及其特点

数学方法是对研究对象加以量化然后进行定量处理的方法,即用数学的语言表达事物的状态、关系和过程,经推导、演算和分析,形成解释、判断和预言的方法。数学的研究对象及其本质属性,决定了数学方法的基本特征。首先,数学方法具有高度的抽象性。在数学中,各种量、量的关系、量的变化,以及在量之间进行的推导和演算等,都是以符号的形式表示的,它使数学变成一种完全脱离自己内容的符号形式。其次,数学方法具有精确性,即逻辑的严密性及结论的确定性。数学的高度抽象性使数学研究能在纯化的状态下进行,从而使它获得了单义性和精确性,并使逻辑程序获得了相对独立性,因此,一切数学结论都具有逻辑上的必然性和确定性。也正因为如此,数学方法才给予精密的自然科学以某种程度的可靠性。第三,数学方法应用的普遍性。数学方法的高度抽象性,使它成为不受任何具体内容局限的形式科学,这便带来了它应用的普遍性。随着信息时代的到来和计算机的普遍应用,数学方法更加广泛地渗透到科学的各个领域,数学化、计量化已成为科学发展的一个重要趋势。

---

① 爱因斯坦文集.第1卷.北京:商务印书馆,1976.102,284
② 马克思恩格斯选集.第3卷.北京:人民出版社,1972.77

数学方法的特点决定了它在现代科学技术发展中具有重要的作用。数学方法可以为科学技术提供简洁精确的形式化语言,把握微观世界、宇观世界和许多难以接近的对象,并对其本质进行精确的描述;数学方法还为科学技术研究提供了逻辑工具和数量分析、计算的方法,使得许多学科更具科学性。自然科学的数学化已成为一门学科成熟的重要标志。

2.数学模型方法

所谓数学模型,就是针对或参照某种对象系统的主要特征或数量相互关系,采用形式化语言,概括或近似地表述出来的一种数学结构。

对数学模型有广义和狭义两种理解。广义的数学模型,包括一切数学概念、原理和数学理论体系,例如,各种数集都可以作为刻画某一类具体问题的数学模型,自然数集是描述离散数量的数学模型,实数集是描述连续量的数学模型,等等。按照狭义的理解,只有那些特定问题或特定的具体事物系统的数学关系结构才叫数学模型。

数学模型方法,就是把所研究和考察的实际问题或理论问题抽象为数学问题,构造出相应的数学模型,然后通过对数学模型的研究得出原问题的解的方法。

运用数学模型方法解决问题一般有两种情况:第一种情况是由问题抽象出来的数学模型能够纳入已知的数学模型。在多数场合下,人们得出的数学模型恰好是某个已知的数学模型或其中一部分(子模型),或者稍加变换就可以变成已知的数学模型。在这种情况下,可以利用已有的数学知识推出相应的数学结果,再返回到原来的问题,使原问题得到解决。第二种情况是由实际问题抽象出来的数学模型不能纳入已知的数学模型中。在这种情况下,需要发现和创造新的数学理论或新的数学方法来解决问题。

运用数学模型方法解决问题,首先要根据问题的特点和要求构造出恰当的数学模型,然后对所构造的数学模型运用数学方法进行推导演算，导出相应的数学结果；最后返回原来的实际问题，即对获得的数学结果作出评价和解释，得到对原问题的解答。在这个过程中，数学模型的建立是最关键的环节。

3. 建立数学模型的步骤

数学模型的建立需要经过以下几个步骤。

首先，掌握实际问题的背景与有关的资料数据。数学模型是从现实原型中抽象出来的，它依赖于现实原型。因此应当了解和熟悉现实原型，掌握并积累有关现实原型的资料和数据，在此基础上才有可能对客体事物的特征、关系及变化规律作出客观的推断、从而确定研究对象的数学模型。

其次，抓住问题的本质特征，对问题化简并提出假设。建立数学模型，要从实际问题的特定关系与具体要求出发，根据有关的科学理论选择起关键作用的变量或常量，并区别出重要的和次要的、必须考虑的和可以忽略不计的因素。也就是说，要抓住问题的本质特征，考察主要问题的数量关系，提出假设。

第三，进行数学抽象，建立相应的数学模型。对事物对象及对象之间量的关系都需要进行抽象，并用数学概念、符号、表达式等去刻画事物及其关系，建立数学模型。如果现有的数学工具满足不了建立数学模型的要求，还要根据实际情况建立新的数学理论和方法来构造数学模型。

第四，对模型求解并进行检验。建立数学模型是一个不断抽象、修正和检验的过程。如果模型太复杂，或得到的数学模型难以求解，就要设法再次抽象加工、简化或者变换模型。如果数学模型推演出的结果和实际测得的数据差距太大，也要设法修改甚至重新建造模型，直至建造出符合客观原型的数学模型。

5.4 科学假说的形成与科学理论的创立

科学理论是科学研究的最终成果表现形式。但是,对感性材料在思维中加工以后所获得的成果并不能直接上升为科学理论,而是首先以科学假说的形式存在,只有经过进一步反复的逻辑检验和实验检验,假说才有可能上升为理论。这一过渡时间在一些领域中可能会很漫长;某些特定问题(如自然界的演化等时过境迁、无法完全重演的问题)的认识成果,甚至有可能始终以科学假说的形式存在。

一、科学假说的形成

在科学研究实际过程中,科学假说所处的位置因研究问题的实际情况不同而不同。一种情况是,在研究工作开始就通过直觉提出假说,作为研究工作展开的基本框架;另一种情况是,在经验事实尚不充分的情况下,通过科学抽象并运用类比、想象等非逻辑思维形式建立的假定性的说明。科学假说不管以何种形式展现,它都始终是科学解释的工具、科学研究所依赖的基本框架,是科学研究过程中的过渡形式。

1. 科学假说形成的方式

科学假说的形成问题是科学方法论中困难而有争议的问题。早期的归纳主义学派认为,假说可以通过有限个规则唯一确定的步骤从观察资料中得到,这个程序就是归纳法,他们否认直觉、想象等非逻辑思维方法在假说形成中的作用。19世纪中叶以后,特别是20世纪以来,由于科学的研究对象距离感觉经验越来越远,科学家和科学哲学家逐渐认识到这种机械的程序是不存在的。从观察资料到假说,从特殊命题到普遍命题的归纳论证是不保真的、扩充的或然推理。甚至有人认为假说建立的过程完全是非逻辑的。①

其实,假说的形成首先基于对科学问题的理解和分析,对问题的脉络进行梳理和考察。在假说的建构过程中需要综合运用逻辑与非逻辑、必然推理与或然推理等各种思维方法,观察实验中的机遇等因素、甚至一些心理因素也会在其中起作用。科学假说的形成一般有两种基本方式:通过类比和模型形成科学假说和通过溯因推理(猜想、试错)形成科学假说。

(1)通过类比和模型形成科学假说。类比方法在假说建构中被经常使用。假说是在事实和理论都不够充分的条件下对研究对象的试探性解释,而类比推理恰恰可以超越条件的限制。运用类比方法建立科学假说,是根据所研究对象与已知的事物之间的相似性,将未知的对象与已知事物进行比较,在对已知事物的深刻认识基础上通过联想推断未知的对象的性质或规律,在这一过程中,已知事物便成为研究所依据的模型。

(2)通过溯因推理(猜想、试错)形成科学假说。作为全称判断的科学假说总是试图揭示事物的深层次运行机制,但事物深层次的机制或规律是不能通过观察等经验认识方法得到的,只能被设想、猜测,它们只是似然的、合乎情理的可能机制。溯因推理就是一种从有待解释的观察事实出发,利用背景知识和试探性构思,追本溯源寻求和选择最有可能成立的假说的一种方法。其基本模式为

相关的经验定律 L

如果设定的假说 H 为真,则 L 可被解释为合理的

所以有理由认为 H 为真。

2. 形成科学假说的方法论原则

在科学假说的形成中,解释性原则、对应性原则、可检验性原则

---

① 张华夏,叶侨健.现代自然哲学与科学哲学.广州:中山大学出版社,1996.352

是应该遵循的共同的方法论原则。

(1)解释性原则。解释性原则是指科学假说与科学事实的关系。假说应与已知的经过实践复合的事实相符合,不仅能够解释个别事实,而且原则上应该能够解释已知的全部事实。一个好的假说还应该能够预见到可能出现的新事实。这种解释可以是过渡性的,一旦人们找到了更好的解释方式时,就可以放弃原来的假说而代之以新假说。这样,在开始提出假说时,可以不要求其说明全部事实,也可以不受现有材料的限制,暂时避开一些难点,置反常于不顾,留待以后进一步研究去解决。

(2)对应性原则。对应性原则是指科学假说与已知的科学理论的关系。假说不应该与已经过反复检核的科学理论相矛盾,一旦发生矛盾,也应该采取适当的方法来消解。比如,可以通过增加辅助性假说或限制条件等方法修正假说,使之不与已知的科学理论发生激烈冲突。但是,对已知科学理论的认同也不能绝对化,因为科学理论也有相对性和适用范围。如果新的科学事实不断支持假说,就意味着新假说对旧理论的突破。当新假说取代旧理论时,它应该继承旧理论中被实践检验为合理的内容,并把旧理论作为特例或极限形式或局部情况包含在它自身之中。爱因斯坦的相对论与牛顿的经典力学就是这样的关系。

(3)可检验性原则。可检验性原则是指形成的假说必须能够用观察、实验等方法进行检验,从而判断其真伪。无法检验的假说是不科学的,也是不可取的。可检验性有两种情况:一是原则上的可检验性,即根据现有被证明是可靠的理论和规律,假说是可以得到论证的;二是技术上的可检验性,即时代已经具备了检验科学假说的技术条件和手段。如果所提出的假说原则上是可检验的,但暂时还不具备检验的技术条件,尽管该假说不会马上被确认,但也认为是合理的。

二、科学理论的创立

1. 科学理论的动态结构

科学理论作为经过实践检验的系统化了的知识体系,由三个基本的知识元素组成:基本概念、联系这些概念的判断即基本原理或定律、由这些概念和原理推演出来的逻辑结论。从科学理论动态的建构过程来看,一个比较成熟的理论通常也包含三个组成部分:基本理论假设、推理的诠释或模型、对应规则。下面着重对科学理论的动态结构加以说明。①

(1)基本理论假设。基本理论假设是在一个科学理论体系中作为基本出发点的假定。它不由其他命题推出,但可以推出其他命题。在公理化系统中,基本理论假设只是一个抽象的关系结构,基本假定的综合构成一个抽象的或未加诠释的公设集。这个公设集有两个特点:其一,作为基本假设的主要组成要素的理论词,是经过科学抽象的原始概念,在公设集中不赋予其经验意义。它除了借助其在公设中的地位产生意义外,本身并无意义,由基本理论假设给这些词作不明言或不明显的定义。其二,公设本身并不断言什么,它们只是陈述的形式而不是陈述的内容,它们的总和是经验上无解的系统,仅仅是一个符号网络。人们能够探究的只是从这些命题中合乎逻辑地演绎出其他一些陈述形式。

(2)推理的诠释或模型。上述基本公设集及其形式推理只是科学理论的逻辑框架,而且是抽象的。为了给基本假设以具体的理解,常常需要运用相对熟悉的概念和形象以及可见的材料来诠释或说明它,使它不仅具有理论假定的陈述形式,而且还有形象和容易进行的理论陈述回答。这种形象的解说与诠释叫做科学理论的一个模型。比如在气体分子运动论中所构造的模型:分子像一个个小球体,它们

---

① 张华夏,叶侨健.现代自然哲学与科学哲学.广州:中山大学出版社,1996.426-442

之间可以发生完全弹性的碰撞。借此模型,分子的运动变成可以直观分析和理解的对象。

(3)对应规则。理论的建构目的在于对经验事实或经验定律进行系统的解释,因此就要从理论规律中,尤其是从基本假定中推出经验事实和经验规律。但是,在对经验事实的描述中和经验规律中所使用的词语只是可以诉诸经验的经验术语,如"温度"、"压力"等,在理论规律及基本假设中所使用的词语主要是说明在经验规律的和经验事实中不出现的理论术语,如"分子"、"分子动能"等。科学理论最终要通过理论术语对经验术语所表述的基本规律进行解释,这就需要建立起理论术语与经验术语之间的联系,即加上一些将理论词与观察词联系起来的、将宏观的东西与微观的东西连接起来的规则集合——对应规则。对应规则赋予理论词以经验含义,给理论词一部分的经验诠释。这种对应规则也是科学理论的组成部分,它是从科学理论到经验事实的桥梁。

2.建立科学理论的常用方法

(1)公理化方法。公理化方法作为演绎逻辑的一种派生方法,在演绎方法中已有介绍。用公理化方法所得到的逻辑体系称为公理化体系。人们常用这种方法建构科学理论体系,或对已有的知识进行有效的综合。

在科学史上最早用公理化方法建立的理论体系是欧几里得的几何学体系。欧几里得在《几何原本》中,以23个定义、5条公设和5条公理为出发点,按照一定的推理规则,推演出467个数学命题,将古代的几何学知识系统化为一个逻辑上完美、严密的体系。《几何原本》不仅奠定了几何学的基础,而且提供了公理化方法的范例,对科学理论的发展产生了深远影响。正如爱因斯坦所言:"我们推崇古代希腊是西方科学的摇篮。在那里,世界第一次目睹了一个逻辑体系的奇迹,这个逻辑体系如此精密地一步一步推进,以至它的每一个命题都是绝对不容置疑的——我们在这里说的就是欧几里得几何。推理的这种可赞叹的胜利,使人类智慧获得了为取得以后成功所必需的信心。"①

公理化方法很快从数学推广到了其他科学领域。阿基米德应用它建立了静力学。后来,牛顿应用它建立了经典力学体系,牛顿从力学现象中提取出几个基本概念,即质量、动量、惯性和力,以及时间、空间、绝对运动、相对运动等;概括出三个基本运动定律;进而推导出动量守恒、能量守恒、角动量守恒、万有引力定律,以及流体静力学和流体动力学的许多定律;最后把上述定律运用于宇宙系统中,推论出行星、彗星、月亮、海洋的运动;牛顿还把公理化方法和观察实验方法恰当地结合起来,他认为,人们创立的公理化系统,只有当它可以与观察到的现象联系起来并得到确证时,才具有科学的意义。

20世纪以来,公理化方法得到进一步发展,德国数学家康托尔和英国数学家罗素发现的集合论公理化系统中的悖论,推动了人们从逻辑和数学上深入探讨公理化方法。德国数学家希尔伯特在这方面作出了杰出的贡献。他的《几何基础》一书,把欧几里得几何学整理为从公理出发的纯粹演绎系统,并把注意力转移到公理化系统的逻辑结构,提出公理化系统建立的一般原则。

第一,无矛盾性。公理化体系中不能演绎出矛盾的命题,要求逻辑系统应该首尾一贯,不能矛盾,这是科学性的要求。

第二,完备性。选择的公理应该足够多,从它们能够推出本学科的全部定理、定律,如果减少其中任何一条公理,有些定律或定理就会推导不出来。这是保证理论体系的完整性的要求。

第三,独立性。所有的公理之间彼此独立,其中任何一个均不能从其他公理中推出来。这是公理化系统简单性的要求。

尽管公理化方法在构造科学理论体系时有着重要的作用,但也有其局限性。一方面,公理化系统所要求的无矛盾性、完备性和独立

---

① 爱因斯坦文集.第1卷.北京:商务印书馆,1976.313

性,不仅在理论上难以完全实现,而且对于新兴数学分支或与实际生产联系密切的学科的发展,无形中形成了一种障碍。一般来说,只有当一门学科发展到一定阶段时才有可能运用公理化方法解释其内在规律,从而达到系统化。如果一门学科刚刚诞生就强调逻辑的严密性和系统性,不但没有益处,而且对它的发展可能起到束缚作用。另一方面,由于公理方法突出的是逻辑的严密性,主要用于"回顾"性总结,而"探索"性的展望作用较小。

(2)逻辑与历史相统一的方法。逻辑与历史相统一的方法,就是以逻辑性与历史性相一致为原则的创立科学理论体系的方法。这里的关键在于如何理解逻辑和历史。逻辑是思维对事物发展过程的概括反映,表现为以概念、判断、推理等形式构成的体系,它是历史的东西在理性思维中的再现;历史是指客观事物的发展过程,或人类对它认识的发展过程。

按照辩证唯物主义的认识论,历史是第一性的,是逻辑的客观基础;逻辑是第二性的,是对历史的理论概括。逻辑的东西是从历史的东西中派生出来、概括抽象出来的,二者是辩证的统一。恩格斯说:"历史从哪里开始,思想的进程也应当从哪里开始,而思想进程的进一步发展不过是历史过程在抽象的、理论上前后一贯的形式上的反映;这种反映是经过修正的,然而是按照现实的历史过程本身的规律修正的。"[①]

逻辑与历史相统一的原则既是科学研究的方法,也是理论表述的方法,它为理论体系的建立提供了一个客观根据和方法论的指导原则。运用逻辑和历史相统一的原则建立的理论体系,有如下两种类型。

其一,自然型理论体系。自然型理论体系即按照逻辑发展程序与自然事物的历史发展进程相一致的原则来建立理论体系。一般说

---

① 马克思恩格斯选集.第2卷.北京:人民出版社,1972.122

来,经验性较强的自然科学理论体系是采用这种方法构造的。例如,生物学由细胞开始,从单细胞到多细胞,从简单生物到复杂生物,从低等动、植物到高等动、植物的序列展开其理论内容,这与生物进化的历史进程是一致的。

其二,认识型理论体系。认识型理论体系是按照逻辑发展程序与人类认识自然的历史进程相一致的原则来建立理论体系。一般说来,理论性较强、数学和数学化了的自然科学理论体系是采用这种方法构造的。例如,力学的理论体系是沿着静力学到动力学、再到解析力学的方向发展的,这与人对机械运动认识的历史进程基本是一致的。

逻辑与历史相统一的原则,不仅对于构造科学理论体系具有重要意义,而且对于自然科学研究也有一般方法论的功能。一方面,在科学研究中要求研究者必须对研究对象进行系统的历史的考察,掌握历史发展的丰富内容,使科学理论具有可靠的历史依据;另一方面,人们在科学研究中必须运用逻辑思维方法,即从纯粹的抽象的形态上揭示对象的本质,通过概念、判断、推理等思维形式研究事物的矛盾运动,从而建立起科学理论体系。同时,两者又是交织在一起的。在对对象进行历史考察时,不能局限于对历史现象的描述和具体事例的堆积,而要采用逻辑的方法从纷繁的历史现象中揭示出事物发展的规律,凭借理论思维的逻辑力量去把握那些尚处于萌芽状态或模糊不清的东西;逻辑分析也不能脱离历史事实作纯粹的论证,而要做扎实的历史研究工作,包括掌握事物的历史发展,追溯前人认识自然的历史进程,考察科学概念和理论的历史演变。只有通过充分掌握历史事实和透彻的逻辑分析,才能深刻揭示和概括自然现象的本质和规律。

在创立科学理论体系时,不论是用公理化方法还是用逻辑与历史相统一的方法,都要贯彻从抽象到具体的原则。构成逻辑体系的概念开始是比较简单、抽象的,内容是比较贫乏的。随着逻辑的展开,它的内容才会逐渐丰富、充实、具体化起来,直到对象在思维中完整地复制出来,形成一幅有机的自然图景,理论体系的构造才算完成。这种从抽象到具体的过程也就是科学理论体系的构造和展开的过程。

第6章 科学理论的评价与发展

在科学的发展过程中,当一个新的科学理论提出后,它要经过科学共同体的评价和选择,才能被科学界接受,而科学理论一旦被接受,它又会按照一定的逻辑向前发展。科学共同体依据什么样的标准评价和选择理论,理论在发展过程中又会呈现出什么样的规律性,这些都是科学哲学中的重大问题。本章从科学理论的特点出发,讨论科学理论的评价和发展问题。

6.1 科学理论的逻辑评价与经验检验

对科学理论的评价包括逻辑评价和经验检验两个环节,科学理论的形成和确立必须通过评价和检验。科学家在经验检验之前,首先要对理论进行逻辑评价,以选择出一个优先进行检验的理论来,然后,再通过经验来验证理论的可靠性。逻辑评价是判断理论优劣的过程,经验检验是判断理论真假的过程。

一、科学理论的逻辑评价

20世纪的数学革命、逻辑学革命与物理学革命产生了规范的科学哲学研究方向,它以数学、逻辑学与物理学为典范,考察科学理论的逻辑评价和经验检验。科学理论的逻辑评价,主要是科学共同体的成员对科学理论的逻辑结构作出评价,即它是否合乎逻辑,它属于理性的考察,有时候也被人们称为理性检验。新的科学理论首先应当经得起理性的检验。理性的检验会发现理论的逻辑结构的欠合理和欠完备之处,为科学理论的发展指出方向,经不起理性检验的理论则没有必要经受进一步的经验检验。

科学理论的逻辑评价主要包括相容性评价、逻辑简单性评价和自洽性评价三个方面。

1. 相容性评价

相容性评价是指通过与公认的相关科学理论的比较,评价新理论是否与公认的相关理论相违背。这里的公认的相关理论,一般都是科学上已确立的理论。因此,通过相容性评价,可以确认新理论在逻辑上是否合理。相容与不相容是两种理论之间的一种逻辑关系。如果从新理论 T_2 可以推出已有的公认理论 T_1,或者从新理论 T_2 推不出与公认理论 T_1 相悖的推断,那么两者就是相容的。在这种情况下,我们就可以断定:新理论得到了公认理论的支持。所谓不相容,就是指:如果从新理论 T_2 推出了对公认理论 T_1 的否定,或者推出了与公认理论 T_1 相悖的推论,那么两者就不相容。在这种情况下可以断定:新理论没有得到公认理论的支持。

在相对论和量子力学诞生之初,人们认为这两个新理论似乎是与牛顿力学不相容的;有些人甚至认为相对论和量子力学推翻了牛顿力学。实际上,从逻辑的相容性关系看,牛顿力学研究宏观客体的低速运动;量子力学研究微观客体的高速运动;相对论研究宇观物体的高速运动。因而牛顿力学一方面可以看成是量子力学在宏观世界的近似表现,另一方面可以看成是相对论在低速世界的近似表现。因此,从逻辑的相容性关系看,可以把相对论和量子力学看成牛顿力学在高速和微观世界的拓展,它们是相容的。相反,泡利之所以对关于 β 衰变的过程中出现的"能量亏损"的假说持否定评价,就是基于这一假说与科学史已被公认的能量守恒与转换定律不相容。

相容性是新旧理论之间连续性和继承性的反映。因此,在科学理论评价中,当发现新的科学理论与公认的传统理论不相容时,必须区分两种情况:这种不相容是由于新理论自身的表述方式与通用的表述方式不协调造成的,还是由于新理论从本质上就和公认的传统理论中的基本原理根本抵触造成的。如果属于前一种情况,则应考虑修改或完善新理论的表述方式,以避免新理论刚一问世就面临暴风雨般的敌视,尤其是在新理论的初始创作过程中,还未能为其新观念提供严密的论证和较为正确的表达方式时,更应当如此。

后一种情况则比较复杂。如果新理论在表述上没有问题,并得到新老证据的支持,但是却由它推出了与公认理论相悖的论断或对公认理论的否定论断,这种不相容未必是坏事,因为它可能作为革命性观念而使公认的传统理论失去其评价准绳和比较对象的地位。历史上亚里士多德的物理学、托勒密的天文学、盖仑的医学及牛顿的经典力学等都经历过这种情况。但如果新理论与公认的理论相悖,始终未获得高质量证据的支持,且表述含混和模棱两可,则该理论要么是其逻辑出发点有错误,要么本来就是伪科学。不论哪一种情况出现,新理论在评价中被公认理论拒斥都是理所当然的。考察一个理论与公认理论之间是否相容,是科学家们拒斥轻率的理论的重要方法,也是利用经过大量经验证实的、公认的理论抵制伪科学的重要手段。中国科学院自成立以来,一直都收到大量关于永动机的设计方案。这些方案无论看上去考虑得多么有道理,但是,由于它们都违背了热力学的基本原理,或者违背了热力学第一定律,或者违背了热力学第二定律,因此在科学共同体中始终没有被接受。在20世纪80年代至90年代,国内曾经出现过"水变油"的伪科学闹剧,有人宣称可以在常温常压下用化学方法把水变成汽油。然而,水变油中最重要的科学道理就是把水中的氧原子改变成了碳原子,这种原子核的变化用普通的化学方法是根本无法实现的。因而"水变油"自然也不会被科学共同体接受。

2.逻辑简单性评价

逻辑简单性评价主要是评价理论的形式结构是否简单。如果两个理论都能够同样好地解释类似的现象,那么,形式结构相对简单的理论则被称为简单性的理论。

这里,形式结构的简单性是指理论中作为逻辑出发点,彼此独立的初始命题数量要尽可能地少,可以是参数或者变量较少,也可以是变量的次数、方程的阶较低,等等。形式结构的简单是对科学理论的逻辑基础的要求,而不是指科学理论内容的简单性。在相同条件下,简单性的理论更易被科学共同体接受,在科学史上从毕达哥拉斯学派起就认为简单性是科学评价中的一条重要原则。

逻辑简单性之所以对科学理论的可接受性起着重要的作用,其主要原因如下。

第一,逻辑前提简单的理论,它所包含的信息容量也往往较大,因而具有更大的普遍性。从逻辑基础上看,广义相对论比狭义相对论更简单,但它的包容量更大。在广义相对论中,狭义相对论的两条基本假设不再是独立的逻辑元素,而成为引力场效应可以忽略不计、黎曼时空过渡到欧几里得时空的特殊结果。从某种意义上说,没有概括科学就没有意义。科学家们追求普遍的理论,就是用简单的原理把握复杂的世界。我们知道,自然界有四种基本的相互作用,即引力、电磁力、强相互作用力和弱相互作用力。物理学家们已经提出了弱电统一理论,目前,物理学家们正在研究这四种力之间是否还有更多的统一,他们所追求的,正是理论的简单性。

逻辑前提简单的理论,相对来说比逻辑前提不简单的理论含有更多的经验内容,因而具有更强的可检验性和可否定性,也就更容易为人们接受。波普认为,理论表述的内容越普遍,它的可证伪度就越高,从而是一个更容易被经验检验的理论。

第二,逻辑前提简单的理论,符合科学家的审美要求。从一定意义上来说,美也是简单性。彭加勒认为,科学美表现为理论的统一、和谐、对称和简单性等方面。这几个方面实质上是一致的。和谐、统一是就理论的内容而言;对称是就理论的形式而言;简单性则是针对理论的逻辑前提而言的。因此,具有逻辑简单性的理论也是美的理论,也就更容易为科学家们所接受。在科学理论体系中,形式最完美的当推公理化系统。公理化系统就是从少数概念和不加证明的公理或者原理出发,进而推导出整个理论体系来的。公理化体系的前提必须彼此独立,不能从一个推出另一个。牛顿的经典力学体系就是公理化系统的典范,在这一系统中,规定了一些最基本的概念,诸如匀速直线运动、运动、变化、外力、作用、反作用等,这些概念是彼此独立的,由此出发,建构起整个经典力学理论。经典力学理论既可以解释开普勒关于天体运动的规律,也可以解释伽利略关于落体、钟摆等地上的物体的运动规律,还包含了以往的物理学理论所没有包括的丰富内容。所以,它比已有的相关理论更具简单性的特点。

在历史上相当长一段时间内,托勒密的宇宙体系把地球看做是宇宙的中心。为了解释行星与地球之间的距离变化以及行星的运动现象,这个理论采用了均轮(围绕地球的偏心圆)和本轮(沿均轮运动的圆)的概念,用了80多个圆圈才解决问题,显得非常累赘。哥白尼的宇宙理论则把太阳作为宇宙的中心,一下子把圆圈减少到48个,使体系大大简化。哥白尼的理论比托勒密的理论在逻辑上简单得多,这是前者能够战胜后者的重要原因之一。再如,爱因斯坦用一般坐标系的概念取代了惯性坐标系与非惯性坐标系,用坐标变换的广义协变性取代了惯性系之间的洛仑兹不变性,这就既扩大了独立的逻辑元素(如惯性系)的概念外延,又减少了独立逻辑元素(如惯性系与非惯性系)的个数,从而把一切概念和一切相互关系都归结为少数几个基本概念和公理。同时,还消除了满足相对性原理的惯性系与不满足相对性原理的非惯性系之间的不对称和不统一现象。这同样体现了理论的逻辑简单性。

第三,客观自然界本身具有和谐、统一、守恒和演化等本质和规律性,这些本质和规律性是理论逻辑简单性的客观基础。科学理论的逻辑简单性是自然界的和谐、统一和有序性在观念上的反映。

对于简单性的评价标准也不应该绝对化。在像物理学那样的领域中,简单性的要求确实在促进科学的进步中起到了很大的作用,但在医学等一些领域中,有时简单性要求把本来复杂的事情过分地简单化了,反而会使结论出错。巴斯德发现微生物后,在"疾病菌原说"理论的指导下,人们陆续发现了一些致病的细菌。但是,在当时的医学共同体中普遍接受的是一种"单因论"的看法,认为只要有细菌存在就可致病。而实际上,机体的免疫机能和免疫特质在细菌致病中的作用也不能低估,当时处于少数派的玻登科费为了证明"单因论"的谬误,当众喝下一试管霍乱菌,竟没有得病。

3. 自洽性评价

自洽性评价就是分析理论内部是否自相矛盾。若没有发现自相矛盾的理论,则具有自洽性,反之不具有自洽性。自洽性要求科学理论内部的各个命题相互之间必须有逻辑联系,不能相互冲突。一个理论 T,如果不能同时从它逻辑地推出命题 A 和非 A,那么 T 就没有逻辑矛盾,就是自洽的,反之就是不自洽的。

科学理论发展过程中,有时候会发现一些悖论,即从一个理论前提的真可以推得其前提的假,或者从其前提的假可以推得其前提的真。科学家们在消除科学悖论的过程中,提出新的理论,深化了对自然界的认识。这一过程是一个纯粹的逻辑问题,一般可以不借助直接的实验。伽利略就是通过思想实验,揭示出了亚里士多德物理学的自相矛盾之处,从而推翻了亚里士多德关于物体下落速率与物体质量成正比的理论。亚里士多德在《论天》一书中提出,落体下落的时间同落体的质量成反比,即如果一物体的质量为另一物体的两倍,那么它走过一定距离所需的时间只是另一物体所需时间的一半。伽利略在《关于两种新科学的对话》一书中使用严格的逻辑推理揭示出亚里士多德上述理论的不自洽。伽利略首先按照亚里士多德的理论指出,每个落体具有一种天然速率,亦即除非使用外力或阻力便不会增加或减少的一种速率。继而他设想把天然速率不同的两个物体连接在一起,开始进行逻辑论证,可能一:速率较大的物体将会受到速率较小物体的影响而使其速率减慢,而速率较小的物体将因受到速率较大的物体的影响其速率要加快一些。如果一块大石头的下落速率为8,一块小石头的下落速率为4,把两块石头绑在一起,结果就是这两块石头将以小于8的速率运动。可能二:两块连在一起的石头显然又可以看做是一块比下落速率为8的石头更大的石头,而其速率当然会超过8。这样,按照亚里士多德的落体理论,两块绑在一起的石头下落的速率就会有两个,或者大于8,或者小于8,这是自相矛盾的理论。通过这样的逻辑论证,伽利略发现了亚里士多德落体理论的悖理之处。把亚里士多德学说的不自洽揭示出来,是欧洲科学革命时期新科学能够取得胜利的重要原因之一。

处于进化阶段的科学理论,会在理论发展的过程中消解自身的不自洽。门捷列夫在提出化学元素周期理论之初也曾遇到理论本身不自洽的问题。门捷列夫认为元素的化学性质是其原子量的周期函数,并据此纠正了一些新元素的发现者在实验结果上的错误,成功地预言了一些当时尚未发现的新元素的性质。但是,有一些元素却有些反常,例如碘和碲,前者的原子量小于后者的原子量,而根据化学性质,碘在周期表上却应该被排在碲之后。类似的例外反映出门捷列夫元素周期律理论的不自洽。当人们弄清了原子核的结构和提出同位素的概念之后,把元素周期律的核心假定修改为"元素的化学性质是其原子序数的周期函数",才消除了元素周期律中的不自洽。由此可以看出,当一个成功的理论在更深层的原因还没有弄清楚之前,需要我们对它以明确的例外所表现出来的不自洽进行更深入的研究,随着科学认识的发展,完全有可能消解这种不自洽。科学往往是在消解不自洽的过程中,深化和发展出新的理论的。

处于退化阶段的科学理论,在新的关键性的反例越来越多的时候,对理论的不自洽的修改只能使该理论进一步暴露出其内部的矛盾,从而加快其被新理论取代的速度。在化学发展的过程中,燃素说曾经长期占据着主导地位。该理论认为燃烧是物体放出一种特殊的化学元素即燃素的过程。这个核心假定虽然可以解释木头燃烧后得到的灰烬比木头轻的现象,但是却无法解释金属煅烧后形成的灰烬却比煅烧前的金属重的事实。于是燃素论者只好提出一个新的辅助性假设:燃素具有负重量,用以解释金属煅烧后重量增加的事实。同一种燃素,在木头中具有正的重量,而在金属中却具有负的重量,这种自相矛盾的观点,反映了燃素说的严重缺陷。拉瓦锡提出的氧化学说之所以取代了燃素说的地位,主要就是因为氧化学说通盘考虑了化学反应中所有物质的重量,克服了燃素说不自洽的困难。

但是,对于复杂的不自洽的理论也不要轻易予以抛弃,理论本身还有个成长发展过程。有时,一个新生的理论移植在一个旧理论上,新理论会在这种自相矛盾的基础上成长,逐渐发展为自洽的理论。玻耳的光发射理论就是移植在与之矛盾的麦克斯韦理论上的。玻耳根据卢瑟福的"原子行星模型",用经典运动定律和普朗克的量子概念来阐明原子结构。它的两个基本假设是:①原子中的电子在原子核的库仑力场中绕核做圆周运动,但是只有当电子运动的动量矩等于 $h/2\pi$ 的整数倍时的那些轨道才是稳定的。在每一稳定轨道中,原子具有一定的能量,这些不连续的能量数值组成原子的各个能级。②原子从能量为 E_n 的能级跃迁到另一个能量为 E_m 的能级时,将发射或吸收具有一定频率的光子,频率的数值为 $E_n - E_m/h$。根据这两个假说,玻耳对只有一个电子的氢原子和类氢原子的光谱线频率作出了精确的说明。玻耳的说明尽管比当时已存在的一些定律有更大的说服力和预见力,但却不能说明谱线的强度和偏转,以及具有两个电子的氦原子光谱。但玻耳的理论并没有被抛弃,这一理论只是原子论纲领发展中的一个中间环节,不能简单地因为它内部有矛盾而拒斥。

二、科学理论的经验检验

提出科学理论的目的是正确地反映客观实际,是求真。因此,经验检验要解决的实质上是科学理论是否与客观实际相符合的问题。

科学理论的经验检验,是通过观察和实验对理论的检验蕴含进行经验的验证。理论命题都是全称命题,由于全称命题无法与具体的经验对应,因而是无法直接检验的。但是,根据一定条件,却可以从一个全称命题中在逻辑上必然地推出一个单称的陈述,即习惯上我们所说的预见或预言。这个单称命题是可以直接被经验检验的。由于单称命题是蕴含在推出它的那个全称命题(理论)之中的,所以我们把这个单称命题,包括推出它的条件称为该理论的检验蕴含。如果检验所获得的证据与理论的检验蕴含一致,我们说这个科学理论得到了确证,如果不相符,我们说这个科学理论被否证了。科学理论的检验是科学理论评价中极为重要的一个环节,其中也包含着复杂的认识论问题。

1.理论的确证

20世纪初的逻辑经验主义认为,科学理论中的经验与理论的关系就是观察语言与理论语言的关系,通过对应规则把二者联系起来。一个理论推出的检验蕴含总是构成一个证据,在一定程度上支持和确认这个理论。我们将经验证据对理论的检验蕴含的支持和确认,叫做理论的确证。尽管理论的经验确证不能完全证实一个假说,但它仍然是判断一个理论是否成立,是否应该被接受的第一个标准。这样,科学理论的形成与发展过程就是:经验—假说—证实,其中的科学认识论与方法论的原则是归纳主义与证实主义。

一般说来,证据支持理论包括四个方面,即证据的数量、种类、精确和创造性。

在没有不利于理论命题的证据或者说没有发现与理论命题相反的证据的条件下,观察到的与理论的检验蕴含相符的证据越多,该理论命题的确证程度就越高。门捷列夫提出元素周期律以后,曾经预言了类铝、类硼和类硅三种未知元素的存在及性质(检验蕴含)。1875年,化学家布瓦博德朗发现了新元素镓,镓的原子量和物理化学性质正好对应于类铝。1880年和1886年,化学家尼尔逊和温克尔又分别发现了钪和锗两种元素,这两种元素的性质分别对应于类硼和类硅。门捷列夫元素周期律中这三个检验蕴含的验证,大大增加了元素周期律的确证程度。这是门捷列夫元素周期律比迈耶尔的元素周期律更能被人们接受的重要原因之一。当然,我们也应该注意到,同类别的有利证据的增加对相应理论的确证度的提高的作用,将会随着以前确认的有利证据的增长而减小。比如,我们跳离地面后马上又落到地面上,这个事例对万有引力的存在是一种确证,但是,这种确证的程度对于万有引力理论来说已经微乎其微了,因为此前我们已经拥有了大量类似的有关证据。

证据种类的多样性对于理论的支持起着重要的作用。一般说来,在没有不利证据的情况下,一个理论拥有的有利证据的种类越多,该理论被确证的程度就越高。1895年发现的化学元素氩,以及后来发现的化学元素氦,在门捷列夫及其他人设计的元素周期表中都没有位置。这两个元素的发现似乎是对元素周期律不利的证据。但是,英国化学家拉姆赛提出,元素周期表中还应当有新的一族——零族(惰性元素族)存在,氩和氦应当属于这个族。新的一族的增加并没有突破元素周期律,而是为元素周期律提供了新类型的支持证据。根据新的元素周期表,人们又预言了其他惰性元素的存在,并随后发现了元素氖、氪、氙、氡。惰性元素的发现对于元素周期律所提供的,实际上就是新种类的证据以及新种类的检验蕴含。从某种意义上说,惰性元素的发现与钪和锗的发现相比,能够为元素周期律提供更有利的确证。

精确的检验蕴含的验证,会给受检理论提供令人信服的证据,大大增加理论的确证程度。根据有些理论命题,有时候人们还可以推出与科学共同体已经确认了的观察命题不同的检验蕴含,通过修正这些观察命题,使理论经受更严格的检验。门捷列夫曾经公然不顾当时所知的某些"事实",根据他的元素周期律预言并修改了当时所知道的铍、钛、铈、铀、铟等元素的原子量。例如铟的原子量,当时的测定值为75.4,但门捷列夫发现,具有这一原子量的元素在周期表中的位置已由砷占据。根据各方面的分析,他认为铟应当是三价,放在这一位置不合适。据此,他预言铟的原子量不是75.4,而应当是113,并把它放到元素周期表的第七周期第三族的一个空格上。门捷列夫的精确预言,经过进一步实验检验得到验证,从而使人们修正了相应的一些元素的原子量和物理化学性质。这些惊人的证据,进一步确证了元素周期律。

创造性的检验蕴含被证实往往是科学史上的革命性事件,对于人们接受新颖的理论起着重要作用。创造性的检验蕴含出自创造性的理论。一般说来,创造性的理论与当时的背景理论是相悖的,但正是由于相悖,才更有可能产生创造性的成果。麦克斯韦的经典电磁理论提出的时候,就与当时的一些相关物理学理论冲突。比如,当时的物理学理论认为光与电磁现象无关,磁体、带电体之间的作用是穿过空虚的空间瞬时完成的。而麦克斯韦的电磁理论则认为,光也是电磁现象,变化的电磁场可以发射出一种辐射,该辐射以有限的速度在虚空的空间传播(即我们现在知道的电磁波)。这些预言的验证,突破了原来的理论,确证了麦克斯韦的电磁理论。爱丁顿考察队的日食观测对于爱因斯坦广义相对论的确证,也属于这种情况。

虽然我们已经知道经验命题的数量、种类、精确性和创造性都会增加理论被确证的程度,但是如何才能定量地把握理论的确证程度,目前仍然是一个问题。这个问题涉及概率确证问题,即如何确定一个理论被确证的归纳概率。

2. 理论的否证

现代科学理论的基本假说变得越来越抽象,离经验越来越远,适用于科学早期的以归纳为主的方法,正在让位给探索性的演绎法。理论的确证是归纳论证的一种形式。和任何归纳论证一样,它还不能证明一个理论是绝对真的。一般来说,从某一理论的一个或多个检验蕴含为真的事实不能够归纳得出这个理论为真的结论,但从这个理论的一个检验蕴含为假的事实中却可以逻辑地得出结论,这个假说被否证了。历史上曾有许多被认为是颠扑不破的"真理"的理论,就是被一些关键的实验检验否证的。例如亚里士多德的落体定律,即认为物体下落的速度与其质量成正比,就曾被伽利略在比萨斜塔上的一个实验或者其他人的类似实验(将质量不同的铁球同时放下)否证了。以太假说的否证,光的直线行进的否证,也都是如此。现代的科学哲学认为,证伪否证与确证在逻辑上是不对称的,在理论的经验检验中,证伪比证实有更优越的地位和更强的确定性。这样,科学理论的形成与确立的途径就是:问题—假说—证伪,其中的科学认识论与方法论的原则就是演绎主义与证伪主义。

否证检验是排除理论中的某些错误或不必要部分,使人们对自然界的认识逐渐接近于真实状况的有效途径。这方面有一个典型的案例。19世纪40年代,维也纳总医院产科病房的分娩产妇中间流行一种被称为"产褥热"的致命疾病。但在该医院的第一产科与第二产科之间,产妇因患这种疾病死亡的比例相差却很大。1844,1845,1846三年中,第一产科患这种病的死亡率分别为 8.2%、6.8% 和 11.4%,而第二产科的死亡率则仅仅分别为 2.3%、2.0% 和 2.7%。为了解释两个产科死亡率的差异,人们提出了类似中国古代的"天人感应"的说法,认为是一种"大气—宇宙—土地的变化",是"疫气的影响"结果。但是为什么这种影响对第一产科要强于第二产科,对维也纳其他医院又不起作用呢?"疫气的影响"理论对此无法解释,因为这个理论没有说明宇宙与大气及"产褥热"的相关性,而且由它也无法推出可检验的命题来。塞麦尔维斯除了排除"疫气的影响"这个不相关的假说之外,实际上还排除或者说否证了其他一系列解释第一产科的产妇患"产褥热"而死的比例高于第二产科的假说。诸如有人认为,有些第一产科的产妇离医院较远,在路上就分娩了,因而引起高的死亡率;有人认为,是由于第一产科比第二产科拥挤,同时其饮食和接受的照顾不如第二产科所致;也有人认为,原因在于第一产科医生的实习医科学生的粗暴检查；还有人认为是心理原因，因为到第二产科对临终产妇作圣礼的教士要摇着铃通过第一产科，增加第一产科衰弱产妇的恐惧。在一一否证了这些假说之后，一次偶然的机会，第一产科的一位男医生患了一种与"产褥热"病症相同的病后去世了。塞麦尔维斯注意到，这位医生患病前，其手指被一位实习生在解剖尸体时不小心用手术刀刺伤过。而第一产科的医生和实习生在作了尸体解剖后一般只是简单洗一下手就到病房检验产妇。于是，塞麦尔维斯就推测，一定是他们这些医生和实习生把一种"尸体物质"带给了产妇。通过一次又一次地否证，塞麦尔维斯才得出了这种认识。但是，这种认识也必须接受新的严格的检验。于是，他要求所有的实习生给产妇作检查之前必须用漂白液洗手。此后，第一产科的死亡率迅速下降到第二产科的死亡率之下。在这个基础上进一步比较发现，第二产科的护士不必像第一产科的实习生那样进行尸体解剖，所以没有携带"尸体物质"的机会。从这个实例我们可以看到，否证与确证是检验科学理论的两种形式，二者相辅相成，共同推进着科学理论的发展。

否证是从反面检验科学理论的方法和手段，同时也是从反面论证和表达某些理论命题的方法和手段。热力学第一定律的肯定表达方式是"能量只能按照一定的当量从一种形式转变成另一种形式"，其否定的表达方式"第一类永动机是不可能的"与其肯定表达方式是等价的，因为所谓"第一类永动机"就是可以凭空产生能量的机器。类似地，"第二类永动机是不可能的"是热力学第二定律的否证表达，因为所谓"第二类永动机"就是熵减小的机器。

科学区别于伪科学和巫术的一个重要方面，就是科学知识必须经受科学共同体的批判性检验，而这种批判性检验的一个重要形式就是使理论经受否证性检验。伪科学和巫术总是只顾及寻找有利的证据，科学则既寻找有利的证据也积极面对可能不利的证据。

3. 判决性检验

在科学理论的经验检验中，往往要涉及判决性检验。所谓判决性检验，是指在两个对立和互相竞争的理论中决定取舍的经验检验。设 h_1 和 h_2 为两个互相竞争的理论，它们在说明已知现象上是等价的，迄今为止它们经受了同样的经验检验。如能设计一个满足条件 C 的实验，从 h_1 可得出"如果 C，则 e_1"的检验蕴含，而从 h_2 则得出"如果 C，则 e_2"的检验蕴含，并且 e_1 和 e_2 是互相排斥的，那么这种检验就是判决性检验。如果检验结果为 e_1，就验证了 h_1 而证伪了 h_2；如果检验结果为 e_2，则验证了 h_2 而证伪了 h_1。

尽管判决性检验的结果在很多情况下，不会最终决定两个竞争的理论孰是孰非，但是却可以支持其中一个理论而不利于另外一个理论。科学界一般认为傅科实验是对光的本质的两种截然不同的认识——粒子性与波动性之间的一次有代表性的判决性实验。根据光的粒子说，可以推导出光在空气中的速度要比在水中慢（e_1）；而根据光的波动说，推导出的则是光在空气中的速度要比在水中快（e_2）。傅科实验证明了 e_2，实际上也就判定了光应该是波而不是粒子。

但是，支持了一种假设并否证了另一种假设仍然不能判定该理论一定是真的。实际上，傅科所作的实验并没有最终证明光就是波，这里还存在着第三种可能性，光既不是粒子也不是波。就在人们认为傅科实验判决性地说明了光是波的时候，德国物理学家勒纳德又设计了判定光的波动说和粒子说的另一个检验，此时，经典的波动说中的以太已经变成了电磁波。勒纳德实验是关于光能的实验。从波动说引出的检验蕴含是"光能可以连续变化"，而从粒子说引出的检验蕴含则是"光能不能连续变化"，检验的结果支持了后者而不利于前者。在傅科实验中似乎被确证了的东西，在勒纳德实验中却遭到了否证。可见，判决性检验也是一个十分复杂的问题，不能在简单的或绝对的无条件的意义上去理解检验的"判决性"。

虽然我们不能通过判决性检验最终断定某个理论的命运，但科学家仍然偏好这种检验方式,因为它至少可以说明,两个相互竞争的理论中,有一个是有问题的。鉴于此,科学家们总是在恰当的时候热衷于设计判决性检验,以对理论的取舍作出判断。

三、科学理论评价与检验的复杂性

上面所讨论的,都是在比较理想的状态下对科学理论的评价与检验。实际上,不论是科学理论的逻辑评价还是科学理论的经验检验,都是很复杂的,其中包含着深刻的认识论问题。在科学哲学中,把其复杂性归咎于以下几个方面。

(1)观察本身的易谬性。20世纪科学哲学中的一个重要贡献,就是发现了观察渗透着理论、动机和经验,因此,观察不是纯粹中性的。由于理论、动机和经验的易谬性,导致观察的结果也会出现易谬性,在理论和观察到的经验事实冲突时,错的不一定是理论,而极有可能是观察的结果。因此,就会出现这样的情形:如果某个理论命题与某个观察相冲突时,很可能首先被抛弃的是观察结果,而与观察相抵触的理论却被保留下来。当哥白尼的理论与对金星的观测发生矛盾时,哥白尼的理论被保留下来,而关于金星在全年的过程中大小并无可见变化这一肉眼观测结果则被摒弃了。由于观察的易谬性,当我们对相应的科学理论进行评价和检验时,也可能出现错误。

(2)科学理论的复杂结构。在一个科学理论中,除了理论中的受检验陈述以外,还有其他陈述,诸如辅助性假定、初始条件和边界条件等。在检验理论的过程中,存在这样的可能性,即应对错误负责的并不是受检理论,而是复杂结构中的其他部分。因此,从严格意义上说,通过有限数目的观察和实验,证实某种科学理论或普遍原理固然不可能,但是,要明确地证伪它同样也是不可能的。人们总是可以通过指责诸如实验结果、所预设的条件或修改辅助性假定的方法,来为受检理论辩护,使其免受证伪的可能性。科学理论的辩护方式一般是转嫁难题。最常见的办法是把问题转嫁给观察陈述,就是对观察结果提出质疑,以保护理论。如果受质疑的观察结果得到确证,理论的辩护者就把难题转嫁给背景理论。如果背景理论没有问题,一般是修改受检验理论的辅助性假定,以保证该理论的核心假定。只有在核心理论也遭到证伪时,才意味着受检理论的失败。

(3)任何理论都有一个发生、发展、成熟的过程,经验检验很难贯彻始终。一个新的理论在幼年时期往往不易与经验证据相比较,即使能够比较,也往往会发生许多不符合之处,如果彻底贯彻经验检验的评价观,就会扼杀这些新的理论。反之,旧理论之所以能够存在至今,一方面由于它拥有一批证据,另一方面又由于这些理论"先入为主"地占据人心后,更易于取得与自身相符合的证据。所以,把经验检验的评价观绝对化,既不利于新理论的生存和发展,也不利于新旧理论的并存和发展,归根结底,不利于科学的进步。在1919年的日全食出现之前,爱因斯坦的广义相对论也缺乏足够的支持证据;就是在现在,可用观察检验的新推断也为数不多。如果片面强调经验检验,显然不利于像广义相对论这样的科学理论被科学共同体接受。

(4)评价和检验受制于评价和检验者的社会环境和个人因素。在理论的评价和检验过程中,评价和检验者的知识背景、价值观念及其他社会心理因素都会影响到他们的评价和检验结论。不同的评价和检验者对同一理论会作出不同的判断。关于光的本质问题的两个判决性检验,之所以得出了截然不同的两种结果,其实是与这两个检验的历史背景有关的。近年来的研究表明,17世纪实证主义传统在英国科学研究中能够形成,是与当时英国社会崇尚诚实善德的风尚相关的,而用观察和实验证据说明学理正是这种善德的表现。

(5)不同学科或不同学科分支的理论的评价标准也很难统一。在不同学科或不同学科分支的理论中,各项评价参量指标的重要程度是不一样的。一般的做法是根据其不同的性质和要求给予加权,用不同权数加于各参量上,表示参量不同程度的重要性。例如在评价物理学理论时,自洽性、简单性等参量需加上较大的权数;在评价医学、技术科学理论时,证据支持这个参量要加上较大的权数;而在评价数学理论时,则应对证据支持这个参量加上很小的权数,有时甚至可能不需要这个参量。如何把每一种标准的测度都定量化是一个困难的问题。如果我们能够把每一种标准的测度都定量化,并确定不同学科或不同学科分支应加的权数,那么就有可能应用计算机来帮助科学家对理论作出客观的评价。在这种情况下,并不是让计算机来代替科学家对理论作出评价,而是科学家在计算机的帮助下工作。此时,科学家的具有洞见力的决断仍然是不可缺少的,而且或许更能够发挥他们的创造力。

由此可见,科学理论的经验检验是一个复杂的过程,它既有确定性的一面,又有不确定的一面。其确定性表现为,在一定条件下,可重复的科学事实总是具体的和确定的,对判定科学理论的真伪有裁决作用;其不确定性表现为,由于实验技术与有关的科学理论都处在发展中,已有的实验结果可能被否定或作出新的解释,又由于理论本身是有结构和相互联系的,所以很难直接判定是理论的哪一部分有错误。经验检验是判定科学真伪的最高准则,但又不能把经验检验的标准绝对化,科学理论的检验是一个历史过程,常常不是有限的几次实验就能完成的。

6.2 科学理论的发展

科学理论的发展问题始终是科学哲学关注的一个重大问题,在科学哲学中,这一问题又转化为科学发展模式的讨论。科学发展模式是关于科学发展的规律性、主要特征、内在机理的概括和描述。它回答的主要问题是:科学是怎样发展的;科学发展的一般形式是什么;什么是科学发展的动因和机制等。一个成功的或较好的科学发展模式,不仅能合理地解释科学发展的历史,而且能对科学发展的规律性作出深刻的说明。然而,人们对科学发展模式的理解又总是与其特定的科学哲学立场和观点相联系的。20世纪关于科学理论发展的三种典型模式,代表了三种不同的科学理论发展观,即累积式发展观、否证式发展观与社会历史发展观。

一、科学理论的累积式发展观

从培根到逻辑经验主义的科学发展观统治科学界和哲学界达数百年之久,按照他们的观点,科学发展就是通过归纳获得的科学知识的不断增长,科学是一个渐进积累的直线发展的过程。这种观点认为,科学知识体系是以观察所提供的可靠的经验事实材料为基础,并通过归纳法建立起来的。科学的发展就是真命题数量的不断增多,是量的积累、递增。科学只有进化,没有革命;只有量的变化,没有质的飞跃。

古典归纳主义认为,作为科学基础的是关于经验事实的命题,科学研究是通过归纳程序去发现一般原理,如此逐步地归纳上升到最基本的原理。其代表人物培根就认为,要深入到自然的内部深处,必须用他所倡导的归纳法。随着近代实验科学的兴起和发展,归纳主义观点广为流行并产生了巨大的影响。在开普勒的天文学研究与伽利略的力学研究的扎实经验基础上,牛顿建立起了他的宏伟的力学理论体系大厦。随着观察和实验获得的事实材料的增加,以及观察和实验技巧的改进,人们对事实的了解更加精确和深入,越来越多的概括性更强的定律和理论被建立起来。

19世纪末,逻辑经验主义继承了西方哲学的归纳主义传统,认为科学发展主要是通过归纳法的归并使知识不断积累而增加的。休厄尔把科学的进化类比成支流汇聚成江河。他认为,科学是通过将过去的成果逐渐归并到现在的理论中而进化的。例如,牛顿的万有引力定律就是汇聚了开普勒定律、伽利略的自由落体定律等支流,以及潮汐运动和其他各种事实的"江河"。卡尔纳普则把科学的积累过程形象地比喻为一个"中国套箱",随着科学的发展,新的理论总像大的套箱一样把原有的理论包容其中。

但是,归纳法并不是可靠的科学证明方法,它只是一种概率意义上的确证,而不是最终的证明。按照概率论的归纳逻辑,一个理论得到观察陈述支持的概率越大,它得到确证的程度就越高。一种理论如果得到高度的确证,就应该得到承认和接受。科学的发展就是这种得到高度确证的理论在新领域的扩展,或被归纳和合并到更全面的理论中。

从累积的观点看,科学理论在其发展过程中,有两种情况导致科学的进步。第一种情况是,某个理论在原来的范围内继续得到确证以后,其适用范围得到扩展;第二种情况是,若干个得到确证的理论,被新的理论所归并。这两种情况的一个共同特点,就是旧理论没有被抛弃,而是被归化入更全面的理论之中。

理论应用范围的扩大表现在理论解决疑难活动不断取得的成就方面。这些成就扩大了人们对理论能够解释的事实的了解,从而进一步充实了理论本身。例如,哥白尼理论预见了金星也像月亮一样有盈亏,预言了恒星周年视差。后来,伽利略通过望远镜确证了金星有盈亏。俄国籍德国天文学家斯特鲁维通过观测织女星,得出了一系列关于恒星视差的结论。这些依据理论预言事实的成功都表明了哥白尼学说应用的进展。

理论的移植也从认识的广度上显示了理论应用范围的扩大。从量子力学到量子生物学的发展就是如此。从研究微观粒子的运动规律,到研究大分子和生命现象,人们进入了一个全新的研究领域。由于人们认识到,有生命的物质与无生命的物质都是由原子与分子组成的,它们在分子水平上的运动都应该遵从量子力学的规律,而由大量分子所组成的体系的运动则遵从统计规律。这就促使薛定谔在20世纪40年代从量子力学的角度探讨了遗传与突变的问题。十几年后,应用X射线的衍射技术,英国科学家克里克和美国科学家沃森提出了作为遗传信息载体的DNA双螺旋结构分子模型。

如果更替前后的两个理论,虽然根本的核心内容不同,但是经过一番改造后二者却可以相容,那么理论的更替就表现为旧的理论被新的理论所归并。所谓"归并",是指旧理论的基本概念与基本命题等核心内容被新理论吸收、包含。例如,从牛顿力学到量子力学的更替就属于这种情况。在这里,虽然作为理论核心内容的基本概念、基本命题及数学表达式都发生了很大变化,但是牛顿力学并没有被摒弃,而只是适用范围受到了限制。经过适当改造,牛顿力学成为量子力学的特殊表现形式。

二、科学理论的否证式发展观

20世纪初相对论和量子力学的出现,对科学理论的累积发展观是一个沉重的打击,像牛顿的经典力学体系这样经过无数事实证实的理论竟然都可以是错的,那么,还有什么理论能够保证是对的、不能被取代的呢?科学家和哲学家开始对那种认为科学理论是一些经过证实的、不可能再出错的概念、定律和事实的集合的观点提出了怀疑。波普正是在这种背景下,提出了他的以"证伪主义"为核心的否证式的科学发展观。

波普的工作是从批判归纳主义入手的,他认为归纳法在逻辑上并不完善。波普认为,由于我们无论看到多少只白天鹅都得不出"凡天鹅皆白"的结论,所以,通过归纳法不可能最终证实任何科学理论,但是,只要一次证伪却可以否证一个严格的全称命题。因此,证实与证伪在逻辑上是不对称的,科学的发展主要在于证伪的力量,而不是证实。于是,他以证伪主义为核心,提出了一个从问题开始,大胆提出试探性理论,经过严格检验直至证伪这个理论,再从新产生的问题开始的发展模式,波普把它叫做"不断革命"的发展模式。这一模式可以表示成如下形式

$$P_1 \to TT \to EE \to P_2 \cdots$$

其中,P_1代表问题,TT为试探性理论,EE为排除错误,P_2为新

的问题。从这个四段式发展模式中可以看出,科学的最根本性质就是猜测与反驳,最根本的方法就是"试错法",即"大胆猜测,严格检验"。在科学中实现"大胆猜测,严格检验"必须要有敢于犯错误,敢于批判和敢于否定的精神。为此,波普提出了一个著名的口号:"从错误中学习"。波普认为,科学家除了有敢于犯错误的精神之外,还应敢于批判别人和自我批判,因为科学本身就是在批判中前进的。科学家为了创立新理论,还必须有否定精神,只有首先否定旧理论,才能创立新理论,缺乏否定精神,就不敢去尝试,新理论就不能产生。因此他认为批判的态度是一种最好的科学活动特征。

如果科学的发展仅仅是否证,那么科学如何成长和进步呢?波普将科学的目标定位于不断逼近真理,所以科学的进步就是在不断地向真理逼近,理论之间的竞争也就是它们之间的逼真度高低的竞争。波普认为,科学的进步有两方面的标志:一方面是理论的可证伪度,另一方面是确证度的增加。高度可证伪的理论如果得到不断的确证,我们的知识就经受住了证伪的考验。可证伪度是科学理论潜在的进步标准,确证度是理论进步的实际标准。

波普的"证伪主义"模式提出的科学革命的观点,突破了认为科学是已经证实了的知识的积累的传统看法,也突破了逻辑经验主义对科学知识作静态的语言和逻辑分析的框框,把人们的眼光引向对科学知识的增长作动态考察的广度和对这一过程的内在机制作逻辑说明的深度。它强调理论思维的能动作用,鼓励科学家进行猜测和反驳的批判进取精神,对我们都是很有启示的。但是,波普的理论也有偏颇之处。由于它过分地简化了科学的实际发展过程,否认科学的继承和积累,否认科学发展包含量变的过程,因而难以符合科学发展的历史事实,科学发展的实际并不像波普所说的那样,理论一经证伪,就要让位于其他理论;在他的发展模式中过于强调猜想、灵感、想象在科学假说形成中的作用,却忽视了逻辑思维的基础性作用。此外,波普在从证伪主义立场出发推崇演绎法时,却片面否定了归纳法的作用。

把累积式发展模式与否证式发展模式作一下比较,我们可以看出,前者更加注重科学理论的证明,后者更加强调科学的成长。在否证式发展模式看来,确证的意义更在于它提供了证据表明被确证的理论有理由否证并且取代旧理论。

三、科学理论的社会历史发展观

20世纪以后,特别是第二次世界大战以后,科学出现了整体化的发展趋势,呈现出一些新的特点。一是科学研究的规模越来越大,完成一项重大科学研究已不能由一个人或少数几个人分散进行,而必须集中大量科技人员,投入大量科研经费,动用大量先进设备进行大规模协作才有可能。科学共同体由过去松散的团体变成了一个结构分明、联系密切的有组织的社会集团。二是随着科学技术对社会作用的日益增大,科学共同体的社会地位日益增强,成为社会活动中一只不可忽视的力量。三是自然科学各学科之间、自然科学与社会科学之间、自然科学与技术之间的交叉越来越多,表现为一系列边缘学科、横断学科、综合学科的出现。此外,心理学、人类学、文化形态学中的最新研究成果也对人类的科学认识活动提供了营养。

在这种背景下,历史主义学派的科学哲学家们不再把科学单纯看成是科学理论或科学知识的集合,而把科学看成是一个有复杂结构的整体。根据个人的理解和思想风格的不同,他们提出了各自不同的科学结构的模式,并以此出发讨论了科学发展的模式,库恩就是这一学派的代表人物。

美国科学哲学家库恩把"范式"作为描述科学结构的基本概念。库恩说的"范式",包含科学家共同体的信念、哲学观点、公认的科学成就、方法论准则、规定、习惯,乃至于教科书或经典著作、实验仪器等,具有极其复杂的内涵。库恩把范式与科学共同体紧密相连,他所说的科学共同体,是指某一特定研究领域中持有共同观点、理论和方法的科学家集团,这一科学家集团的成员受到过大体相同的教育和训练,因而有共同的探索目标和评判标准。库恩认为,科学共同体才是科学认识的主体,科学知识实质上是科学共同体的产物。范式的产生、形成以及更替是与科学家共同体成员的创造、拥护以及叛离活动密切联系在一起的。以范式的发展为主线,库恩提出了如下科学发展模式:

前科学→常规科学→反常与危机→科学革命→新的常规科学→……

科学的发展就是前科学、常规科学、科学革命循环往复的过程。

前科学时期是范式尚未形成的时期。在这一时期,各种理论、观点、假说相互竞争,但没有一种能够在科学共同体中得到确认;科学家们各持己见,对某一问题的解释存在着众多相互竞争的力量。牛顿以前的光学就是这样。在牛顿提出光的粒子说之前,对于光的本质的见解众说纷纭,无所适从。有人认为光是物体和眼睛之间介质的变化;有人认为光是介质同眼睛发射物的相互作用;还有人把光看做是从物质客体发射出来的粒子。直到18世纪牛顿提出了粒子说,认为光是物质微粒,才为光学提供了第一个范式,光学也就从前科学阶段进入了常规科学阶段。

常规科学时期是科学共同体在范式指导下不断积累知识的时期。常规研究不断开拓与加深范式的内涵,为新观念、新理论的突破奠定基础;在常规科学时期,科学家们在范式的指导下进行解难题活动,他们满怀欣喜地集中精力解决范式所规定的理论和实验两方面的难题。解决难题是为了保护和发展范式,而不是否定范式。

解决科学难题的多样性的途径使科学研究变得丰富多彩。例如对于能量守恒与转化原理的揭示。在1842~1847年的五年时间里,思维相隔很远的欧洲科学家——迈尔、焦耳、柯尔丁和赫尔姆霍茨先后公开发表了关于能量守恒与转化的见解,而且各自都以独特的思路和方式提出这一假说。

提高理论应用的精确性也是常规研究活动中十分重要的课题。它包括改进理论的推导结果与观测事实之间相符合的程度、确定普适常数、用公式进一步明确地给出理论的定量表述等。为了改进理论的推导结果与观测事实之间符合的程度,往往需要引入新的方法,适当修正解释事实的先行条件。

应用理论从事常规研究活动有时会遇到"反常"情况。所谓"反常"是指与理论的逻辑推断不一致的事实或理论解释不了的事实。科学家往往会想方设法克服"反常",使理论得到新的确证。排除"反常"而为理论辩护具有双重意义:一方面克服理论因未解释某个事实所面临的困难;另一方面为理论提供一个新的确证证据。

理论面临"反常",就表明原有的知识体系存在着缺陷。为了排斥"反常",就要对理论进行修改,即在基本概念和基本命题保持不变的情况下,对理论体系作出局部调整,主要是对理论组成的次要部分(辅助内容)进行补充、修改或更新,而不是改变其核心观念。理论的修改是理论自身的渐进性演变过程,并不是新旧理论交替的革命性过程。比如,门捷列夫的元素周期律一直安排不好,当时已经比较清楚的稀土元素有 4 种:镧、铈、铒、铽。其中,元素镧同元素周期表中位于它上面的 39 号元素钇对应得还可以,但元素铈、铒、铽就安排不好了。依照原子量大小排列,铈元素的化学性质应当与 40 号元素锆性质相似,但实际上情况却完全不同,它在化学性质上依然和 39 号元素钇相似。以后,又发现了 11 种新的稀土元素:镨、钕、钐、铕、钆、镝、钬、铥、镱、镥、钷,加上已经知道的 4 种稀土元素,总计 15 种。这 15 种元素在化学性质上都和钇十分相似,但是却和周期表上位于它们前面的其他一些元素没有多少相似之处。元素周期律理论遇到了"反常"事例。如何排除它呢?为了维护元素周期律理论的核心内容——元素的化学性质随其原子量的递增而呈周期性变化,科学家们提出了如下的辅助性假说:这 15 种元素在周期表中只能占据一个空格,而不是 15 个空格,这样就消解了"反常"。

在常规科学时期,科学家们对"反常"现象并不介意,不是一出现"反常",就抛弃理论,而是把"反常"现象看做是实验仪器的问题或自己没有能力解决的难题。但是,随着"反常"现象的频繁出现,范式便陷入了危机。这时,科学家们开始对原范式表示怀疑,信念逐渐动摇,原范式的定向作用失效。危机给科学共同体带来了分裂,科学研究变得类似于前科学时期,各学派之间相互竞争。例如,"燃素说"为了解释"增重疑难",只好赋予燃素以"负重量";为了解释燃烧离不开空气,只好假定空气能够吸收燃素;进而发现,并非所有的气体都助燃,因此只好再分出个"失燃素空气"和"燃素饱和空气",从而使"燃素说"越来越不可理解。随着气体的大量发现,出现了有多少个气体化学家就有多少种"燃素说"变型的混乱局面。

要解决危机,就必须进行革命,抛弃旧范式建立新范式。因此,当出现了与范式所预期的不相符合的大量"反常"现象,通过调整范式已不能解决"反常"问题时,便出现了科学危机。危机的出现使原有的范式受到质疑,科学革命由此开始。每一次科学革命都是对原来占统治地位的传统理论的抛弃而接受另一个与之竞争的新理论,批判了原有的研究常规而开辟出新的研究常规。科学革命是科学理论的跨越式发展,是理论不断更替的过程。不同的理论相互竞争,其结果是优胜劣汰,这时就出现了理论的更替局面。这些相互竞争的力量,其核心内容是迥然不同的,所以理论的更替可以说是核心内容的根本变更,是一次理论体系的重新建构,这与理论的修改是有很大区别的。"日心说"模型代替"地心说"模型,"大陆漂移模型"代替"大陆固定模型",相对论代替牛顿理论,等等,皆是如此。

科学革命以后,科学即转入新的常规科学阶段,进入了在新范式指导下的渐进式发展。科学的发展就是常规科学和科学革命不断交替的过程,循环往复,永无止境。

库恩的科学发展的动态模式描述了科学通过常态科学和科学革命两种状态交替向前发展的过程,它既看到了常规科学时期渐进的积累,又看到了非常规科学时期革命的变化,这在一定程度上反映了科学发展的辩证法,既克服了逻辑实证主义只强调科学发展的稳定积累的方面,又克服了波普只强调科学发展的"不断革命"的片面性。

库恩关于新旧范式不相容的观点,带有明显的相对主义和非理性主义的色彩,他只承认知识的相对性,而否认科学的客观真理性;他过于强调范式的更替决定于科学家集团在信念或信仰上的更替,这就使得他的科学革命变成了主要受非科学因素支配的、纯粹是科学共同体的社会心理跃变过程的产物。因此,他的科学革命理论也受到许多科学哲学家的批评。

历史主义学派的另一代表人物是拉卡托斯。拉卡托斯提出了"科学研究纲领"的概念,用以描述科学的进化。科学研究纲领是一个大的理论体系,它由相互联系的"硬核"、"保护带"和"启示法"组成。"硬核"由理论体系中最重要的概念和定律构成,它是坚韧的、不容反驳和否定的,例如牛顿三大运动定律以及万有引力定律,构成了经典力学体系的"硬核";"保护带"主要指围绕"硬核"周围的保护"硬核"免遭反驳而提出的辅助性假说集合,例如太阳行星的数量和质量等数据,都属于经典力学的"保护带";"启示法"是形成研究纲领的方法论,包括保护"硬核"的反面"启示法"和完善、发展纲领的正面"启示法"。

在拉卡托斯看来,科学研究纲领有进化和退化之分。如果一个研究纲领能够不断地发现新的规律,预测新的现象,那么它就是进化的;如果一个研究纲领不断地受到"反常"的挑战,只能被动地靠修改"保护带"来应付,那么它就是退化的。拉卡托斯认为,实验观察不能直接否证科学理论,科学的发展实际上是进化的科学研究纲领替代退化的科学研究纲领的过程。据此,拉卡托斯提出了他的科学发展模式:

科学研究纲领的进化阶段→科学研究纲领的退化阶段→新的进化的研究纲领取代退化的研究纲领→新的研究纲领的进化阶段→……

在科学哲学中,人们通常把费耶阿本德也归入历史主义学派。费耶阿本德从他的方法论无政府主义和极端自由主义出发,主张科学的多元化发展。人们把它的理论形象地描述为"怎么都行"。

科学在不断地发展,人们对科学发展模式的认识也在不断深化。科学哲学对科学发展模式的讨论,进一步加深了我们对科学的认识,会使我们的科学研究活动更具自觉性、主动性。

第3篇 技术篇

> 马克思认为,技术是现实生产力,是改造世界的物质力量。现代技术虽然是在科学的基础上发展起来的,但它和科学是有区别的,必须阐明技术不同于科学的本质,技术认识论与方法论,技术认识的基本特征,特别是现代技术发展提出的价值论争、现代技术的社会形成等问题,从而明确科学技术在社会发展中的地位与作用。

第7章 技术的本质与结构

马克思主义技术观是从整体上揭示技术的本质而形成的对技术的总的看法和基本观点,是马克思科学技术哲学理论体系的重要组成部分。本章从马克思主义技术观出发,阐明技术的本质与特征,技术及其技术活动中的要素及分类,认识和理解技术的结构及其演化。

7.1 技术的本质与特征

一、技术的含义与本质

技术的历史源远流长。人类打制的第一把石器,就蕴含了技术的萌芽,对技术的界定,不能撇开技术的历史过程,因为它既是技术现象的抽象和概括,也是后继技术概念演化的核心和出发点;技术概念的历史演化不仅表现在内涵的扩展上,同时也反映在技术领域的扩大方面。

"技术"一词源于古希腊语(techne),意指"技能"、"技艺"等。它虽与科学(scientia)同属人类的智慧,但二者截然不同,techne 指的是主观性因素,而 scientia 指的则是反映客观事物的理性知识(epsteme)。近代以来,技术对自然科学理论的应用导致了技术的理论化趋向,产生了技术科学,从而在技术的构成要素中,技能、经验等主观性因素不再占主导地位,"技术"一词也从最初的 techne 转变成 technology,其后缀-ology 有"学问"、"学说"之意。

现代技术已深深地扎根于社会之中,影响着人类的全部生活。因此,对技术的考察和研究涉及许多不同的领域,可以有多种角度,呈现出"诸子百家"的局面,概括起来主要有两种类型:一是对技术的狭义认识,二是对技术的广义认识。对技术的狭义认识主要是从人和自然的关系中来理解技术的。由于其出发点不同,或者对于构成技术要素的不同理解,各有不同的技术定义,大致可以分为以下四种情况:一是把技术理解为是人的一种能力,形成"方法技能说";二是把技术理解为一种应用知识,是一种"实践技巧的学问"及其应用,形成"知识应用说";三是把技术理解为一种"实现目的的物质手段的体系或手段的总和",形成"劳动手段体系说";四是把技术理解为知识、能力、手段的总和,形成"要素综合说"。

对技术的广义认识是把技术扩展到任何讲究方法与手段的有效活动,认为技术存在于全部人类活动中,在社会生活的各个领域里都有技术在起作用,整个社会的政治、经济、文化均以技术为中介,而使其联系为一个整体。因此,凡是一切讲究方法的有效活动都可以称为技术活动。

在科学技术哲学中,对技术所作的主要是狭义理解,习惯上又指以协调人和自然关系为主旨的生产技术。根据学术界目前达成的共识认为,技术是复杂的社会现象,是人类特殊的实践活动方式,是人类为提高社会实践活动的效率而积累、创造并在实践中运用的各种物质手段、工艺程序、操作方法和相应知识的总和。

关于技术的本质是什么,学术界也有不同的认识。

在历史上,马克思首先把技术放到人类改造自然的活动即物质生产过程中去,对它进行合乎历史发展规律的研究,马克思从分析人的有目的活动或劳动本身入手,指出:"劳动首先是人和自然之间的过程,是人以自身的活动来引起、调整和控制人和自然之间的物质变换的过程",而劳动过程中的"劳动资料是劳动者置于自己和劳动对象之间、用来把自己的活动传导到劳动对象上去的物或物的综合体"。① 从马克思对"劳动资料"的本质的阐述中,可以认为,技术的本质在于:它是人对自然的能动关系,它从属于劳动过程,是劳动主体即人类置于自己和劳动对象之间,用来把自己的目的和意志传导到劳动对象上去,使之发生人们所期望的变化的重要手段和联系媒介。与此相类似,对于存在于所有活动之中的广义技术而言,其本质则体现为联系活动主体和活动客体的中介与手段。换句话说,凡是在人类的活动中,把活动的主体(人)与活动客体(作用对象)联系起来的媒介与手段都属于技术的范畴。

从人对自然的能动关系来认识技术,技术就是按照人类的目的而使自然界人工化的活动过程,并且是实现自然界人工化的手段。这里所说的手段是相对于目的而言的,绝不是仅指物质手段,也不是仅指知识和能力,而是所有这些的结合。是人通过运用知识和能力,并借助物质手段以达到改变自然界的运动形式和状态的过程,是知识和能力同物质手段相互结合,对自然界进行改造的动态过程。因而必须从人运用知识和能力同物质手段结合,从人与自然相互作用的动态过程中来理解技术的本质特征。

技术作为一个系统,作为一个动态活动的过程,又体现为以下两个方面:其一,技术是一种活动过程。技术就是一种人类按照所需要的目的与价值,系统运用所掌握的知识和能力,借助所能利用的各种物质手段与方法,使自然界人工化的有效活动。其二,技术又是活动的最终成果。这些成果具体表现为技术理论(知识)、技术工艺和技术产品等,这是技术的实在表现形态。它们既凝结着以往技术活动的结晶和成果,又可以在人类的组织实施下,通过有机结合转化为新的技术活动。

因此,技术在其发展过程中成为了人与自然、人与社会之间进行物质、能量和信息交换的"媒介",是变天然自然为人工自然,以实现

---

① 马克思.资本论.第1卷.北京:人民出版社,1975.201-203

对社会调节、控制的基本手段。

二、技术的属性

人类利用技术,生产物质财富并改变原始自然面貌以创造适合于人类生存发展的人造或人工环境,在这一过程中,技术固有的本质以其双重属性表现,即自然属性和社会属性。

1.技术的自然属性

技术的自然属性是指人们在运用技术变革和利用自然过程中必须遵循自然规律。具体包括以下两个方面。

首先,技术是人与自然(包括人工自然)相互作用的中介,是人与自然界物质、信息和能量的交换过程,是物质产品的创造和生产过程,是作为自然界组成部分的人对其他自然物的能动的作用过程,它们存在并统一于同一自然界中,受同一自然规律的支配。无论从技术原理的形成、技术手段或方法的构思直到技术实践,只有遵从自然规律即科学原理才能实现。例如,机械技术要遵从力学原理;电技术要遵从电磁学原理;电机技术要依靠1831年法拉第提出的电磁感应定律。

其次,技术成果主要表现为物质形态的人造物,而这些人造物都是从原始自然物转化而来的,即使是各种人造材料也都是自然界存在的各种元素的组合,是在自然规律的指导下所创造出来的,因此它们仍是自然界的一部分,依赖于自然界提供的物质条件来实现。无论是技术成果的创造还是使用,都要受到自然规律的支配。

2.技术的社会属性

技术的社会属性是指人们在运用技术变革天然自然以及实现对社会的调控过程中,要受到各种社会因素的制约。具体包括以下三个方面。

首先,技术是由人创造并由人来掌握、控制和使用的,是人类活动的重要组成部分,因此具有明显的社会属性。技术是适应社会的发展需要而产生和发展的,不断发展着的社会生产与生活是推动技术发展与进步的根本动力。同时,不同的社会历史条件及可获得的资源、工具水平、劳动者的素质又制约着技术发展的速度和水平,也就是说,技术发展受社会条件的制约,又反映着不同时期社会发展的状况。在农业社会中首先发展起来的是种植技术、饲养技术;在工业社会中,制造技术成为主流,以此为基础,交通技术、能源动力技术、机械技术迅速发展,并形成以工厂为核心的批量生产方式;在现代社会中,通信技术、电子技术、信息技术等随着社会需要而迅速发展起来,成为当代技术发展的主流。

其次,技术受人们用最少的投入以获取最大产出这一基本经济规律的制约,以及人类对生活质量和工作条件不断提高和优化的要求,而不断地从低级向高级发展。在这一发展过程中,技术究竟如何使用与一定社会的生产水平、经济状况、文化传统、政治制度、社会意识形态、管理体制相联系,同时又反映出强烈的民族性和地区性。

第三,目的性是技术活动的起点,技术的后果是目的的实现。在整个技术活动中都体现着技术的目的性。因此,技术的社会属性贯穿于技术的整个活动之中。

三、技术的特征

由技术的本质与属性所决定,技术在发展过程中又呈现出下面一些特征。

首先,技术是人类社会需要与对物质运动规律认识的结合。技术的这一特征是技术的基本属性所决定的。社会需要是生产技术及其发展的根本动力,但不是技术发展的直接动力。有了某种社会需要,不一定会产生相应的技术发明,不一定就会生产出某种所需要的产品。技术发明及其技术产品的诞生,还受到人类对自然物质运动规律的认识程度的制约。人类早已有了提高计算速度的需要,但直到 17 世纪才发明了机械式计算机,直到 20 世纪 40 年代才发明了实用的电子计算机。这是由于经典力学理论在17世纪,电子学理论及其相关的机械技术、电子技术在20世纪才走向成熟的缘故。一定的社会需要只有与自然物质运动规律相结合,产生了既符合人的技术目的的需要,又符合自然规律性的技术原理,并转化为现实的具体的工程技术要求时,才会有技术的创造发明。

其次,技术是主体要素与客体要素的统一。技术的这一特征是由技术的本质所决定的,技术在本质上反映了人对自然的能动关系,是人对自然界有目的性的变革。因此,人们的知识、技能和经验等这些主体要素在技术活动中起着极其重要的作用。甚至有人认为,技术活动从根本上主要表现在技术的发明或技术的设计等环节上。即使是在现代技术活动中,经验性的技能、诀窍和规则仍然是极其必要和不可缺少的。然而仅仅是主体的能力和知识还不能实现技术活动的功能,在技术活动中,必须将知识、经验、技能等主体要素与工具、机器设备等物质手段这些客体要素有机结合起来,才能形成一个卓有成效的改革自然的技术活动过程。因此,技术是主体的知识、经验、技能与客体要素(工具、机器设备等)的统一。

此外,技术本身有一个从潜在形态到现实形态的发展过程。技术的这一特征是由技术本身发展的内在逻辑决定的。从产生、发展来看,技术本身存在一个从无形技术向有形技术,从潜在技术向现实技术转化的过程。在这一转化过程中,人们在社会各种因素的制约下发挥创造力,运用各种知识、经验,从各种相互矛盾的条件中,寻求实现技术目的的最优方案,通过想象、构思,在头脑中创造出某种观念结构,形成构想和设计等这些无形技术,然后逐步将其具体化、形象化,形成技术说明、设计方案、工程图样(有形技术),再通过试验与研制,将以上这些潜在的技术转化为现实的技术。因此,在技术发展过程的不同阶段,各自有自己的特点,整个技术过程则是这些阶段的统一。

最后,人类在运用技术变革自然的实践活动中同时还改变着自身,特别是使人所特有的思维能力得以不断提升,正如恩格斯所指出的:"人的思维的最本质和最切近的基础,正是人所引起的自然界的变化,而不单独是自然界本身;人的智力是按照人如何学会改变自然界而发展的"。[①]

7.2 技术活动的要素、分类原则及其形态

一、技术的基本要素

关于技术具体包含哪些基本要素,学术界一直有不同看法。目前在学术界流行的主要有"三要素说"、"四要素说"、"主体要素说"、"客体要素说"、"动态要素说"等。

"三要素说"认为材料、能源、信息是人类文明的三大支柱,也是组成技术的三大要素;"四要素说"认为材料、能源、控制、工艺是技术的基本要素,认为工艺是技术过程和方法的表征;"主体要素说"主张技术是主观能力或精神实体,技术的本质是发明或者设计的人,因此把自然规律、想象力、判断力等看做是技术的实在要素;"客体要素说"主张技术是实现目的的物质手段的体系或总和。因此,工具、机器、设备等是技术的基本要素;"动态要素说"认为技术存在于人与自然相互作用的动态过程之中,是各种基本要素在动态过程中的结合,因而在技术中不仅包括主体要素,也应该包括客体要素。

尽管对技术基本要素的看法各执一词,但在认为技术本质上反映了人对自然的能动关系这一点上则是基本一致的。我们认为,从反映人对自然的能动关系这一前提出发,把材料、动力和控制看成是技术的三个基本要素较为合适。

物质、能量和信息是构成自然界的基本要素。技术是人类对自

---

① 恩格斯.自然辩证法.北京:人民出版社,1971.209

然物和自然力的利用,主要表现为人类掌握科学原理创造出来的改造自然、创造人工自然的方法和手段。人类在技术活动中,离不开与自然界基本要素对应的材料、动力和控制。人利用一定的动力,借助工具加工材料使之变为有用的物品,在这一过程中必须有相应的控制手段以使这一过程按人的愿望得以实现。因此,可以将材料、动力和控制看做是技术的三个基本要素。

这三大要素在人类社会的不同阶段,其表现形式是不同的,从总体趋势上看,是由简单到复杂,由低级到高级发展的,表7.1描述了这一演变过程。

表7.1 技术三要素的历史演变

	古代	近代	现代
材料	自然存在的石、铜、铁	金属材料(如钢铁)	复杂的人工材料
动力	人力、畜力、自然力	蒸汽力、电力	电力(一切可利用的能源)
控制	人工	机械、机电	电子、信息

二、技术活动的要素及其分类

人类在对自然界的能动控制和改造中,展开了技术活动过程。技术活动要素是人类创造人工自然的方法和手段。

对技术活动的要素进行分类,应该遵循在总体上要符合技术活动的本质特征、在纵向上要能够说明技术活动的历史发展、在横向上要能够形成技术活动的基本结构等原则。根据以上分类原则,可以将技术活动要素的形态概括为:经验形态的技术要素、实体形态的技术要素和知识形态的技术要素。

经验形态的技术要素主要是指经验、技能这些主观性的技术要素。经验、技能是最基本的技术表现形态。经验是人们在长期实践中的体验,主要是在生产过程中,对生产方式及方法等直觉体验的积累和综合。技能则是以技术知识、劳动工具和经验为基础,在劳动过程中表现出来的主体活动能力(know-how),包括技巧、诀窍等实际知识。经验、技能在不同历史时期所表现的形式也不尽相同,如古代以手工操作为基础的经验技能,近代以机器操作为基础的经验技能和现代以技术知识为基础的经验技能。这三种形式的经验技能代表了人类在利用自然和改造自然的过程中主体活动能力或方式的不同发展阶段。

实体形态的技术要素主要指以工具、机器等生产工具为标志的客观性技术要素,按被操作和不被操作分为"活技术"和"死技术",前者指在劳动过程中使用的技术手段,后者指没有在劳动过程中体现的技术成果或技术对象。"死技术"与"活技术"的区分是相对的,正如马克思所说:"一个使用价值究竟表现为原料、劳动资料还是产品,完全取决于它在劳动过程中所起的特定作用,取决于它在劳动过程中所处的地位,随着地位的变化,这些规定也就改变。"但由于"机器不在劳动过程中服务就没有用","活劳动必须抓住这些东西,使它们由死复生",[1] 从而表现出"活技术"的重要性。实体技术也可以按不同历史时期分为手工工具、机械装置和自控机床等不同的表现形式,它们表现了人类利用自然、改造自然的物质手段不断进化的不同发展阶段。

知识形态的技术要素主要是指以科学为基础的技术知识,它是现代技术构成中的主导要素。人们往往把技术仅仅看做科学原理的应用,这是远远不够的。在科学原理产生之前的相当长时间内,人类就已经凭借技能和经验使用技术了。技术知识就是人类在劳动过程中所掌握的技术经验和理论。技术知识包含两种表现形式,一种是经验知识,一种是理论知识。前者是关于生产过程和操作方法规范化的描述或记载,后者则是关于生产过程和操作方法的机制或规律性的阐述。有人认为,古代的技术知识是"具有描述性规律的技能、

---

[1] 马克思.资本论.第1卷.北京:人民出版社,1975.207-208

准则",而现代的技术知识"是技术规则和理论",① 或者古代的技术科学就是经验知识,现代的技术科学和工程科学是以技术原理为基础的知识。这些论述,从不同方面阐明了两种形态技术知识的实质,表现了人类利用自然、改造自然的认识能力的不同发展阶段。

三、不同形态技术活动要素相互关系的特点

各种形态的技术活动要素不是孤立存在的,它们在生产过程中构成一个相互联系的有机整体。系统中各活动要素之间的联系呈现出相关性与独立性、主导性与互补型、自稳性与变异性等特点。

1. 相关性与独立性

相关性表明各类技术活动要素之间是相互联系、相互依赖的。任何一类技术活动要素既不可能离开其他要素的支持而独自使整体技术得到长足的发展,也不可能使自身得到独自的发展,各类要素之间必须相互依赖,相互促进,相辅相成。例如,远古时代弓箭的发明需要丰富的经验和发达的智力,近代工匠的经验技能促进了工具机的发展和知识的积累,现代技术理论则大量物化成机器设备并培养出新型的劳动者。

各类技术活动要素之间除了相互关联之外,还是彼此独立的。工具代替不了经验,知识也代替不了技能。各类技术活动要素在整个技术系统或技术活动中具有的各自的地位和作用是不能被其他要素取代的。

中国古代工匠的经验技能及其经验知识在世界上可谓首屈一指,由于没有先进的科学知识的配合,因而丧失了产生近代技术革命的可能性。英国人首先为电力技术的发展点燃了星星之火,但其燎原之势却出现在德国和美洲大地。历史的经验告诉我们,忽视技术活动要素之间既独立又相关的辩证关系,就会贻误技术发展的时机。

---

① Carl Mitcham. Types of Technology. Research in Philosophy & Technology,1978,1:261

2. 主导性与互补性

技术活动要素之间在技术活动中常常表现出的有机的整体性功能,还体现出主导性与互补性相结合的特点。

主导性是指由于在技术活动要素矛盾运动的过程中各要素发展的不平衡性,在一定时期有要素处于矛盾的主导地位,由此形成主导性要素。主导性要素的发展变化规定或制约了其他要素的发展变化,这就是技术活动要素之间的主导性功能。主导性决定了主导性要素具有触发型放大作用,要求其他技术活动要素与它相匹配。现代技术,尤其现代高技术的发展,要求我们抓住当前的主导性要素,根据国家的发展战略,依据现实的生产力水平,有所为有所不为,以收到事半功倍的效果。

互补性是指在技术结构内部,各类技术活动要素之间存在某种协同合作机制保证了技术结构的整体协调,互补性是对主导性的补足与限制。当主导性要素发挥作用时,互补性机制协调并推动其他要素随之变化,与之配合,使主导性功能放大。当主导性要素发挥作用达到一定的阈值时,对其他技术要素发展的状态空间产生较大负面影响时,互补性机制就会限制主导性要素的进一步发展,要求变革主导性要素。

3. 自稳性与变异性

某个技术活动要素在受到环境或其他要素的干扰时,会具有抗干扰的能力,表现出相对稳定性的一面,称为自稳性。近代发生的技术革命使机械工具对原有手工经验技能产生了威胁,但后者并不因此就退出生产领域,而是在一定时期内与前者并存。

但技术活动要素的自稳性是相对的,在一定条件下,技术活动要素会发生一定的变化、发展,甚至转化,这就是技术活动要素的变异性。任何技术活动要素总是适应一定的技术环境而存在的,当技术环境发生变化,提出新的要求时,作为技术活动系统及其组成的技术活动要素也会随之发生变化。如传统的手工工具在长期的发展中不断地发生变化,到了近代技术革命中,逐渐为机械工具所取代,机械工具又被现代高技术工具(如智能工具等)所取代。技术活动要素的变异性还表现在相互转化上,经验的积累会慢慢转化为技术知识,反之,在某一历史阶段属于知识水平的东西也会通过技术知识的学习与不断应用,而成为经验性的技术。

7.3 技术的体系和结构

一、技术体系及其特征

从技术自身发展的历史看,技术的存在和演化表现为一种体系化的形式。无论是行业技术,还是单项技术都不可能是完全孤立的。它们的存在和发展都不同程度地受到其他技术的影响和制约,各项技术之间存在着密切的联系。一项技术的创新和应用往往会引起其他相关技术的革新,甚至引起大规模的连锁反应,从而导致整个行业技术乃至整个社会生产技术体系的变革。通常,我们把构成某一时期社会生产基础的技术总和及其结构称为这一时期的技术体系。

在一定的技术体系中,一般总有一类技术在该技术体系中处于主导的地位,它的发展代表着某一时期技术发展的趋势和主流,它的发展影响和制约着整个技术体系的发展,我们称这类技术为"主导技术"。与主导技术相关的一系列技术,包括导致主导技术产生的技术,与主导技术相配合的技术,受主导技术推动而产生和发展起来的技术,它们围绕主导技术构成一个共同存在和发展的"主导技术群"。在某一历史时期的技术体系中,除了起主导作用的主导技术和主导技术群外,还包括上一历史时期主导技术和主导技术群的后续发展(传统技术)以及下一历史时期起主导作用的主导技术和主导技术群(新兴技术)的萌芽和发展,这些技术相互影响、相互作用和制约,共同形成一个统一的整体。在这个整体中各类技术的发展处于动态平衡之中,代表了该时期技术发展的水平和趋势。

日本技术论专家星野芳郎曾经把近代技术的发展概括为三个技术体系的更迭过程。第一个技术体系是以蒸汽-机器技术为主导,引起冶炼、交通运输、轻纺工业、通信等领域的全面变革,形成该时期的主导技术群。这一技术体系的建立是由18世纪发生在英国的产业革命完成的。第二个技术体系以电力技术为主导,并发展成钢铁冶炼技术、内燃机技术、化工技术等组成的新技术群,这就是发生在19世纪下半叶的电气技术革命。第三个技术体系是以信息技术为主导技术,同新材料技术、新能源技术、生物技术、航天技术、海洋技术等组成的新技术群。它始于第二次世界大战前后,现正处于形成和发展中。

技术体系在形成和发展中呈现出层次性、网络型、动态性、优化性等特征。

层次性 层次性指的是若干由要素经相干性关系构成的系统,再通过新的相干性关系而构成新系统的逐级构成的关系。系统科学认为,层次结构是各种可能结构形式中更加稳定的结构形式。技术体系明显具有这种特性。作为社会总体的技术体系是由更下一级的若干部类技术体系所组成,任何时期的技术体系都包含三类产业技术体系。而各类产业技术体系又都有其特定的结构方式。有时也将低层次的技术体系称为技术系统,如农业生产技术系统、工业生产技术系统。

网络性 技术体系是技术在社会中现实存在的方式,它是把技术之间的联系放到社会条件上加以考察而形成的复杂的技术网络系统。任何一项技术都会与其他门类的技术有共享交叉关系,例如电机制造技术包括了外壳的铸造、矽钢片的加工、导线绕型、绝缘材料的加工以及电机的装配、成品的检测等工业技术。而外壳的铸造涉及探矿、采矿、矿石加工与冶炼、铸造等多项技术门类,铸造技术本身又可分为压铸、模铸、浇注等多项技术,因此,任何一项技术都会与其他技术门类相互交叉,由此使得各专业性技术系统之间有很强的网络关系。或者说,一种技术目的需要多种技术门类为之服务,一项专业技术又可以为多种技术目的服务,正因为如此,现实中的技术体系间呈现出复杂的网络性。

动态性 技术总是不断发展和进步的,这使得作为技术整体的技术体系具有明显的动态性。人类从事技术活动的根本目的,是不断满足人类生活与生产条件提高这一基本社会需求,就生活条件而言,是为了生活得更为方便、舒适而提供更加优质的产品;就生产条件而言,无非是寻求更高的劳动生产率,进一步减少人在劳动过程中的直接参与程度等等。人对生活与生产条件的提高的要求是无止境的,一种生活与工作欲望满足之后又会产生新的欲望,从而出现新的社会需求,而技术体系本身总有其功能局限性,不可能一劳永逸的满足不断翻新的人类社会需求。这样,新的技术目的产生就会不断推动新的技术发明和技术革新的出现,从而使技术体系的结构不断得到改善。

优化性 技术体系内部的各类技术相互之间的联系在不断强化,一类技术发生新的变革,会立体地波及到整个技术体系,迫使其他技术门类发生相应变革,以使系统达到优化。在技术体系中不同层次、不同级别、不同类型的技术相互包容、互为前提,使内部的关联性或连锁性不断增强。对于技术体系的这种优化性特征,马克思在《资本论》中通过对第一次技术革命的考察,作了很好的描述,他说,"一个工业部门生产方式的变革,必定引起其他部门生产方式的变革……因此,有了机器纺纱,就必须有机器织布,而这二者又使漂白业、印花业和染色业必须进行力学和化学革命。同样,另一方面,棉纺业的革命又引起分离棉花纤维和棉籽的轧棉机的发明,由于这一发明,棉花生产才有可能按目前所需要的巨大规模进行。但是,工农业生产方式的革命,尤其使社会生产过程的一般条件即交通运输工具的革命成为必要。"①

二、技术的结构

对于技术的构成方式,除了在宏观上对技术体系进行分析外,还有必要从微观上分析技术结构。技术结构是由相互联系和相互作用的经验形态、实体形态和知识形态三种技术活动要素组成的有机整体。在社会发展史上有三种类型的技术结构。

按照技术活动要素在技术结构中的地位和作用,相应地可以将其划分为经验型技术结构、实体型技术结构、知识型技术结构。经验型技术结构是由经验知识、手工工具和手工性经验技能等技术活动要素组成,并以手工性经验技能为主导要素的技术结构;实体型技术结构是由机器、机械性经验技能和半经验半理论的技术知识等技术活动要素组成,并以机器等技术手段为主导要素的技术结构;知识型技术结构是由理论知识、自控装置和知识性经验技能等技术活动要素组成,并且以技术知识为主导要素的技术结构。这三种技术结构分别在农业社会,工业社会和后工业社会中占据主导地位,形成相应历史时期的社会技术基础,其中每种技术结构都是社会技术基础中的一个功能结构单元,即"结构相位"。

技术结构的历史发展模式就是从单相技术结构(经验型技术结构)向双相技术结构(经验型技术结构、实体型技术结构)和三相技术结构(经验型技术结构、实体型技术结构和知识型技术结构)逐步强化的过程。

古代单相的技术结构模式　在这种模式中,只包含一个功能结构单元即经验型技术结构,这和古代低水平的生产力发展是一致的。在人类历史早期,技术发展水平很低,人只能够直接或通过简单的工具作用于自然,实体技术一直没有摆脱手工工具的形态,在这一阶

---

① 马克思.资本论.第1卷.北京:人民出版社,1975,421-422

段,人们认为技术就是经验、技能的表现。这样,以手工操作为基础的经验技能便在此时的技术结构中占据了重要的地位,它是实体技术和知识技术发展的基础。

近代双相的技术结构模式 在这种模式中,包含着两个功能结构单元,即经验型技术结构和实体型技术结构,这充分体现出近代工业革命以来技术发展的特点。在工业革命进展过程中,随着飞梭、纺纱机和织布机的问世,蒸汽机的改进和刀架、精密镗床的发明,逐渐诞生了和古代手工工具有着本质区别的新的实体技术形态——机械工具(机器)。但是,机器的诞生并未使工匠的手艺从此销声匿迹,只不过改变了形式,"从工人身上转到了机器上面",① 这样,以手工操作为基础的经验技能便让位于以机械操作为基础的经验技能。同时,由于工业革命初期的工匠受到教育程度的限制,实体型技术结构中的知识形态也是半经验、半理论的。此时,经验型技术结构仍然存在于农业和手工业等领域,而代表农业机械化的拖拉机等农机具直到20世纪才出现。这充分表现出近代技术结构模式的双相位特征。

现代三相的技术结构模式 在这种模式中,包含着三个功能结构单元-经验型技术结构、实体型技术结构和知识型技术结构。双相技术结构奠定的工业化社会的技术基础,使劳动资料取得机器这种物质存在方式,并要求以自然力代替人力,以自觉应用自然科学代替从经验中得出的成规。在此基础上,现代技术过程又发生了深刻变化,更加突出了技术知识的重要地位,产生了更加独立于人的新工具——自控装置,引起以技术知识为基础的知识性经验技能的产生。此时,工人不再是生产过程的主要当事者,而是站在生产过程旁边,作为生产过程的监督者和调节者同自动装置发生关系,这就需要工人深刻理解技术过程的原理知识,从而导致许多发达国家中的知识型工业技师的人数与日俱增。

---

① 马克思.资本论.第1卷.北京:人民出版社,1975.460

在现代技术结构中,实体型和经验型的技术结构仍然存在。在20世纪80年代,有人作过这样的统计,即使是在进入后工业化社会的美国,在977个工业部门中,名副其实的知识型技术结构的高技术部门也只有36个,还有56个是准知识型技术结构部门,剩下的全是实体型和经验型的技术结构。① 由此可见,三种技术结构并存将是现代技术发展的一个重要特征。

三、技术结构的演化机理

技术结构的演化是一个比较复杂的过程,其中交织着各种矛盾:技术活动要素与技术结构的矛盾;技术结构与社会的物质技术基础之间的矛盾;社会的物质技术基础与经济基础的矛盾,正是这些矛盾的产生和解决,形成了技术结构的演化机理。

技术活动要素与技术结构的矛盾,决定了技术结构的转变 在古代的农业和手工业的个体生产方式中,经验型技术结构与其要素是互相匹配的,它们之间处于相对平衡的稳定状态。近代工业技术革命中工具机的诞生标志着经验型技术结构中的实体技术要素在形式上发生了变化,由手工工具向简单机器要素(工具的组合)、向复杂机器(工具机、传动机、动力机)逐步过渡和完善。这种新型的实体技术要素的出现打破了原来三种要素与技术结构之间的和谐局面,动摇了手工经验技能在经验型技术结构中的统治地位。正是由于技术活动要素与技术结构之间这种矛盾冲突,导致了技术结构由经验型向实体型的演化,奠定了近代社会的技术基础。在这个过程中,新出现的技术要素——机器起了主导作用。与此相似,在20世纪上半叶的技术变革中,新的技术知识是造成实体型技术结构向知识型技术结构演化的主导要素。

技术结构与社会的物质技术基础之间的矛盾,决定了主体技术

---

① 廉 L 香克林,小约翰 K 瑞安斯.高技术营销.列克星敦:D.C.希斯公司,1984.18

结构的异位 在社会的技术基础中,各种技术结构的地位和作用不尽相同,其中的主体部分称为主体技术结构。经验型技术结构的功能,就是形成农业化社会小生产方式的主体技术结构;实体性技术结构的功能,就是形成工业化社会大机器生产方式的主体技术结构;知识型技术结构的功能,就是形成后工业化社会信息生产方式的主体技术结构。因此,工业化的过程,实质就是经验型主体技术结构向实体型主体技术结构转移的过程,它为信息化过程、并进而为向知识型主体技术结构发展提供了技术基础。在主体技术结构异位的过程中,新的技术结构与原有的社会技术基础的矛盾起着制约作用,同孕育它的技术基础之间发生了深刻的矛盾,原有的技术基础不能满足新型技术结构的需要,从而要求建立起与自己相适应的技术基础,以保证自身的生存。

社会的物质技术基础与经济基础的矛盾,影响到主体技术结构异位的时机和速度 在谈到技术结构的发展变化时,有人仅强调技术因素的作用。如英国产业革命用了近百年,而法国只用了80年,美国用了40年,等等。他们认为后者技术变异的加速,是因为他们向英国学习了业已成熟的技术。当然,这无疑是一个重要因素,但并不是唯一的因素。为什么在18世纪,当科学进步和技术发明在英法两国都相差无几的情况下,技术结构的变化首先在英国出现?原因就在于当时英国的社会技术基础和经济基础之间的矛盾冲突促使这一时机的成熟。因为在同样以经验型技术结构为基础的手工业纺织中,英国人无法同手艺精巧、工资又低的印度等国竞争,因此,迫切需要纺织工具机的改革来提高生产效率,以维护经济大国的利益,再加上当时它的社会经济条件的成熟,因此能够较早地促成了这一变革。相反,中国虽然在宋代就已发明了具有32个锭子的水力大纺车,后来又掌握了活塞、曲拐和传动齿轮等机器部件的工作原理,但由于经验型的技术基础尚能适应自给自足的封建经济关系的需要,它们之间处于相对稳定的平衡之中,并无根本的矛盾冲突,所以中国在古代和近代始终未能完成主体技术结构从经验型向实体型的转变。

技术基础与经济基础之间的矛盾还能够加速技术结构变异的速度。苏联时期十月革命前的技术基础是十分落后的,但新生的第一个社会主义国家又要求它的生产力达到较高的水平,强烈的反差要求它迅速建立起与机器大工业生产方式相适应的实体型技术结构作为主体技术结构。苏联时期通过优先发展重工业做到了这一点,尽管它的工业化过程有些缺陷,但它的成就也是举世公认的。

第8章 技术认识和技术方法

在经济全球化和科技全球化的今天,科学与技术相互融合形成了科学、技术与生产的一体化过程。技术开发过程是科学技术转化为生产力的关键,是国家和企业的核心竞争力之所在。因此,打开技术黑箱,研究技术活动的过程、探讨技术认识的特点,对技术发展的基本趋势作出科学的判断和选择,分析技术发明和创造过程的程序和方法,不仅为改造世界的技术实践提供认识论和方法论指导,也有助于深刻地理解技术和社会的关系。本章论述在技术认识活动中的认识论和方法论问题。

8.1 技术认识的基本特征和过程

一、技术认识论的产生和发展

技术认识论是以人们对技术活动及其结果为研究对象,从认识论的角度考察技术认识的特征与过程、技术研究与技术活动的方法论、技术认识与科学认识的关系等问题,是人们对技术认识的自觉反思。目前技术认识论关注的问题主要包括科学与技术的关系、技术知识、人工物的属性、技术理性、技术客体、技术评估等问题。

自1877年技术哲学的创始人卡普发表《技术哲学纲要》以来,技术哲学的研究形成了工程主义和人文主义两大传统。对技术的政治价值、伦理价值、生态价值等问题的关注,对技术或技术现象的本质的追问,使技术哲学研究多着眼于价值论和本体论方面的研究。20世纪60年代以来,国外技术哲学在经历了对技术本体论的追问和价值论的反思之后，也开始了对技术的起源、设计、创新、技术作用的机制、技术和科学的关系等问题的思考，技术认识论研究开始兴起。早期的技术认识论研究的一个突出特点是研究者基本是科学哲学家，他们从已有的理论基础出发，借助科学哲学的方法和概念框架分析技术。自20世纪80年代以来，越来越多的西方学者，包括技术史家、技术社会学家和一批科学知识社会学家，表现出对技术进行认识论研究的浓厚兴趣。这一领域的研究成果在数量上呈现出多样性和复杂性特征。最近，一批哲学家、工程师和科学家组成的一个跨学科的"技术研究小组"，致力于研究现代技术的哲学问题，包括技术的认识论问题，并构建了初步反思技术的认识论程序，展示了技术哲学研究的新导向，已经开始对美国主流技术哲学界形成冲击。[1][2]

当代西方技术认识论研究表现为三种趋向：一是在研究内容上，走向经验研究，打开技术黑箱，研究技术知识的产生和形成；二是在研究范式上，工程的范式和人文的范式出现互相融合的趋势，一些技术哲学家已经意识到了工程视野和人文视野的割裂对技术哲学发展的消极影响，他们呼吁技术研究既要关注工程主义技术哲学，也要关注人文主义技术哲学，走向跨学科的、开放的技术研究，工程主义与人文主义的整合将成为技术哲学发展的新导向；三是在研究方法上，转向实证方法，寻求理论与经验之间、技术本体论、认识论和价值论之间的有效互动。

技术认识论是对技术发明和创新的认知过程、结果及其评估的探讨和对技术应用后果的哲学反思，通过这种反思，可以规范和提高人类实践活动的自觉性，从自在走向自为。从结果看，技术认识论主要是技术创新的认识论、方法论；从过程看，技术认识论主要是工程技术的认识论、方法论；从研究和开发看，技术认识论主要是技术开

---

[1] 陈凡，朱春艳．技术认识论：国外技术哲学研究的新动向．自然辩证法研究，2003(2)：86，87
[2] 王大洲，关士续．走向技术的认识论研究转向．自然辩证法研究，2003(2)：87-90

发的认识论、方法论。实际上,这几种表述方式展现的是相同的技术认识过程。

二、技术认识与科学认识的区别

科学是认识世界,技术是改造世界,科学和技术间的差异是结构性的、总体性的,而不是个别性的。尽管科学活动依赖技术,技术活动也利用科学,但两者在质上是完全不同的知识体系和活动体系。换言之,技术和科学是两种认识形式或活动形式,技术认识和科学认识之间有着多方面的差别。

1. 从认识对象、目的和任务看

科学主要是认识自然,获得自然知识,是对客观过程的反映和陈述,回答研究对象"是什么"和"为什么"的问题,要解释客观过程的因果性,揭示可能性,通过对自然界客观规律的发现,增加人类的精神文化财富。技术则主要是利用和改造自然,创造人工自然,是对人工过程的创造和控制,解决实践过程中应当"做什么"和"怎样做"的问题,要设定满足主体需要的目的性,造成现实性,通过人工物品的发明,增加人类的物质财富。

2. 从认识过程和方法看

科学认识的过程是在观察、实验的基础上提出假说,然后对假说进行实验检验,从而得出科学的理论,并在实践中不断对所得理论进行检验的过程,是一个从个别到一般、从具体到抽象,从整体到分析,从经验到理论的过程;其研究过程探索性强,主要通过科学观察和科学实验,采用抽象、概括、分析和逻辑推理的方法。技术认识则主要是以一定科学知识为基础,发挥想象力建构出技术理论,并对技术理论进行小范围试验得到构想的客体,再将其与理论相比较、对照的过程。主要地是从一般(规则)到个别,从抽象到具体,从要素到综合,从认识到实践,经验因素常常是不可缺少的或是必要的补充;其研究过程计划性强,主要通过技术设计和技术试验,综合的方法更重要。

如果说,科学研究是对假设、猜测的证实和证伪,最终导致定律和原理的发现,那么,技术创造就是对设计、方案的选择和优化,最终导致规则和程序的确立。

3. 从知识形态上看

科学主要表现为可明确表达的描述性知识,具有一元性、通用性,科学的基本定理、定律在任何国家都是一样的;它要把纷繁复杂的现象统一于某一种本质,力求从众多的假说中筛析出某一种定论,占主导的是从复杂到纯化,从多样到单一。而技术则是从单一到多样,具有专有性(如专利),它要使提纯了的东西复杂化,即把某一种科学认识转化为多种工艺方法,从相同原理去作出多种类型的设计方案,造成种类繁多的人工制品。任何一项技术都可看做可以清楚表达出来的知识和无法用语言加以明确表达的技能这两部分之和,前者称为明言知识,后者称为意会知识。技术知识即包括明言知识,更主要的是具有意会性的非程序性知识。明言知识包括描述性知识和规范性知识,前者描述事物是什么,后者则规定应如何达到预想的目标;意会知识则是隐含的知识,它依赖于个体的经验、直觉和洞察力,深深根植于行为者本身和行为者受到的环境约束,难于规范和学习。词语、图表和图示可以传达一个框架,帮助传递意会知识,但除此以外,意会知识的最终获得只能依靠个人实践,其间包括艰难的试错学习。

4. 从评价标准看

科学认识追求正确,是真理性标准,在科学认识中要淘汰谬误,力求全面、精确的反映客观对象,而且不能说有用的东西就是正确的科学结论。技术认识追求效率、效用,是功利性标准,技术认识力求合理、有效,尽管技术设计所依据的原理、设计思想、操作规则等也有正确与错误之分,但是依据相同的原理所制造出来的技术制品却是多种多样的,可以说更有用的手段,更好的方法或设计就是好的技术成果,技术所要淘汰的是不能带来经济效益和社会效益的东西。

三、技术创造活动的基本程序

技术的创造过程,是一个包括技术发明、技术创新和技术扩散三种互相重叠又相互作用的要素的综合过程。现代的技术开发过程是有组织、有资金投入、有计划的工作,它和解决任何其他的问题一样,都要经过提出问题、寻求解决问题的方法或方案、找到问题的解以及验证等三个阶段。技术活动中所经历的这些阶段可以具体化为课题规划、创造性构思与设计、试验与实施三个环节,从整体上构成技术开发的基本过程和立体框架。

1.技术课题规划

课题规划是对所要展开技术工作的宏观决策。任何技术活动都是为了满足一定社会的需求,通过对社会需求的判断和响应,根据现有的科学技术基础判断实现这种需求的可能性,设定具体的技术目的,并对技术发展及其后果作出预测、评估。为了保证这一过程的顺利进行,需进行认真的技术经济预测和搜集科技情报,做到对技术发展趋势、市场需求和竞争动向等做到胸中有数,以保证技术研究工作切实可行。

2.技术方案的构思与设计

技术方案的构思与设计是技术活动的微观创造阶段。这是技术研究中最关键、最富于创造性的阶段。创造性构思的任务是寻找在既定的限制条件下满足课题要求的新方案,包括提出技术原理和解决问题的基本思路。设计的任务是通过概略设计、技术设计到施工图设计的从抽象到具体的发展阶段,把创造构思得到的设想或方案具体化,拟定出具体的可供实施的技术方案。方案设计是把技术知识物化为需要的技术装置或其他物质技术成果的中间环节,既是把技术原理付诸实现的过程,也是对技术原理检验和选择的过程。这个阶段渗透着技术分析、经济分析、法律分析、宜人分析、生态分析等因素,具有综合性、系统性,往往是在多种方案的比较、鉴别中进行优化选择。

3. 技术的试验与实施

技术的试验与实施是技术实现的阶段,技术的最终表现形式——物质性成果,是在这一阶段完成的。这一阶段的主要任务是,根据技术设计提供的详细图纸和技术文件,进行产品的研制、小批量生产、技术鉴定和正式投产等工作。同时,这个阶段对方案实施中出现的问题还要及时反馈到设计阶段,以便对设计方案作出调整和改进。

研究技术开发过程对研究技术认识的程序有重要意义。技术开发的基本程序是从社会提出技术需要开始,经过规划、研究、设计等阶段,使技术原理具体化,最后通过研制、实施创造出合乎需要的产品。当然,这些阶段的划分不是机械的,从技术评估到技术实施的整个过程也不是一次能完成的,要经过不断的反馈与修改。这个过程在具体的实施中还有各种环节与各种方法之间的纵向和横向的联系,在一个阶段上会涉及许多不同的方法,或者同一个方法步骤会在不同的创造阶段多次使用。工程技术的方法论所研究的程序、方法和原则是相互制约、紧密联系的有机整体。技术开发的基本程序是技术方法的骨架和主线,它统帅和贯通了各种方法和原则,形成一个逻辑清晰的方法论纵向结构。

四、技术方法的特点

技术方法是人们在技术的研究和开发过程中所利用的各种方法、程序、规则、技巧的总称。技术方法和科学方法属于同一层次的方法,它们有共性和相通的一面,比如都必须以对自然规律的认识为前提,都应用已有的成果,都以实践为基础,都有一定的可操作性、规则性;选题的原则类似,都需要有信息资料的搜集及调研;检验的方式相同,都要有数据处理、分析、综合和类比的研究。同时,二者在本质和功能方面也存在某些一致性。但是,技术方法与科学方法毕竟不是一回事,科学认识和技术认识的差异决定,技术方法也有一些和科学方法不同的特点。

目的性与客观性 技术是人们有目的地创造人工自然的活动，技术方法总是与人的一定目的相对应。目的性反映了技术方法的应用是以达到目的为前提和归宿的。技术方法具有客观性，人们常常是利用已有的客观因果性的科学认识，来设计和确定相关的技术目的。违背自然规律和科学原理，技术目的就不可能成立或无从实现。

功利性与折中性 技术方法带有明显的功利性，它存在的价值就是协助技术活动达到预先设计好的主观愿望。功利性决定了技术方法的评价以效率为标准。折中性是指人们在最终作出技术选择时，不仅要最大限度地追求技术活动的近期经济上的效用，还必须考虑技术活动带来的其他效应，诸如投入与产出的合理化、环境及人的智能的合理化等，尽量达到近期功利与远期效益、经济利益与社会利益的多方面调和，即根据具体条件进行适当的折中选择。

多样性与专用性 技术方法的多样性是指为实现同一技术目的，人们可以寻找多个不同的可相互替代的方案或方法，以便从中优选；同一性质的技术原理可以转化为多种类型的工艺方法和技术产品。技术方法的专用性不仅表现在不同的技术领域或不同的技术问题有自己特有的技术方法，而且还表现在方法的使用有时会打上个人的烙印。因为在技术领域，个人的经验和技能仍占有重要的地位。经验、技能是个人在长期的实践中习得练就的，即使能够传授，学习者在短时间内仍无法熟练掌握它们。

社会性与综合性 技术本身就具有自然和社会双重属性，作为实现技术目的和技术规范的方法，必须符合技术本身的双重属性。因此，在技术方法中，不仅有对自然规律的应用，而且还有对社会规律的适应，对技术方法的选择和应用，不能不考虑到各种社会因素。此外，技术方法同自然科学方法在纯化和理想化条件下研究自然物不同，在技术研究中，必须把那些在科学研究中被舍弃的因素和关系恢复起来，并在技术设计和研制中，对可能出现的各种偶然因素进行综合考虑。

8.2 技术的预测与评估

一、技术预测

1. 技术预测的含义

技术预测是指人们利用已有的理论、方法和技术手段,根据技术的过去和现状,对未来一定时期内的科学、技术、经济和社会发展进行系统研究,寻求技术发展的规律性,并借此推测和判断技术发展的未来状态和趋势,以及选择那些对经济和社会具有最大化贡献的共性技术。技术预测的目标是确定战略性的研究领域,为技术发展的战略决策和技术发展规划的制定提供依据。20世纪80年代以来国际上逐渐用技术预见(technology foresight)概念替代了技术预测(technology forecasting)。

技术预测是在20世纪50年代后期首先在美国兴起的。当时的背景是:首先,由于新技术的研制需要昂贵的研究费用,人们希望提高研制的成功率,并使它尽快的应用于尽可能广泛的领域,以取得社会经济效益;其次,当时美国正在实行庞大的技术计划,特别是空间计划,计划在实施中必须进行平行化作业,而只有对各种相关技术的突破前景作出较为可靠的预测,平行化作业才有可能。为了解决这些问题,美国人林茨于1959年提出了技术预测这一概念。继而,学者们对如何保证预测科学性的方法进行研究。经过半个世纪的发展,目前不仅技术预测方法发展到150多种,而且技术预测的内容也在不断扩展,既包括对某一时期整个技术体系及门类技术或单项技术的未来发展状况的预测,也包括与技术相关的经济、社会、资源等相关影响与作用的预测,甚至包括对传统技术乃至处于"夕阳"状态的技术的预测,对后者更多的是预测其衰退时间与状况,以及被其他技术改造或替代的前景。

随着人们对科技与经济社会发展认识的不断深化,技术预测的理念也从最初的"技术系统内在因素决定技术发展的轨迹",逐渐发展到"技术与经济社会发展相互作用决定技术发展的轨迹",再到"技术发展轨迹具有多种可能性,未来技术发展轨迹是可以通过今天的政策加以选择的,强调不同利益主体的参与",技术预测已经成为"塑造"或者"创造"未来的有力工具。由于技术预测的重要作用和巨大效益,各种技术预测的机构也相继建立,国际上比较知名的技术预测机构有:美国的兰德公司、日本和韩国的科技政策研究所、德国弗朗霍曼系统与革新研究所等,第一个跨国的技术预测中心——亚太经济合作组织技术预测中心于1989年成立,1999年,联合国工业发展组织(UNIDO)联合国际科学与高技术中心(ICS)组成了一个庞大的技术预测网络。在技术预测这一领域中,OECD国家一直处于领先地位,如日本从1970~2001年32年间先后七次利用特尔斐法对本国的技术发展趋势进行预测;美国完成了四次关键的技术选择。发达国家的企业和公司为了提高市场竞争力,也对技术预测给予高度的重视,美国有500余家大型工业公司在20世纪60年代末即设置了专门的预测机构,平均年投资10余万美元,另外还支出1 500万美元,委托社会上专门的预测机构提供预测服务。

2. 技术预测的基本步骤

技术预测大致经历以下几个步骤。

第一,确定预测课题和任务。根据社会需求和相关信息,提出预测的课题,确定预测的目标和任务。

第二,成立预测机构或组织专门的专家预测小组,或者委托给专门的研究机构去做。

第三,调查、收集和整理资料。把与预测对象有关的过去的、现在的资料尽量收集齐全。此外,还要收集大量预测的背景材料,并收集国内外同类预测研究的成果。

第四,确定预测方法。一般是采取几种预测方法同时进行,以便互相验证,增加预测结果的可靠性。

第五,建立预测模型。对于计量经济模式分析,建立表示因果关系的模型;对于时间系列分析,则抓住主要变量建立相关的数学模型。

第六,评定预测结果。把预测的初步结果再次征求专家意见,根据专家意见,进一步检验和修正预测模型。

第七,提出预测报告并交付决策。

在预测的实施步骤中,搜集资料、建立物理模型或数学模型是最为关键的环节。情报资料是预测的前提,情报中的观念、观点性资料主要用于建立物理模型,数据资料则主要用于建立数学模型。

3. 技术预测的基本方法

早期的技术预测方法大多数是对已有技术发展轨迹的趋势外推,20世纪60~70年代,定量的预测方法已经发展得非常成熟。由于影响技术发展的社会因素日趋复杂多变,很难作出与实际发展偏离不大的假设并获得相应的数据支持,20世纪80年代以后,基于特尔斐调查、情景分析的定性预测方法与专利分析和文献计量等定量研究方法相结合的预测日益受到政府和企业的重视。国家层面的技术预见、企业层面的竞争技术情报和产品层面的技术路线图逐渐成为新的研究热点。据美国斯坦福研究所的不完全统计,目前的预测方法已达到150多种。

这些预测方法大致可以分为直观型预测、探索型预测、规范型预测和反馈性预测几种基本类型。

直观型预测 直观型预测是指那些主要靠经验、知识、直觉和综合分析能力进行的预测。这类预测主要依靠预测者的主观思辨和直觉等非逻辑因素,适用于不确定因素较多、历史数据不便利用的复杂情况。特尔菲法是直观型预测的典型代表。

探索型预测 探索型预测是假定未来仍按过去及现在的趋势发展,由过去和现在推定未来的预测方式。其任务是获得关于未来的新信息,模拟方案实施后的各种结果。依据取得新信息方式的不同,又可分为外推法和思辨法两类。其中外推法是利用过去和现在的资料,推断未来的状态,找出它们之间的统计关系,主要包括时间序列法、曲线预测法等。

规范型预测 规范型预测是先确定一个技术目标,再从目标回溯到现实,研究技术达到该目标所需要的时间和条件,应该选择的途径和方法。各种基于运筹学和系统分析的方法,多属此类。这类预测的具体方法包括,相关树法、矩阵分析法、网络法、模型法和形态分析法等。

反馈型预测 反馈型预测是将探索型和规范型等多类方法的要素结合起来,放在一个反馈系统中,使之相互补充求得预测结果的方法。这种类型的预测目前尚不是非常成熟,还在不断探索中。

各种类型的预测中,又都包含许多具体的预测方法。在目前的150多种预测方法中,常用的有以下几种。

特尔斐法 特尔斐是古希腊传说中的神谕之地,因城中有一座阿波罗神殿可以预卜未来,故被借用于预测。该方法创始人为赫尔姆和达尔克,后经戈登和兰德公司进一步完善,二次大战后就已被用于技术预测。其本质是利用专家的无法数量化而带有很大模糊性的经验、才智、信息,通过通信方式进行信息的交换,逐步地取得较一致的意见,从而达到预测目的。大型特尔斐专家调查法获得的是定量统计结果。日本从1971年开始的每五年一次的技术预测活动就是采用的这一方法。

情景分析法 情景分析法也称"远景方案论证法"、"前景描述法"或"脚本法"。最早由兰德公司创立和使用。20世纪50年代美国空军利用它进行军事战略规划,是一种直观的定性预测方法。这种方法的特点是对预测对象的未来发展作出种种设想和预计,把未来发展的各种可能性,像电影脚本的形式一样进行综合描述;以各种特定的预测结果为前提,把可能出现的偶然变化因素考虑进去,描述可能性较高的未来情境。这种方法包含着频繁的意见交流,因此能够获得由讨论过程带来的一些优势。

趋势外推法 趋势外推法是根据已开发的新技术的过去发展情况,推导该技术未来发展趋势和水平的预测方法。很多技术的发展相对于时间有一定的规律性,趋势外推法就是基于技术发展渐进过程的一种主要预测方法。其实质是利用某种函数分析,描述预测对象某一参数的发展趋势。其优点是可以揭示技术发展的未来,并定量地估计其功能特性。

关键技术法 关键技术法是美国产业及国防部选择关键技术时所使用的方法。这种方法先假设每一项技术对每一项产业的重要性皆可利用公式的运算来作决定,然后使用一次性专家讨论及加入固定的参数,经过公式运算的结果,找到对未来有影响的关键技术,再用列表法表示每项技术对每项产业的重要性。

此外,相关树法、层次分析法、决策树法等方法,在技术预测中也常常被使用,相关的书籍中有专门介绍,这里不再赘述。

二、技术评估

1. 技术评估的含义

技术评估(technology assessment, TA)是指利用各种科学方法,预先从各个方面系统地分析技术对人类社会、自然界诸相关因素(社会政治、经济、生态环境、人的价值观念)的利弊影响,并进行综合评价的活动。作为与技术问题有关的社会宏观决策活动和一种政策研究形式,技术评估的主要目的是系统地确定技术在开发、引进、扩散、转移、改造和社会应用等一系列过程中可能对社会的各个方面所产生的影响,并对这些影响及后果进行客观、价值中立的公正评价,为决策部门提供咨询和建议,以便引导技术朝着趋利避害的方向发展。

它以社会总体利益最佳化为目标,着眼于人与技术的关系,着眼于长期的、重大的、全局性的问题。

技术评估产生于20世纪60代,它的产生与技术发展带来的负面效应密切相关。1972年美国成立了技术评估办公室(OTA),欧洲许多国家和日本也都相继设立了技术评估的机构,建立了技术评估协会,开始了技术评估的建制化。我国于1997年成立了国家科技评估中心。经过近半个世纪的发展,不仅评估方法已发展到300多种,而且评估的理念也发生了重大的改变。早期的技术评估被人们看做是一种预测技术变化对人类社会和自然环境潜在影响的工具,以及为政府/议会提供政策选择,并协助其作出使收益最大化、风险最小化选择的工具,被称为早期预警式技术评估,随着技术评估实践的发展,人们发现早期预警式技术评估中隐含的基本假设——技术发展过程及其社会影响可以事先得到预测,被越来越多的事实和理论推翻。对技术发展及其影响进行准确的、毫无遗漏的预测非常困难,或者根本就是不可能的。技术评估机构生存在特定的环境中,参与评估的社会行动团体受多元的价值观、经验、兴趣和利益的影响,价值判断必然会被带进应该与价值判断无关的评估过程中,难以提供完全中立的、以事实为依据的信息。所以,从20世纪80年代开始,新的技术评估模式和方法工具开始出现。技术评估被认为是一种用来管理技术的战略工具,而不仅是一种决策过程中客观、中立的输入因素。技术评估活动从对技术后果的预测转移到了技术设计与开发本身,技术评估过程被看做是一种新的设计实践(包括各种评估工具),使用者和其他利益相关者从开始便参与其中,技术评估被界定为一个过程,不仅包括对技术发展及其后果的分析,而且包括对进行这些分析所依据的基础的争论,技术评估可以为参与者形成自身战略提供有用的消息,并可以为进一步的技术评估分析确定主题。

2.技术评估的特点

由技术评估的内涵决定,它表现出以下一些特点。

第一,评估内容的系统性。技术评估是从政治、经济、生态环境、技术、法律、文化、伦理道德、宗教信仰等各个可能产生较大影响的方面对技术正负效应作出的全面评价,它包括对近期利益和长远利益以及不同地区、不同部门、不同学科领域、不同社会阶层、不同利益集团的利益的系统考察与均衡,既有对技术的直接效果如经济效益等的评估,也有对价值、文化等潜在方面的考虑。技术评估的目的是社会整体利益的最优化。

第二,评估主体的跨学科性。评估内容的系统性决定了技术评估需要来自不同学科领域的评估者的通力合作,不仅要有技术专家,还要包括社会学家、伦理学家、生态学家、法律学家乃至社会公众,这样才能克服各自专业局限性,保证评估的全面性、客观性和公正性。

第三,评估对象的广泛性。技术评估不仅以现在的、未来的技术、技术规划和技术政策为评估的直接对象。而且以广义上的技术(包括自然技术、社会技术)为评估对象,甚至与技术有关的法律制定、社会制度的理想状态等都纳入技术评估的对象之中。

第四,评估方案的可操作性。技术评估通过对技术预测所形成的各种方案作出定性和定量的分析评估,从需要和可能、现实和未来、社会道德和经济利益、技术基础水平和长远发展能力等多方面进行审定和可行性分析,提供适合于实践的具体方案、策略和规划,具有较强的可操作性。

第五,评估过程的动态持续性。在技术评估初始阶段,对评估的深度、范围和评估时间等预设不一定是十分确切的,随着研究工作的进展和外在条件的变化,对这些方面必须适时作相应的调整;此外,开始取代预警性技术评估的建构性技术评估把技术评估看做一个过程,它包含有对技术发展及其后果的分析,以及在这些分析基础上的辩论。技术评估应该提供相关信息,这些信息能帮助那些所涉及的行动者发展他们的战略,并定义进一步的分析确定主题,此时,技术评估贯穿于技术开发—创新—应用的全过程,直接作用于技术发展的取向。

第六,评估视野的开阔性。技术评估不仅是对技术作用的效果进行预测分析,而且直接作用于技术从开发、创新、应用的全过程;不仅关注到技术的直接的经济效益,而且关注技术的间接的、潜在的、重大的全局性问题。技术评估是客观描述性和主观规范性的统一、兼顾近期利益和长期发展的有机统一。

3. 技术评估的程序

针对不同对象的技术评估,评估的程序和方法也各异。但是,这里总有一些可以共同遵循的东西。不论是针对何种对象,下面六个步骤则应该是必须的。

第一,资料搜集。首先,掌握有关评估对象的资料,如该项技术研发的目的和内容,其次,要掌握有关的背景资料,如该技术的对比技术,以及与该技术发展有关的相关技术的资料,与该技术应用实施有关的社会、经济、环境、资源方面的资料,从而确定评估的要求、范围和重点。

第二,寻找影响。深入、全面的寻找评估对象的一切影响方面,既包括积极的影响,也包括消极的影响,不仅要寻找直接影响,而且更要寻找间接、潜在的影响,甚至还要寻找三次乃至更间接的影响。

第三,影响分析。在找到影响因素后,还必须对影响的程度、范围、发生的频率、发生的条件以及这种非容忍性影响与该项技术的相关程度作出尽量确切的判断,对影响的性质、真实性及影响规模等作出分析,并进一步明确影响的因果联系以及政府对影响可能采取的政策和措施,进行比较分析。

第四,找出非容忍性影响。根据事前规定的若干评估项目,参照某些价值标准对各个项目进行逐个判断,按其程度的不同从总体上逐个归纳,最后按它们的恶劣程度、相关程度、频度和范围等因素进行判断,从各种消极影响中找出不可逆的负影响,即非容忍性影响。这是在技术评估中最重要的一个环节。

第五，制定改良方案。根据影响分析结果，提出相应对策，特别是针对消除非容忍性影响的对策。研究避免或减轻非容忍性影响的可能性和所需条件，寻找改进措施，力求把非容忍性影响的副作用降到最低程度。

第六，综合评价，明确被选择方案。在前面工作的基础上进行综合归纳，作出总体评价，也就是从系统的整体观念入手，权衡利弊对技术作出合理的选择。如果非容忍性影响的消极作用通过改良，达到可容忍的程度，则该项目可实施；如果各种改良方案均不能使其达到可容忍程度，则这样的项目不能实施。

以上评估程序在实际操作中不是一成不变的。为便于决策者作出选择，还需要写出详尽的技术评估报告，要对所支持结论的科学依据予以阐发。

4.技术评估的类型和几种常用的方法

早期的技术评估，主要有问题导向型和技术导向型两类。问题导向型的技术评估是探讨解决某一特定问题（如能源、环境评价等）的有效途径，通常要形成几种解决问题的方案，以供决策者选择；技术导向型的技术评估是对某类技术特别是新技术产生的社会后果，包括正面的和负面的、直接的和间接的后果提出评价。由于影响技术发展，以及技术对社会影响的不确定性因素很多，因此这类技术评估会包含许多不确定因素，其答案也非唯一的。

20世纪80年代以后，技术评估的范式发展历程中有三条主线：一是以政策分析为导向的模式；二是源于参与式民主理念的公共技术评估；三是以影响技术选择为目标的建构性技术评估。如果说传统的预警性技术评估是第一代技术评估模式，那么这三种导向就可以被看做是第二代的技术评估模式。

在当前的数百种技术评估方法中，用得较多的矩阵技术法、效果分析法、多目标评估法、技术再评估法等。这些方法，需要通过专门的学习才能掌握，这里也不赘述。

8.3 技术方案的构思与设计

通过宏观上的预测和评估,设定的技术目的被肯定,技术活动就进入了微观的技术创造阶段,技术专家是这一阶段的活动主体。这一阶段的主要工作,是技术方案的构思和设计。技术方案的构思与设计,是技术发明和创造的方法。其中起关键作用的是以非逻辑思维为主的创造性思维。

一、技术方案的构思方法

技术方案的构思是根据技术发展的要求,利用已有的自然科学知识和技术经验,通过创造性的思考,构思出所要创造出的技术系统的工作原理,即技术原理,并围绕技术原理形成具体技术设想的过程,包括提出技术原理和解决问题的基本思路。这里,构思出新的技术系统在工作中必须遵循的技术原理是第一步。但是,有了技术原理,还需要将其具体化为实现技术目的的构思,这其中需要把基本的自然规律和已有的技术经验巧妙地结合起来,围绕新的技术原理,提出具体的技术设想和方案。方案构思越多,技术原理的实现可能性也就越大。

寻找在已知的限制条件下满足新技术发展要求的新方案,必须充分发挥人的创造力,将技术系统硬件的各个部分组成有机统一的整体,从而最大限度地完成既定的技术目的。在这一过程中,固然需要依靠逻辑思维,但是,直觉、灵感、想象等非逻辑思维方式发挥了更大的作用。

技术方案的构思是以技术原理的构思为起点的。人们在技术活动的实践中,创造和积累了很多种技术原理的构思方法,这些方法也难以一一介绍,这里仅择要介绍几种。

科学原理推演法 20世纪以后,科学越来越成为技术的先导。

重大的科学发现往往孕育着技术上的重大突破,因此,很多技术原理的构思,要依赖于自然科学的进步。所谓原理推演,是从科学发现的普遍规律和基本原理出发,推演技术科学和工程科学的特殊规律,形成技术原理。采用这种方法构思技术原理的专家,应该有较为扎实的自然科学知识基础,并对自然科学发展中的最新进展保持敏感性。原子能技术的出现,就是在爱因斯坦预言原子核中蕴藏着大量的能量时,一些人马上思考,如何把这些能量释放出来,进而,转化为原子能开发的实践。

经验提升法 在相当长一段历史时期内,技术的发展并不借助于科学,而是掌握在"工匠"那里的"经验"。在这些经验中,隐含着新的技术原理。在科学还没有把这些经验加工上升为科学理论时,技术则有可能走在前面。对经验中发现的一些现象"挖掘"和"提炼",弄清其出现的机理和条件,再人工设置这些条件,则可以构思出新的技术原理。例如,电磁感应的实验产生了电机技术的基本原理;爱迪生效应的发现,成了电子管技术原理的先兆。在技术发明的历史上,经验提升的方式曾经起了重要作用。尽管 20 世纪以后,科学越来越成为技术的基础,但经验提升的方式,仍然是技术原理构思的一种重要方法。

智力激励法 又称智囊团法、头脑风暴法,这是在群体中激发人们的创造力的一种重要方法,由著名创造学家奥斯本创立。其具体做法是:召集十人以下的小型会议,围绕一个目标明确的议题,自由地发表各种意见和设想,使与会者相互启发,激发想象和联想,引起和强化创造性思维的共振效应,从而构想出各种可能的发明设想和技术方案。为了把参会的每一个人的创造力激发出来。运用智力激励法必须遵循以下原则:自由畅想原则——提倡每个成员自由思考、大胆创新;延迟评判原则——讨论时对各自发表的见解不作评价,也不做批评和反驳;追求数量原则——提出的方案和设想越多越好,在量的基础上求质;综合改善原则——提倡将已提出的方案有机结合,形成新的方案。

移植综合法 是将在某个技术领域中已经发现的技术原理移植应用到其他技术领域中并进行综合,形成新的技术的方法。这种方法在现代技术研究中应用极广,是导致技术发明的重要途径。例如,激光技术就是微波技术、光学技术、量子放大技术、真空技术和自动控制技术综合移植的结果。根据技术相关程度的大小,可分为近缘移植和远缘移植。前者是指在类型相似、相关度较大的技术间的移植;后者是指在相距甚远,甚至有时看起来风马牛不相及的那些技术之间的移植。远缘技术间的移植往往能获得意想不到的收获。

检验表法 也称设问法、校核目录法,是奥斯本和阿诺德等人提出的用以大量发掘创造性设想的发明方法,被称为创造技法之母。其具体做法是:从一个事物的方方面面考虑,列出一系列问题,然后逐一来核对讨论,从中获得解决问题的方法和创造发明的设想。奥斯本检核表法包括以下九个方面的提问:有无其他用途;能否借用;能否改变(意义、颜色、样式、气味、形状等);能否扩大(时间、频度、强度、高度、长度、厚度、附加价值等);能否缩小(再小点、浓缩、微型化、再低些、再短点、省略、分割化小等);能否代用(材料、原料、制造工艺、方法等);能否重新调整(更换元件、用其他型号和设计方案、调整程序、速度顺序);能否颠倒(正负、方位、逆向思维);能否组合。研究者可以依不同领域、不同专业或不同企业的具体要求列出相应的检验表。

二、技术方案的设计及其方法

技术方案的构思只是构思出所要创造的技术系统的工作原理,要使工作原理转换成工作系统,其中还有一个非常重要的环节,这就是技术方案的设计。

1. 技术方案设计的特点和分类

设计(design)一词是由拉丁文"制造出"(designare)一词转变而来的,原意指发展的程序、细节、趋向以及达到某种新境界的步骤。现在有各种不同的理解。在认识论和方法论中,一般是指为了制造某种新东西,事先为它创造出一种模式、模型或观念结构的活动。设计涉及的领域广泛,包括创造或者改造、发明新事物的思维、拟定或改造计划、安排活动等内容。技术设计是在产品投产或工程实施之前,提供关于产品制造、工程施工的全部图纸和技术文件,是技术创造链条中观念建构的最后一步,又是其物化过程的起点。在技术开发活动中有十分重要的作用。

科学技术的进步推动了技术设计理论与实践的发展,使现代技术设计表现出一系列新特点:①系统性。强调用系统工程的观点处理技术系统问题,同时考虑技术系统与外界的联系,即人－机－环境大系统的关系。②创造性。在技术设计时,需要解决在技术方案构思时尚未解决的一系列实际问题,不仅需要运用知识和规则,还要发挥创造力和想象力,这是一个再创造过程。③社会性。在现代设计中,从产品的概念形成到报废处理的全生命周期的所有问题,都是以社会需求、面向市场为导向的。④最优化。现代技术设计重视综合集成,在性能、技术、经济、制造工艺、使用、环境等各种约束条件下,通过计算机高效率寻求最优参数和方案。⑤动态化。现代技术设计在静态分析的基础上,考虑各种随机变量,根据概率论和统计学方法,进行动态多变量最优化设计。⑥宜人性。强调产品内在质量的实用性,外观设计的美观性、时尚性、个性化,在保证产品功能的前提下,要求对用户产生新颖、舒畅等精神功能。人文主义的设计理念已成为现代技术设计的一个重要特征。⑦计算机化。现代技术设计广泛使用计算机,应用各种功能强大的软件,使设计—计算—绘图—改进一体化,从而提高了设计的精度、稳定性和效率。

按涉及的领域不同,技术设计可分为工程设计、工业设计、环境设计。

工程设计是技术设计的最基本类型，人们习惯上往往也把技术设计称之为工程设计。它是运用科学技术知识和实践经验，根据预定项目的需要以及环境限制条件，创制技术开发的构思图纸和说明书的有目的的活动。工程设计的方法论主要包括功能与能源、控制的相互关系；结构与功能的关系；工程设计的最优化问题；工程设计的数学与经验方法；可靠性设计方法以及可持续的工程设计等。

工业设计的对象是工业社会中一切人造物以及人的作用面和感知面，包括人机界面、人物界面、各种用品的使用表面以及对人的感官和思维产生作用的表面。工业设计不仅能塑造产品外形，更主要的是表现出设计道德伦理和解决一系列问题，包括使用界面的可用性、工业大生产的工艺过程、成本价格、文化可接受性、生态原则等。工业设计中的方法论问题涉及劳动学、人机学理论，具体为可用性设计方法、安全性设计方法，人机界面设计方法等。

环境设计是以一种创新的方式去规划人类生产和生活的空间与未来，主要解决创造空间的问题，涉及城市设计、城市规划、建筑设计、室内设计等。环境设计创造着与人的生活密切相关的大部分人工环境，其方法论问题主要包括视觉思维研究、视觉造型与功能协调的方法；以人为中心的设计方法、以自然为中心的设计方法；环境设计中的技术美学、以行为模式为基础的设计方法、技术化影响下的设计程式化问题等。

2.技术方案设计的原则和主要方法

功能、安全、经济和外观是技术方案设计过程中必须考虑的四个要素，也是在设计中应该遵循的方法论原则。

功能 满足功能要求是技术设计的首要要素。所设计和制造出来的产品，必须在规定的使用寿命期间满足预期的功能。在设计工作中，要分析产品的基本功能和辅助功能、必要功能和不必要功能，确保必要功能，补充功能不足，消除不必要功能，用廉价的功能机构代替昂贵的功能机构,提高产品价值。

安全 技术设计中不可忽视的另一个因素是安全。大至环境污染、毁灭性事故,小到家庭用品的人身事故,设计者必须本着对用户高度负责的精神对一切可能出现的不安全因素都给予足够的估计,设计者的丝毫疏忽和考虑不周都有可能带来灾难性的后果。产品使用不当造成的安全问题容易纠正,但如果设计本身存在缺陷,带来的危害将是根本性的、全局性的。

经济 技术设计是决定经济效益的关键一环。甚至有人认为,产品生产成本的 75%~80% 是由设计阶段决定的。从设计方案选择到最小的细节都应从经济上考虑。在考虑经济时,应该和功能结合起来。从产品最本质的功能方面来考虑经济因素,比仅从外形和个别零件来考虑能获得更好的经济效果,而且也不至于因经济因素损害产品的基本功能。设计者在设计时,不仅要考虑生产成本,还要考虑产品今后的运行、维修和劳务费用等,即要考虑到产品整个生命周期的费用。

外观 一个设计成功的产品,除了满足其基本功能外,外观也很重要,甚至有些产品的外观本身就是功能,如服装。在设计一个产品的外观时要考虑两方面的因素:一是美学因素,即设计产品的外部形态能暗示和传递情感、思想、信息,能够吸引人、感动人,使人能够领悟产品的内在力量;二是人类工程学因素,即产品的外形不仅使人获得视觉上的美感,而且还要适合人的行为、心理和生理特点,这是人-机系统设计中的一个重要因素。

在上述原则的指导下,现代技术方案的设计包括系统设计、可靠性设计、最优化设计几种主要方法。

系统设计法 系统设计是随着系统工程、创造工程、运筹学和电子计算机科学等的发展而形成的一种崭新的设计方法,在工程技术的广泛领域得到了大量的应用,是设计工程师必须掌握的最基本的设计方法之一。这种方法是把系统工程的基本原理应用于技术设计,通过系统分析和系统综合等一系列步骤,以寻求整体优化的合理设计方案。

采用系统设计应遵循系统思考的一些基本原则,包括:①整体性原则,即把对象作为整体来对待,从整体与部分、整体与环境的相互制约、相互依赖的关系中考察对象;②综合性原则,即要求设计者善于综合地运用各种技术知识、经济社会知识以及创造技巧,全面协调和处理它们之间的关系,实现由综合到创造,设计方案是设计者的智慧、经验、知识和创造力的综合体现;③最优化原则,技术系统总是为满足一定的需要去执行某种功能而设计的,系统设计的每一步骤都力求经济有效地去保证整体功能的实现,力求优化整体功能。

可靠性设计方法 可靠性设计方法也称概率设计法,是以20世纪50年代出现的可靠性技术为基础的设计方法。可靠性技术是指为制造尽可能少发生故障的产品和在运行中为避免故障的发生所采取的一切措施和方法。传统的设计仅凭设计者的经验考虑数据的分散性和其他不确切因素,设计的产品或零部件存在诸多问题。采用可靠性设计,运用数理统计工具处理含有不确定性因素的设计数据,可以使所设计的产品在满足给定可靠性指标的前提下,结构合理、尺寸适宜,避免了凭经验选用安全系数设计时出现的危险或保守倾向。

可靠性设计的基本要求有:用安全可靠性设计代替功能设计,它包括所设计的产品的部件的可靠性、功能的可靠性,运行中的安全、劳动安全和环境安全;通过设计改变工业环境和操作工艺,分析并避免工业环境中的各种危险来源和危险操作;保护技术系统运行可靠。

最优化设计方法 最优化设计是近几十年来随着电子计算机的发展而得到越来越广泛应用的现代设计方法之一,具有许多传统设计方法所没有的特点。首先,最优化设计可以按最优化计算方法对较多的参数进行不受次数限制的反复调整,而传统设计常因计算浩繁只能对个别参数进行有限次数探讨;其次,最优化设计以理论分析为主,辅之以实际试验,可大大缩短设计周期,减少人力消耗,传统设计往往需要耗费工时去——摸索鉴别各方案的优劣;最后,最优化设计在数学上表现为求极大值或极小值问题,运用先进的电子计算机技术可以解决复杂的巨系统设计中的问题,而传统设计对此常常无能为力。

使用最优化设计,就是对实际存在的各种因素加以分析,经过概括和提炼,保留代表客观对象生产过程和系统的本质和特点的内容,扬弃无关紧要而又易于混淆的部分内容,建立起代表这一客体的模型。最优化设计的方法主要有直觉优化方法、试验优化方法、进化优化方法等类型,这里不再赘述。

8.4 技术方案的试验与实施

通过设计形成的技术方案,仍然是观念形态的东西。要把观念性的东西变成物质形态的技术实体,关键的步骤是技术方案的试验和实施,即通过模型、试验、研制等环节,使技术方案向实践转化。这是从技术方案到相应的技术产品的重要环节,关系到技术产品的质量和水平。

一、技术试验及其特点

1. 技术试验的含义

技术试验是指在技术开发和设计、实施过程中,为了实现和提高技术成果的功能效用和技术经济水平,利用科学仪器、设备人为的控制条件,变革对象,进而对技术对象进行分析和考察的实践活动和研究方法。试验在技术活动中占有十分重要的地位。可以说,伴随着技术项目的确定,就开始了为实现这一项目所必需的各种各样的试验。在技术原理的构思阶段,为提出和验证技术概念和技术原理,进行方案可行性研究,要进行各种各样的模型试验和对比试验;在技术方案的设计阶段,为给创造性设计提供依据和验证设计的正确性,要进行各种各样的过程分析试验和总机综合试验;在技术方案的实施阶段,为保证实验室试验研究成果及技术设计成果的物化和向生产阶段的转移,要进行各种各样的中间试验和生产试验,包括环境试验、寿命试验、可靠性试验和运行性能试验。

技术上的试验和科学上的实验具有类似性,但也有显著的区别。从整个认识过程来看,实验主要表现为由实践上升为理论的科学认识过程,而试验则主要是由理论转化为实践的技术创造过程;从研究对象看,实验研究的是自然客体,而试验研究的主要是拟定中的人工自然客体;从活动的目的来看,实验是为了探索自然过程和自然规律,而试验是为了运用自然规律,建造人工自然过程和人工客体。

2.技术试验的特点

技术试验具有两个方面的特点。

第一,试探性和验证性的统一。一般认为,试验的验证性比较突出,因为在多数情况下,试验总是为了验证事物的有关规律、过程或功能特性是否能满足或实现某种特定的需要。但从另一方面看,这样的验证又带有试探性。因为要完成这种验证,或是要把科学原理和技术经验转化为技术原理的构思,或是要把技术原理的构思转化为创造性设计,或是通过研制把这种构思和设计加以物化,而这些都是一种特殊的试验探索的过程,具有明显的探索性。这种试探性和验证性的统一,表现在具体试验研究过程中,就是每一阶段的验证性试验,同时又是下一阶段的试探性试验研究;而每一阶段上的试探性试验,同时又是对上一阶段的试验研究结果的进一步验证。因此,在进行试验设计时,要考虑试验结果的全程性和连续性。在设计验证性试验时,不要忽视它的探索性作用,注意从中抽取有价值的思想,捕捉对拟定中的人工客体的新认识;在设计试探性试验时,不要忽视它的验证性作用,也就是要把这种试探性试验的结果及时反馈到它的上一个研究阶段,对这一阶段的试验研究成果进行验证,修改和充实。

第二,纯化性和综合性的统一。技术试验的试探性,决定了在试验中要像实验研究一样,对试验研究对象进行适当的纯化,即通过撇开对象中次要的、非本质的因素,在纯化状态下达到对它的本质和规律的认识。但技术的试验研究,不只是要认识试验研究对象,而更主要的是要创造新的技术客体。因此,在进行纯化研究的基础上,又要逐步把被撇开的各种因素——综合起来,不难看出,纯化的目的在于认识试验研究对象,而综合的目的在于在此基础上创造出满足需要的技术客体。可以说,纯化性和综合性是技术试验研究中所要解决的一对基本矛盾。因此,在进行试验设计时,要始终着眼于纯化性和综合性的统一,在设计纯化性试验(如模型试验)时,要注意解决简单性和真实性的矛盾;在设计综合性试验(中间试验)时,要综合考虑各种可能因素和条件,把被撇开的次要因素逐一输入到试验系统中来,在严格接近真实系统的情况下进行试验研究。一般来说,在试验中为解决真实性和简单性的矛盾,往往要采取递阶性试验设计,即在构造试验模型时,要将待创造的复杂技术系统,分解为若干个可以递阶控制(或分散控制)的子系统,分别对子系统进行模型试验。这就大大减少了试验的复杂性,既保证了模型的简单性,又在一定程度上满足了真实性和综合性的要求。

随着科学技术的迅猛发展,技术试验的类型也日益增多。最常见的类型有:析因试验、对照试验、模拟试验和中间试验。技术试验的类型多种多样,各有自身的特点和作用,在具体的发明创造过程中需要灵活掌握、合理选用。

二、技术方案的实施

1. *技术方案实施的方法*

技术方案的实施是在技术方案经试验确证后,根据设计阶段提供的生产或施工图纸试制新产品或建造技术系统,以获取技术研究与开发成果的过程。技术人员既负责设计又负责实施制造,这是最理想的情况,可是,自从机器大工业出现以后,就出现了技术发明者和产品生产者的分离,出现了工程师这一特殊的职业。实际上,设计工程师与制造、管理工程师往往是分开的。因此,观念性的设计转化为实在的发明,就需要把设计者的意图成功地传达给制造者、管理者。

技术方案的实施方法可分成特殊实施方法与一般实施方法两类。特殊实施方法主要是指用于解决生产或施工过程中的某些特定的技术问题的方法,仅适用于某个工程技术领域的某个实施阶段,其普适性小。一般实施方法可解决各种工程技术领域的实施阶段的共性问题,它包括在判定实施计划、样机研制、小批量试制、鉴定、试销、正式投产及质量管理等实施阶段中所利用的一般方法,其普适性大。

2.技术方案实施的一般程序

技术方案的实施一般遵循如下程序。

首先,方案设计者与生产制造和管理人员进行交流,修改设计,完成样机制造。为确保方案顺利实施,三者必须进行思想成果(主要是图纸)和情报系统的交流,使设计符合生产条件。

其次,进行生产设计。对于设计师完成的设计文件,制造工程师还要结合本企业制造条件和实际的生产环境,对一些不合适的细节部分作必要的改进和变动,以使此产品的批量化生产成为可能。

第三,制定生产作业计划。这个阶段的任务主要是解决批量制造过程中的工艺问题。包括确定每个零部件的详细制造阶段和工序、规定合适的机器、估算每个制造阶段和工序所用的时间、完成每个制造阶段详细生产图纸的制备等,其核心工作是选择加工工艺、设备和拟定制造程序。

第四,进行生产控制和质量管理。在批量化生产过程中,为了保证生产作业计划顺利实施,还需要加强生产过程的控制和管理,掌握生产进度,协调好各项工作之间关系,合理地调整人力、物资和设备。至此,产品进入正式的批量生产阶段。技术开发活动告一段落。

技术方案的实施是个复杂的过程,需要各方面因素的统一协调,选择适当的技术支持;需要对技术实施方案进行空间上、时间上、逻辑上的细化;要经过方案实施、运行与评价、方案改进、再实施的循环提高过程,逐步实施,不断改进。

3. 技术方案实施的意义

技术的实施阶段在技术活动中有着极其重要的作用。只有通过实施,在技术方案的设计阶段所设计出的图纸才能成为现实的存在物,才能检验出设计意图和要求(如经济性、可靠性等)的合理程度;只有通过实施,才能协调技术开发所必需的五大要素,即人、方法、材料、机械和资金之间的关系,以发挥它们的最佳效果;新的技术方案的实施,可以对企业的规章制度、生产流程等进一步优化,达到"以建促改"的目的。

在实施新的技术方案的同时,企业往往要对以往的制度作合理的调整和修改,使它能够对项目的实施起到推动作用。同时又可以结合企业所存在的管理问题着手在一些基础方面进行改进。合理地运用实施方法,可以加快企业中技术成果转化为现实生产力的步伐,提高科技成果转化为现实生产力的效率。

第 9 章 技术价值与技术社会观

在当代,技术对社会各个领域都产生了广泛而深刻的作用与影响,技术在给人类带来福祉的同时,也给社会带来了许多不良后果,威胁着人类的生存和发展。有关技术的价值也就成为技术哲学研究的热点问题,本章集中研究技术价值的内涵、技术发展中的伦理和道德问题及其对技术发展的影响。在马克思主义技术社会观的指导下把握技术与社会的关系。

9.1 技术的价值

一、技术价值的概念及特点

用马克思主义的价值概念考察和评价技术对个人与社会的作用和意义,可以认为,技术价值是指现实的人同满足其某种需要的技术的属性之间的一种关系。技术与人的这种价值关系是在客体(技术)与主体(人或社会)发生相互作用中实现的,是客体的属性在与主体发生关系中的体现。当技术对主体的需要和发展起到肯定作用的时候,它就具有正面价值,否则,它就没有价值或具有负面价值。

技术价值归根结底来源于技术本身所具有的属性,是技术属性在与主体发生关系中的体现。技术价值只有在与主体发生相互关系的过程中,才能显现出来。技术的属性是二重的,可分为自然属性和社会属性。在技术与其主体发生的相互关系中,技术的二重性显现为技术价值的二重性,也就是说,技术的自然属性与社会属性共存于技术之中,技术的自然价值与社会价值也共存于技术与其主体的关系之中。技术的自然属性是其社会属性的基础,技术的自然价值是实现其社会价值的基础。技术的自然价值与其社会价值的体现是同技术所在的环境条件分不开的。当技术与主体的相互作用只受个体和自然环境因素的影响,而不受群体和社会环境因素的影响时,技术主要由其自然属性显现出自然价值,当技术与主体的相互作用受群体和社会环境因素的影响时,技术则主要由其社会属性显现出社会价值。

技术的价值具有客观性、实践性、历史性、相对性等特点。

第一,客观性。一方面技术价值来源于技术属性,而技术属性是技术本身固有的,是客观存在的,因此,技术属性在技术与主体发生相互关系中所显现出的技术价值是有客观基础的;另一方面,因为人类社会的需要是受到自然和社会历史条件制约的,因此,主体对技术的需要也不纯粹是主观的。

第二,实践性。技术只有通过与主体发生相互作用关系,才能显现出其价值来,而这种相互作用的关系是在实践过程中产生的,具有实践性。离开了主客体之间的相互作用,离开了人们的实践活动,技术价值就无从谈起。

第三,历史性。技术价值的显现不是一蹴而就的,而是在历史中逐渐显现出来的过程。例如,蒸汽机刚刚诞生的时候,仅仅被用于矿山抽水,后经瓦特的几次改进,又恰值工业生产对蒸汽动力提出了强烈的需求,才成了推动英国工业革命的强大动力。另外,技术价值的承认也需要一个历史过程。火车最初被引进中国时,并没有被当时的中国人接受,甚至很多人将火车当成是怪物,只有在火车作为交通运输工具的优势充分显现出来后,火车才被国人认同。

第四,相对性。技术的价值又有相对性的一面。对某些人有价值的技术对另一些人未必有价值,甚至可能是有害的。例如,冰毒的制造者可以以此发大财,但对社会来说却是严重的危害;汽车驾驶技术对多数人很有价值,但对根本没有机会接触汽车的人则毫无价值。

二、技术价值的主要内容

1. 技术的自然价值

从技术的二重性的观点看,技术的自然价值是指技术在与主体发生作用的过程中,主要通过技术设计和发明,由其自然属性显现出来的价值,技术的效用价值是其主要成分。例如,电子计算机技术等在处理与传输信息过程中体现出来的价值,等等。技术的效用价值在技术实践中,是以精确性、耐久性和低成本等形式具体地表现出来的,它可以为任何时代、任何区域中的人们所认同,因此,它具有世代传承、跨界转移等特点。因此可以说,技术的自然价值是中立的,是技术长期演化的产物,不受或很少受外在因素的作用与影响。

技术的自然价值表明,技术在存在意义、进步指向、活动形式、实施方法和评价标准等方面都与科学有区别,这就要求我们对待技术要以技术的需要和尺度为标准进行价值判断,不能以衡量科学的标准来衡量技术。技术的自然价值还要求我们在技术发明、技术设计与开发以及技术管理等方面要按技术的自然规律办事,不能像管理科学那样管理技术,要为技术的产生与发展创造必要的物质基础与文化环境。

2. 技术的社会价值

技术的社会价值也叫做技术的人文价值,是指技术在对自然、社会和人的作用与影响过程中所表现出来的价值。技术的社会价值是在技术的自然价值基础上实现的,它包括技术的经济价值、政治价值、文化价值、生态价值、伦理价值等,还包括技术与人的解放、技术与人的异化、技术与人类的未来等。

技术的经济价值是指技术在与经济发生的相互作用中,它的经济属性显现出来的价值。技术具有提高生产力水平的经济属性(如高效率、低成本、污染少或无污染等)。技术的经济价值主要涉及技术与生产、技术与消费、技术与服务、技术与企业管理、技术与国家生产力发展水平等方面。技术的经济价值是其他社会价值的基础和保障。

技术的政治价值是指技术在与人和社会发生的相互作用中，它的政治属性（如技术与权利、权力、社会革命、国家安全等）所显现出来的价值。具体表现为：技术对社会的政治力量和政治格局，有着重要的、强有力的影响，乃至对尖锐的政治如战争等起到决定性的作用；技术是推动政治的民主化和社会进步的手段；另外，技术事务在社会生活中的比重越来越大，逐渐成了政治的核心内容之一，技术的立法化倾向，技术评估等运动，都反映了这种面貌。

技术的文化价值主要是指在技术与文化（狭义）发生相互作用中，它的文化属性（如观念、审美意识等）所显现出来的现实价值。它主要体现在：技术是精神文明建设的客观物质基础，是变革传统伦理的重要力量；技术作为人类生存重要的物质基础和手段，还是改变人们的生活观念、生活方式，提高生活质量水平的重要的物质条件和可靠保障。技术理性已经深深根植于我们的头脑，影响着人们的思维方式和行为方式。

技术的生态价值是指技术在被人类用来保护自然环境，协调人与自然关系的过程中，它的自然属性与社会属性所显现出来的价值。主要体现在：人类利用技术节能和开发再生能源、综合和循环利用资源、对废物实施零排放和低排放等。技术对生态所显现出的负面价值，是人们过度或无度地使用技术的结果。因此，必须从可持续发展的理念出发，限制使用已经造成负面效应的技术，防止其不良后果的蔓延；研制和开发出能够替代对自然环境产生负面效应的技术的新技术和能够与自然环境相协调的新技术，促使技术的自然价值转向保护生态环境、协调人与自然的生态价值。

技术的自然价值与其社会价值既是统一的，又是矛盾的。二者的统一表现在：前者是后者的基础，后者是前者的延伸；二者的矛盾表现在：二者的不平衡是绝对的，它们之间是不可比的，从技术的自然价值很难准确预测出技术的社会价值。技术对社会带来的正面与负面效应更多地与其社会价值有关,因此,在人类文明的发展过程中,更应该关注技术的社会价值。

技术的各种社会价值之间是既相互统一又相互矛盾的:有些技术有经济价值,但却破坏生态价值。因此,在进行技术选择、技术评估和预测、确定技术发展战略时,应当正确认识和处理它们之间的关系,对其进行科学的价值判断。

三、关于技术价值的几种主要观点

关于技术的价值问题,存在着技术价值中立论、技术负荷价值论、技术价值折中论、技术批判理论等一些观点。

1. 技术价值中立论

这是一种与技术工具论密切相关的观点。在技术中立说者看来,技术与伦理、政治无涉,技术的全部领域都是价值中立的,没有好坏、善恶和对错之分,它不过是达到目的的一种中性手段或工具体系。当然这里不是指技术的应用而言的。因而当涉及技术的不良后果时,技术是无可指责的。它既可以用于善良的目的,也可以为邪恶势力服务,或同时用于这两个方面,但这并不是由技术本身能够决定的,而是由外部因素强加于它的。技术手段对于其内容的这种无明确规定的工具性,使得技术既可用于行善,也可以用于作恶。换言之,作为实然领域中的技术只指向"能做",至于是否"应该"做则是由属于应然领域的道德所决定的。

基于大量的事实,技术中立论者得出支持自己论点的四个论据:第一,技术作为一种纯粹手段,可以被应用于任何目的。技术的中立性是指技术作为工具手段的中立性,它与它所服务的价值目的只具有或然相关性。第二,技术与政治无涉,机床、机车、计算机这些工具对任何社会都是有用的,它们与社会和政治因素无关。第三,技术对于社会价值的中立性根源于技术的理性特征及其所体现的真理普遍性。技术所依据的原理对任何社会都能发挥作用。第四,技术的普遍性意味着同一度量标准可以被应用于不同的社会背景,在不同的社会制度中,技术都可以提高其劳动生产率,而且技术的评价与选择的标准(如效率等)也是相同的。德国哲学家雅斯贝尔斯等人持这种观点。

2. 技术负荷价值论

这种观点认为,由于技术不仅仅是具体的工具、设备,而是包括工具、设备等物质手段以及方法、知识和各种活动方式的总和。因而发明者的价值观、意志、信仰、思维习惯必然在技术的设计、发明等一系列环节中渗入到技术之中,使根源于社会的普遍标准被纳入其中,技术是负荷价值的,任何技术都有一定的价值取向和价值判断,这已为越来越多的技术哲学家所接受,辛普森等人就持这种观点。他们认为,技术拥有自身特定的价值。技术能够控制并统治人类,使人类成为被管理的对象。加拿大学者邦格认为,技术在伦理上绝不是中性的,它涉及伦理学,并且游移在善和恶之间。

法兰克福学派更是把对技术的批判作为其社会批判理论的核心,在他们看来,技术的本性是和资本及其统治联系在一起的。技术与科学不仅是生产力,而且也是意识形态。作为该学派代表人物之一的马尔库塞认为,在当代工业社会的极权主义面前,技术"中立"的传统观念已不再适用。技术本身已不可能独立于它的使用。技术总是一种社会的设计,一个社会和他的统治打算对人和事物所做的一切都在其中设计着。换言之,统治的特殊目的和利益并不是随后或外在的强加于技术的,而是在其被设想,发明和创造时就已进入了技术机构本身。这种价值的存在并不以是否实现和怎样实现为根据。一旦投入使用,技术的内在价值就会在特定条件下转化为现实价值。

3. 技术价值折中论

这种观点主张,技术在一方面是中立的、无价值的,而在另一方面却是有价值负荷的。例如,阿诺德·佩斯认为,机器的本身是中性的,但机器的使用却是有价值负荷的。

4. 技术批判理论

这种观点认为,技术价值是在技术的自然属性和社会属性相互作用的过程中表现出来的。例如,芬伯格就认为,技术价值存在于技术的自然属性(技术编码)和社会属性(人类控制)的相互作用之中(交叉域),这种相互作用的过程就是他所说的"斗争场景"。技术价值就是在这个"交叉域"范围内,经过"斗争场景"表现出来的。

从技术的二重性的观点来看,"技术价值中立论"主要是从技术的自然属性来理解技术价值的,它只承认技术具有自然价值,忽视了技术的社会属性;"技术负荷价值论"则主要是从技术的社会属性来理解技术价值的,它只承认技术具有社会价值,不承认技术有自然属性的一面;"技术价值折中论"则把技术的自然价值和社会价值(即技术应用的价值)区别开来,但没有从技术的自然属性与社会属性的对立统一上理解技术价值;"技术批判理论"虽然注意到了技术的自然属性与社会属性的相互作用关系,但没有具体论述技术属性与技术价值之间的辩证关系。马克思主义的技术哲学,从技术对人和社会的作用和意义上看待技术价值问题,从而要求从技术的二重性的辩证关系上理解技术观的实质。只有这样,才能树立科学的技术价值观。

9.2 技术伦理

一、技术伦理的含义

按照马克思主义的伦理观,伦理关系主要是一种自律性的、有道德观念渗透其中的社会关系,它包含处理人与人相互关系所应遵守的道德和准则。价值是伦理产生与形成的前提和基础,伦理则是对正面价值的维系和对负面价值的制约。技术伦理则是围绕技术所产生的伦理关系中的道德现象和道德关系,是人们在技术所发生的伦理关系中所应该具有的道德品质、应该遵守的道德规则和应该尽到的道德职责(如技术人员的一般道德行为规范、工程伦理等),它是对技术正面价值的维护或扩展和对其负面价值的制约或控制。

技术伦理的产生有一个历史过程。在古代,由于技术仅限于满足人们的生存需要,它并没有成为当时人类伦理的和社会伦理中的主要内容;现代技术尤其是高技术的产生与迅速的发展对人类的伦理、道德产生冲击,导致一系列新的伦理问题出现,于是,技术伦理问题才凸现出来。可见,技术伦理来源于技术价值,更直接地来源于技术的社会价值。技术伦理虽然是伴随着技术价值而产生与形成起来的,但这并不意味着只要技术有价值,就一定会同时产生相应的技术伦理,只有当技术迅速发展并对自然和人类社会的影响达到相当规模和程度,并且冲击着人类社会的传统伦理并迫使人们对其进行伦理反思的时候,才会产生关于技术的伦理思考。

二、技术发展中的伦理问题

现代技术发展所引发的伦理方面包括很多方面,而在以下几个方面的表现更为突出。

1. 技术发展的目的性问题

现代技术所产生的许多负面价值,迫使人们追问,技术究竟为什么目的服务;技术是被用来造福人类,还是危害人类;技术是为整个人类谋福利,还是为一部分人或集团谋私利;技术能否在终极意义上促进人类社会走向文明? 对此,不同的社会制度和文化价值观念体系会作出不同的甚至是完全对立的回答。

德国技术伦理学家汉斯·尤纳斯在《责任原理》一书中提出,要形成一种"责任伦理"观。这种伦理观倡导要关心未来、自然、人类后代和整个生命界,主张技术的发明、创新和使用要对自然负责,要尊重和保护未来人类及未来世界的尊严和权利;技术发明与创新既要符合自然规律，同时还要符合人类的目的；在实施技术研究与开发过程中，要正确认识与处理人类的短期和长远利益、局部与整体利益、个人与他人利益、当代与后代利益之间的辩证关系，这样的行为才是合乎道德伦理的行为。

2. 对待技术负面效应的认识问题

现代技术所产生的许多负面效应还迫使人们追问，这些负面效应的致成原因何在，人类如何减少它？应该说，产生这些负面效应的主要原因是，人们不能完全对其进行科学的预测或预知，因而也就不能预先对其进行完全地控制。但我们不能因此望而却步或悲观失望。自然、社会和技术的发展是无限的，但人类对它们的认识和探索也是无止境的，人类的智慧和能力的发展也是无限的。人类可以通过采用各种方法谨慎地使用技术并预先提出对策，尽最大可能控制技术朝着有利于人类的方向发展。另外，人类虽然不能杜绝技术的负面效应，但在一定程度上，人类可以通过科学发现和技术创新，尽可能减少技术的负面效应。

3. 技术追求的最高伦理问题

一般认为真、善、美是文明社会发展的最高目的。技术理性强调用逻辑和计算的方法来处理各种问题，成为工业化社会乃至未来社会人们追求"真"的一种思维方式和方法。因此，实现真、善、美的统一，实现人的自由和平等、实现人和自然的和谐发展，应该可以成为技术追求的最高伦理。

4. 高技术与传统伦理的相互冲突问题

当代技术特别是高技术，如：以计算机技术为代表的网络技术，以器官移植和人工辅助生殖技术为代表的医疗技术，以克隆技术为代表的生物技术，都在其各自领域里与传统的伦理、道德发生了严重冲突，并由此产生了许多伦理问题。

网络技术虽然促进了文化传播，但它因主体被虚拟化而导致虚无主义和无政府主义伦理观盛行，使得不道德行为难以监督和控制，个人隐私被侵犯,信任与责任出现危机,信息资源的安全得不到有力保障。这些问题严重地干扰了现有的社会秩序和人们的精神秩序,使得原来通过人与人之间的直接关系,并建立在社会舆论、内心信念和责任感基础上的伦理道德的实施和运行机制出现了瓦解和泯灭。如何面对这些新的挑战,建立新的道德规范体系和法律保障体系是我们必须面对和亟待解决的问题。

医疗技术在改善了人类健康水平的同时,也引发了一系列值得研究的问题。人工授精、体外授精和无性繁殖等生殖技术虽然可以通过控制人的生殖过程,解决生殖功能障碍的问题,但它可能割断了婚姻与生儿育女之间的联系,冷淡代际之间的亲情关系,特别是"租借子宫"、"替代母亲"、"试管婴儿"等技术打乱了传统的人伦道德关系;性别鉴定技术虽然可以通过及时终止妊娠,减少某些性连锁遗传病患儿的出生,但是,它可能成为重男轻女者保留男婴、摒弃女婴的手段,致使社会男女比例失调;人工流产技术将会因使胎儿流产失去生命,并引发关于胎儿是否是人的伦理争论甚至是人权争论;人体器官移植技术虽然可以通过将常人体内或某些动物体内的器官,植入患者体内并替代其相应的病态器官,使那些器官残缺和因某些器官功能丧失而有生命危险的人获得了新生的希望,但它冲击了"天地之性人为贵"的儒家伦理和关于死亡的传统伦理观(即脑死亡与呼吸死、心脏死之间发生矛盾),降低了人的价值与尊严。此外,"安乐死"技术也会冲击敬畏生命、"生命无价"等传统的生命伦理观。

在生物技术领域,克隆技术虽然可以产生出与亲代相同的新生物,但它引发出关于人能否像其他客体一样被设计、制造、如何看待克隆人与人之间的关系等问题。分子克隆技术(DNA重组技术)可以从健康人体中克隆出人们所需要的健康基因,并以此置换病人体中的患病基因,达到治病救人的目的,但这将会引发诸如人的基因能否可以当做商品进行交易等一系列伦理道德问题。一旦通过基因检测技术清楚了个体的基因信息,将会对这个个体产生难以预计的歧视性后果,并涉及隐私权,同时对人的机会均等权和发展权也提出严重挑战。

此外,技术发展中的伦理问题还包括:技术主体的伦理责任,技术伦理规范,应用技术改造自然和人类自身的价值标准和道德界限问题和技术应用于社会、战争的善恶标准问题,技术工作者所应遵循的一般道德规范问题,应用技术的动机和效果的道德评价问题,技术伦理与技术立法之间的关系问题,生态环境技术应用的伦理考量,技术伦理与社会道德之间的关系问题等。这些问题成为技术伦理学的主要研究内容,它有助于我们在变革传统伦理和道德观念的基础上,形成新的技术伦理,以便与技术发展相适应,促进技术的持续、健康发展。

三、技术发展的伦理建设

人类是技术活动的主体。因此,要进行技术伦理建设,核心是进行人和人类社会自身的伦理建设,即培养和提高技术专家、技术使用者(如公众等)和技术观察者(如技术评估和评论家等)的伦理素质,建立完善的社会体制和面向技术的社会伦理秩序。

首先,技术是技术专家创造的,他们的伦理素质在技术伦理建设中起到至关重要的作用,技术专家不应该只考虑他发明对象本身的科学意义和价值,还要关注其可能产生的社会后果。就是说,技术专家要注意自己的"责任伦理"建设。技术专家应该明确自己发明工作的目的和意义,使自己的发明成果能够为人类的幸福和世界的和平作贡献,必须警惕其成果被滥用及其可能产生的负面效应;要超越狭隘的民族利益和局部利益,从对全人类负责的角度来从事技术创造活动。

其次,通过教育,使技术使用者树立正确的技术伦理观。例如,针对网络技术的使用者,可以在依靠技术创新强化网络技术监控力度的同时,根据诸如全民原则、兼容原则、互惠原则、自由与自律原则等网络伦理原则对网民进行伦理教育,使之树立科学的网络技术伦理观。

再次,建立面向技术的社会伦理秩序,这主要由公众、企业、政府等来完成。由于公众是主要的技术相关者,公众对技术的使用乃至对技术活动的参与直接影响技术的社会价值。因此,应当让公众理解技术的性质及其发展动态、战略以及社会风险等;对公众开展技术伦理教育,制定技术发明及其应用规范和准则,建立由公众参与的技术评估或评价机制;通过技术立法和行政执法,规范技术专家和工程师特别是企业的技术行为,通过畅通公众和企业、政府之间的技术协商渠道,建立安全、卫生、环境和资源可持续利用和尊重人权的技术伦理秩序。

另外,由于技术全球化、经济全球化使发达国家与发展中国家之间的差距日益加剧,因此,还应当通过联合国及其所属各种国际组织(如负责经济开发的联合国开发计划署、负责提供技术信息服务的联合国教科文组织、负责工业化研究与开发的联合国工业发展组织以及负责提供贷款,技术援助的世界银行集团等)和非政府组织,建立旨在利用技术解决自然生态的危机问题,解决南北地区国家及民族之间在经济、技术等方面的差距问题的国际社会技术伦理秩序,促进技术与自然及人类社会之间的持续、健康发展。

9.3 技术的社会观

技术的社会形成问题既是技术社会学的论题,也是技术哲学的重要内容之一。理解技术的社会形成,是和技术社会观联系在一起的,而技术社会观的核心,又是对技术与社会关系的认识。

一、早期的技术与社会关系研究

对这一论题的关注最早可以追溯到马克思。马克思对于技术对社会所产生的重大影响有非常深刻的认识,他认为,"机械发明引起生产方式上的改变,并且由此引起生产关系上的改变,因而引起社会关系上的改变。"[①]"一方面,机器成了资本家阶级用来实行专制和进行勒索的最有力的工具,另一方面,机器生产的发展为用真正社会的生产制度代替雇佣劳动制度创造必要的物质条件。"[②] 技术的发展推动原来的手工业变成了机器大工业,从而极大地促进了社会生产力的巨大发展和物质财富的迅速增加,同时,技术的发展也改变了生产关系、阶级关系和一般社会关系,因而,技术是推动社会前进的革命力量。同时,马克思还指出,社会需要和社会交往是技术发展的重要动力因素,"社会一旦有技术上的需要,则这种需要就会比十所大学更能把科学推向前进。"[③]"某一个地方创造出来的生产力,特别是发明,在往后的发展中是否会失传,取决于交往扩展的情况。"[④] 当社会交往仅仅局限于某一地区的时候。发明就可能失传,"只有在交往具有世界性质,并以大工业为基础的时候,只有在一切民族都卷入竞争的时候,保存住已创造出来的生产力才有了保障。"[⑤] 马克思还认为,在奴隶社会和封建社会,技术的发展受到政治的制约和束缚,得不到大规模的发展,"只有资本主义生产方式才第一次使自然科学为直接的生产过程服务,"[⑥] 并促使潜在生产力变成现实生产力:"自然力的征服,机器的采用,化学在工业和农业中的应用,轮船的行驶,铁路的通行,电报的使用,整个整个大陆的开垦,河川的通航,仿佛用法术从地下呼唤出来的大量人口,——过去哪一个世纪能够料想到有这样的生产力潜伏在社会劳动里呢?"[⑦] 同时,马克思还论述了资本主义条件下技术的异化问题,他指出"同时机器成了资本的形式,成了资

---

① 马克思.机器。自然力和科学的应用.北京:人民出版社,1978.139
② 陈昌曙.技术哲学引论.北京:科学出版社,1999.34
③ 马克思恩格斯选集.第4卷.北京:人民出版社,1972.505
④ 马克思恩格斯全集.第3卷.北京:人民出版社,1960.61
⑤ 马克思恩格斯全集.第3卷.北京:人民出版社,1960.61,62
⑥ 马克思.机器。自然力和科学的应用.北京:人民出版社,1978.206
⑦ 马克思恩格斯选集.第1卷.北京:人民出版社,1972.256

本驾驭劳动的权力,成了资本镇压劳动追求独立的一切要求的手段。在这里,机器就它本身的使命来说,也成了与劳动相敌对的资本形式。"① 也就是说,机器产生后,工人由原来居于支配地位的主体,变成处于被支配地位的客体,机器使工人异化了。马克思也看到了技术的利用对社会所产生的负面效应,他指出,"机器具有减少人类劳动和使劳动更有成效的神奇力量,而却引起了饥饿和过度的疲劳……技术的胜利,似乎是以道德的败坏为代价换来的。随着人类愈益控制自然,个人却似乎愈益成为别人的奴隶或自身的卑劣行为的奴隶。"②

20世纪20～30年代,威廉·F·奥格本和S·科拉姆·吉尔菲兰分别发表了《社会变革》(1922年)和《发明的社会学》(1935年),开始了关于技术的社会学研究。奥格本发展了"文化滞后"这一概念,他认为,技术进步被文化吸收的速度比观念价值的相应变化要快得多。这对于我们理解技术转移过程所出现的文化摩擦等问题很有意义。吉尔菲兰通过造船史上技术发明案例的研究,阐明了技术发明不仅仅是科学技术知识的应用过程,社会影响的方面也在其中起着重要作用。《发明的社会学》由于其开创性工作而被列为技术社会学研究的经典。

有关技术与社会的互动作用问题的研究,目前存在着两种对立的观点,这就是技术决定论思潮和社会决定论思潮。

二、技术决定论

技术决定论主张技术决定社会的发展,技术专家将成为未来社会的管理者甚至主宰者,从而使未来的社会可能成为以技术为支撑的"技术社会"。在技术与社会的相互作用中,技术决定论片面地强调技术的作用,强调技术的自主性和独立性,认为技术能直接主宰社

---

① 马克思.机器.自然力和科学的应用.北京:人民出版社,1978.26
② 马克思恩格斯选集.第2卷.北京:人民出版社,1972.78-79

会命运。罗波尔认为,技术决定论的核心概念是"技术的发展不依赖于外部因素,技术作为社会变迁的动力决定、支配人类精神和社会的状况"。Y·W·拉坦从"制度变迁依赖于技术变迁"的意义上来理解技术决定论。美国布热津斯基在谈到电子技术在当代社会的巨大作用时,就认为,技术,特别是电子学……越来越成为社会变革和改变社会习俗、社会结构、社会价值观以及总的社会观点的决定因素。正在形成一个"技术电子"社会:一个文化、心理、社会和经济各方面都按照技术和电子学、特别是电子计算机和通讯来塑造的社会。

技术决定论可以依据技术对自然、人类社会发展的决定程度划分为强技术决定论和温和的技术决定论。强技术决定论认为,技术是绝对自主独立的,是自然及人类社会发展的最终决定力量。这种理论严重低估甚至否认社会对技术发展的制约和影响。例如,文化人类学家怀特就认为,技术系统是最基本的系统,社会系统是技术的功能,技术力量是文化整体的决定力量。温和的技术决定论虽然也认为技术是相对自主和独立的,但并不否认技术受社会影响,技术不是决定社会发展的唯一因素,温和的技术决定论既承认技术决定社会的发展,又承认社会的诸方面对技术的发展也有一定的制约作用,例如,温纳和伯格曼就承认,技术对社会的发展只是起到潜在的作用。

埃吕尔的"技术自主论"是技术决定论的典型表现形式。埃吕尔指出,现代技术已经形成了复杂的技术系统,一个完全依赖自身的有机体。技术发展依赖于自身的内在逻辑和自主功能,而不受任何外界因素的影响。社会及其发展只能从属于技术发展的目标。现代技术渗透到社会的各个领域之中,使其变成了一个巨大的"技术的社会",在这个社会中,所有的一切都出自技术,为技术而存在、任何东西也都是技术,技术迫使每个人都进入其中,整个文明都成了技术的文明。在《技术的社会》一书中,埃吕尔进一步把现代技术的特点概括为:①合理性。在一切行动中人们都必须遵从程序;作为一种无所不包的科学方法,技术被还原成了逻辑的东西,由于技术的介入,事实、工具等都被还原成了逻辑图示。②人工性。由于技术手段的不断积累,整个世界已变成了一个与自在的自然完全根本不同的人工自然。③自动性。技术的发展是自动进行的,而不是由人所做出。任何非技术活动都受着技术活动的驱逐,并最终被转化为技术活动。比如,我们解决问题时总是通过数学模式来决定达到最优结局的行动策略,鉴于数学与其他科学一样也是一种技术、一种理论化的技术,因此,这一选择实质上是人在技术的驱使下做出的。技术选择的自主性在使原有的问题得到解决之后,同时又会引发出一批新的问题,它们要求由技术进一步给以解决,这就导致技术的自我增长。④统一性。无论什么地方和什么领域,技术现象都呈现出相同的特征。尽管不同的技术现象间的差别是可能存在的,但却是次要的,因此寻找这些差别是没有什么意义的。⑤普遍性。技术无处不在,它已渗透到了世界的每个角落和人们行动的各个领域,从而获得了一种普遍性的意义,成了为所有人能共同理解的语言。⑥自主性。以上种种特点,都在技术的自主性中得到充分的展示并相互融为一体;技术自身成了一种实在,它自我产生、自我决定、自我满足,并具有自己特殊的规律和决定。也就是说,技术无所崇拜、无所敬畏,它只有一个作用—对所有的事物进行揭示、阐明,继而加以利用并将其转化为手段。在他看来,技术基本上无视社会准则,成了一种脱离社会控制的、不可抑制的自主的力量,它根本不顾及人们在政治、经济、伦理等社会方面的考虑,倒是所有的其他事物都要适应自主的技术的要求。埃吕尔认为,技术的这种至高无上的自主性充分展示在技术过程中的技术目标、技术发明和技术应用等环节之中。

在现代西方社会中流行的"媒介决定论"、"技术统治论"、"非意识形态论"和"科学技术意识形态论"等,也可以纳入技术决定论的范畴。此外,按照其对技术决定自然及人类社会的未来前景的描述,又有"技术乐观主义"和"技术悲观主义"两种典型的社会思潮。

"媒介决定论"强调媒体技术对人类的精神世界和社会的组织方

式所起到的决定性作用,例如,奥格本就论述了无线电广播技术对社会发展所产生的决定性影响。"技术统治论"是20世纪初源于美国的一种社会思潮,主张由科学精英或技术专家统治社会。强调其在社会发展中的决定性地位,因而也被称之为"专家治国论"或"精英政治论"。例如,T·凡勃伦认为,现代社会的真正统治者应当是直接负责机器有效运行的技术专家;布热津斯基认为,后工业社会正在逐渐变成一个技术专家统治的社会;贝尔认为,技术理性是技术统治主义的世界观,在资本主义社会,人们用技术理性,并运用计算机来决策,产生出一种决策技术——"智能技术","智能技术"被用于经济、管理、军事等各个方面,它对传统的社会制度及道德产生了巨大的影响。它将最终使不同制度和文化的国家由原来的"相异"变成了"趋同",即所有的国家和民族都拥有相同的文化和社会制度。"非意识形态论"认为,意识形态在传统社会发展的初期起作用,但在现代社会里,意识形态失去了指导社会的传统地位,整个社会已经变得"非意识形态化"了。"科技意识形态论"虽然强调意识形态的作用,但他们强调的不是传统社会中政治、法律、思想等,而是科学技术本身,强调科学技术特别是技术理性已经成为一种控制现代社会的意识形态,并侵入到人们的意识之中,统治国家和社会。

"技术乐观主义"和"技术悲观主义"是在现代西方社会中相当流行的两种社会思潮。

"技术乐观主义"对技术发展的未来持有乐观的态度,他们认为,技术不仅能发展生产,繁荣经济,而且还能解决我们所面临的各种问题,如能源危机、环境污染、人口、战争等问题,技术将会给人类社会带来光明的前景。托夫勒、贝尔等人就持这种观点。"技术万能论"是技术乐观主义的极端表现。"技术悲观主义"认为,现在社会发展所存在的一切负面效应都可以归罪于技术,技术是现代社会发展中的危险物,社会最终将毁灭于技术之中。海德格尔等人就持有这种观点。例如,海德格尔认为,现代技术不仅是改造自然的一种展现,它还是一种"座架"或"框架",它把自然和人类都逼入其中,并把他们改造成一种失去其独立性甘受其奴役的"持存物",进入非自然、非本真的状态。技术把人类社会推向生态毁灭和政治自杀的危险边缘。在对"克隆"技术和"电脑能否代替人脑"的认识问题上,"技术乐观主义"和"技术悲观主义"的观点就是完全不同的。前者认为,克隆技术可以救死扶伤,造福于人类,不能因为"克隆"技术存在着负面效应而阻止对它的研究,阻碍它的发展。电脑不会战胜人脑,机器人只能模仿人类的某些行为,能够高效率地为人类服务而不会战胜人类。后者则担心克隆技术将会危害人类,电脑会完全超过人脑并取代人的地位。

按照马克思主义的技术社会观,不难看出,技术决定论极端和片面地夸大了技术在与社会关系中的地位和作用,忽视了社会环境对技术的影响和塑造。在技术与人类社会的关系中,技术只是一种带有中介性的客体,人类则是主体。技术虽然表现出一定的自主性,但它不能取代人类的主体地位,它将永远受到人类及社会的影响和控制。技术给人类社会带来的诸多负面效应不能绝对地归罪于技术本身,应该通过完善人类自身和社会的体制并依靠技术来加以克服。因此,以技术取代人类的地位是不对的,而围绕技术给人类社会影响的后果所产生的极端乐观主义和极端悲观主义思想都是不可取的。但是,我们也应该充分重视"技术悲观主义"和"技术自主论"等思潮对社会的警示作用。

三、社会决定论

社会决定论强调社会对技术及其发展的决定性影响,主张大多数技术都是处在一定的社会环境和人文环境之中的,都受到社会的影响,这个过程是技术的社会化过程,是技术的社会制约过程,也是技术的社会建构过程。其主要表现为经济对技术的影响、国家政府对技术的干预、观念文化对技术的潜在作用等。社会对技术的建构作用主要借助于规划、政策和管理等手段来实现,这些手段也可以称之为"社会技术"。社会决定论的基本思想是可取的,但是,这类理论从正确的前提出发,却得出否认技术有其自身发展的特殊规律、否认技术对社会的反作用的错误结论,这是我们不能接受的。

根据对社会对技术影响程度强弱的认识,社会决定论又被划分为强社会决定论和弱社会决定论。前者主张社会是决定技术及其发展的唯一因素;后者在强调社会决定技术同时,也承认技术对社会的影响。社会决定论在以后的发展过程中,又演变为"价值决定论"、"社会背景论"和"文化决定论"等不同形式,把技术放在社会文化背景下进行研究,强调文化价值观念等对技术发展的作用。

在社会决定论中,最引人关注的是"社会建构论"。它最初来源于科学知识社会学(SSK),主张科学技术的产生与发展在很大程度上取决于相关社会群体的解释框架,取决于社会对它的选择作用,科学技术的发展整体上是处于社会控制之下的,科学技术是社会建构或塑造的产物。

根据社会对科学技术建构程度强弱的不同认识,社会建构论又有强社会建构论和弱社会建构论。根据研究方法的不同,技术社会建构论又分为三种类型:以平奇和比克为代表的技术社会建构方法,以休斯为代表的技术系统分析方法和以卡隆、拉图尔等为代表的操作子网络分析方法。其中技术社会建构方法被看做强社会建构论,系统分析方法和操作子网络分析方法被看做是弱社会建构论。

在强社会建构论中,最引人注目的是"技术的社会形成理论"(SST)。"技术的社会形成理论"是20世纪80年代欧美发达国家中的一些学者,依据科学知识社会学的理论与研究方法,进一步研究技术与社会关系所形成的一种新理论。它旨在研究社会对技术的影响或塑造问题,即研究技术是如何在特定的社会环境条件下被形成的问题。"技术的社会形成理论"认为:第一,技术通过社会群体和社会关系被塑造。例如,生产技术通过经济核算框架来形成,军事技术通过政府行为来完成,民用技术通过社会文化来发展。第二,技术通过社会群体的解释被建构。社会群体通过对技术的解释赋予其意义和价值,影响到技术发明者的设计和开发。社会群体对技术的解释是变化的,其对技术所赋予的意义也随着解释的变化发生相应的变化;第三,技术通过协商机制以及对称分析解决争论和冲突问题。当技术主体之间或他与社会其他群体间发生利益冲突时,他们会通过相互协商,各自在考虑自己的利益和目的的同时,也尽可能地考虑其他相关社会群体的利益和目的,最后达成共识。因而,在技术社会形成论者看来,任何技术都不是孤立于社会的,它是社会这个大系统的一部分,社会的价值观、组织、观念、风俗习惯等,都在技术设计、制造、扩散过程中起着强有力的作用,它们以独特的方式塑造了我们的技术。如果我们要理解技术命运,就必须认识技术所根植的社会环境,理解社会不同群体的文化选择、价值取向及权力格局对技术所起的决定性作用。总之,在他们看来,技术并不是按照其自身的内在逻辑发展出的唯一的、必然的历史现象,它是社会群体在多种可能性中进行选择的结果,也就是说技术是社会的产物,是由创造它的社会诸因素决定的。可见,技术的社会形成理论认识到了社会对技术的影响,弥补了技术决定论的不足,但是,由于他们忽视技术选择的后果,忽视技术发展的动力等因素,因此,他们的观点也存在着许多局限性,需要加以完善。

技术社会建构方法认为,技术由不同的社会群体赋予其意义,一个社会群体的文化和政治背景构造了它的价值观和技术观,它们影响着人造物的意义。由此,不同的意义及评价结果可以规定不同技术发展路线。一项稳定化的技术只能根据导致其稳定化过程的社会因素来解释,没有什么能归之于技术系统的。至于技术对社会的影响,如果存在,它也是处于社会控制之下的次要地位。为了论证自己的观点,比克曾于1992年在"荧光灯照明的社会建构"一文中就社会因素在荧光灯照明技术发展中的决定性作用进行了深入分析。他认为,关于荧光灯照明本来存在着不同的解释和评判,但最终确定下来的特定社会建构物是"高强荧光灯"。这种社会建构物要求变革相关各方社会群体的技术,诸如采用新的科学理论、新的技术目标和工程实践等。如此,这些变化都是荧光灯照明引人的社会影响的结果。在比克看来,这种社会影响并非因为荧光灯照明技术的任何内在属性,而是为荧光灯照明技术社会建构的特定方式使然。

技术系统分析方法则认为,创新者最好被理解为是系统的建造者。成功的企业家就是那些善于用系统的观点看问题的人。他们不仅要考虑创新的技术特征,而且要考虑创新的社会、政治、经济和制度的内涵及环境,并将这些因素加以有机地整合。这一方法的提出者休斯以爱迪生电照明系统发明活动中的社会关联性作为著名的案例:爱迪生的发明同时是经济的——在价格上电如何能与煤气竞争;政治的——如何说服政客们同意发展供电系统;技术的——通过缩短导线、减小电流和增加电压使电力传输的成本最低;也是科学的——怎样发现高阻抗的白炽灯丝。爱迪生成功地解决了这一系列问题。由此表明一位成功的工程师或发明家不单单是一位技术英才,而且也是经济的、政治的和社会的英才,是一个成功的系统建造者。他们知道自己的工作不仅仅是技术性的,而且还是经济性的和政治性的。他们用"无缝之网"来形容技术与社会诸因素间的这种密切融合的错综复杂关系。

操作子网络方法主张彻底打破系统与环境、人与非人因素的区分。它研究了由人、自然和工艺等构成的操作子网络构筑产物的科学和技术目标的稳定化过程。这种方法强调对称性原则,即网络中参与技术稳定化过程的各要素都有相似的解释作用。它们协同作用、相互影响,在结合为网络的同时也塑造了网络。这种理论认为,不应当有技术的因素和社会的、经济的、背景间的区分,也就是说,不应当把作为人的操作子与物的操作子区别对待。这种理论强调:解决技术问题的因素是多质多样的;这些因素是相互关联和相互作用的,其作用方式是复杂的;解决问题的方式是在各种矛盾的冲突中形成的。因此,工程师在技术系统的设计、开发过程中必须把对科学技术的分析与对社会的分析结合起来。这一理论的代表人物卡隆在对1960~1975年期间法国电动汽车的开发案例进行分析时指出:法国电力公司的工程师们在电动汽车的开发中利用了来自各方面的资源,它们包括有生命的和无生命的事物,如蓄电池、燃料箱、电极、电解质、催化剂、电力牵引系统、政府官员、汽车公司、研究机构、科学家、关注环境的消费者等。这些资源都是技术系统的组分,它们构成了一个操作子网络。在技术发明和技术创新过程中,这些组分同等重要,如果有一个缺席,整个技术项目将归于失败。他的分析还表明,几乎所有的事情都是可以协商的,诸如什么是确定的,什么是不确定的;谁是技术专家,谁是科学家;什么是科学的,什么是技术的;谁可以参加争论,等等。技术的发展和变化只有依据大量的技术争论才能得到最佳解释,技术的后果也就是来自社会的协商和解释,而不是来自技术自身的逻辑。

总之,技术的社会建构理论丰富了技术的社会属性,其宗旨在于通过健全与完善社会的结构、体制和制度来保障技术的可持续发展。

单纯的技术决定论和单纯的社会决定论,都不足以描述当代技术系统与社会系统的复杂关系。马克思主义的技术社会观既不是单纯的技术决定论,也不是单纯的社会决定论,而是关于技术系统与社会系统互动的理论。我们要以马克思主义的技术社会观为指导,吸取技术决定论和社会决定论各自合理的内核,正确理解和学习他们分析问题的方法,正确认识技术与社会的辩证关系,树立科学的技术社会观。

第10章 技术创新与高技术产业化

根据我国经济和科技发展的实际情况和我们所处的世界经济环境,需要找到一种能使技术和经济结合,加快技术应用速度的发展模式,这就是以技术创新为内在机制的发展模式。我国经济的长期、稳定、协调发展,需要依靠技术创新活动的活跃和繁荣,深化和活跃技术创新活动,使创新、改革、发展一体化,是我国应该长期实行的基本战略。因此,要促进科学技术向现实生产力的转化,必须对技术创新加以认真研究。

依靠技术创新,实施高技术产业化,这是党的十六大提出的走新兴工业化道路的重要途径。正是高技术及其产业的蓬勃发展,改变了国际社会的整体面貌,把人类社会带入了知识经济时代。因此,对高新技术及其产业化的研究,也是认识技术对当代社会发展影响的重要方面。

10.1 技术创新的概念和特点

一、技术创新的由来和发展

技术创新的理论观点,最早体现在马克思对资本主义社会发展的研究中。马克思在《资本论》中指出,在资本主义条件下,资本家为创造相对剩余价值,"必须变革劳动过程的技术条件和社会条件,从而变革生产方式本身,以提高劳动生产力"①,资本家通过使用新机

---

① 马克思.资本论.第1卷.北京:人民出版社,1975.350

器以降低商品的价值,从而获得利润,实际上就是通过变革劳动过程的技术条件,来提高市场竞争力,获得经济效益,这是技术创新的本意。系统的技术创新理论则是由美籍奥地利经济学家熊彼特于1912年在《经济发展理论》一书中提出来的,熊彼特的这本著作,标志着技术创新理论的诞生。熊彼特创新理论的重要特点是用生产技术和生产方法的变革来解释经济发展过程。[1] 在熊彼特看来,技术创新从本质上看是将技术上的发明应用到经济活动中去所引起的生产要素与生产条件的重新组合即新的生产函数的建立。它包括以下五种情况:①开发新产品;②引入新技术或新工艺;③开辟新的市场;④控制原材料的新供给源;⑤企业的新管理方法或组织形式。熊彼特详尽地分析了创新的形成机制。他认为,人们之所以创新,是因为创新能带来获取超额利润的机会,一旦一个企业实现了创新,其他企业就会相继模仿,形成创新浪潮。创新浪潮的出现,引起大量投资、信贷扩张和生产资料的需求扩大,这样就会出现经济高涨,形成经济繁荣。当创新普遍化以后,创新所带来的超额利润便会逐渐消失,于是人们为了追求新的超额利润又开始新的创新,从而使经济的发展进入一个新的循环。按照创新理论,经济发展是来自经济生活内部自身创造性的变动,这种变动是由于在经济生活中存在着创新这种破坏均衡又恢复均衡的力量所引起的。经济增长通过经济的周期更新来实现,经济周期又是以创新为媒介和动力而循环。在创新理论中,创新是将新的科学技术注入经济过程所发生的经济变动,因而整个经济的增长和发展,归根结底是由科学技术的进步带来的。

熊彼特以后,创新理论沿两个方向发展:技术创新经济学和制度创新经济学。

技术创新经济学所涉及的主要内容:一是美国的爱德温·曼斯费尔德在20世纪60年代提出的影响新技术推广应用的模仿与守成理

---

[1] 熊彼特 J.经济发展理论.北京:商务印书馆,1991

论。其中最为重要的是他提出的影响新技术推广应用的三大要素和四个补充要素,即模仿比例、模仿的相对赢利率、模仿的投资额、旧设备的使用年限等。二是美国经济学家莫尔顿·卡曼和南赛·施瓦茨经过对垄断、竞争和创新之间的关系的研究,提出了影响技术创新的三大变量:竞争程度是影响技术创新的必要条件;企业规模是影响某种创新所能开辟的市场大小的重要因素;垄断能力是影响创新利润多少和持久性的关键所在。三是加拿大的海莱纳提出的三种技术创新类型:节约劳动的技术创新、节约资本的技术创新和中间性的技术创新。四是美国的米拉·维尔金斯在其国际技术转移论中提出的技术转移的主体、内容和十大障碍,以及跨国公司在技术转移中的两种作用。以上几个方面的技术创新理论对于我们研究中国技术创新机制的形成有重要的参考和借鉴意义。

制度创新理论的创始人兰斯·戴维斯和道格拉斯·诺斯认为:制度创新同样能够使创新者获得追加利益,例如,企业制度创新、税收制度创新、社会保险制度创新等组织管理形式的变革,以及环境和条件的变化,都可能为创新者创造获取潜在利益的新机会。诺斯在分析促进现存制度变革的主要因素时指出:除了市场的规模、生产技术的进步和社会集团的预期收入的改变这三大促进性因素之外,还应注意克服一些阻碍性因素的影响。比如,制度创新的艰难复杂性、时间过程的渐进性、现行法律的限定性和人们的认同程度,以及政府支持的力度和参与的程度等。这些思想对于我国企业现代企业制度的建立和国家创新体系的形成也有一定的参考价值。

二、技术创新的基本含义

技术创新不是一个纯粹的技术学的概念,也不是纯粹经济学或社会学的概念,而是一个技术社会学或技术经济学的概念。因此,技术创新可以从经济学、管理学、社会学、哲学等不同的角度来理解。不论从何种角度来理解技术创新,它所反映的,都是技术创造与各种经济、社会、自然条件相结合,以推进经济与社会发展为目的,使技术发展满足经济和社会需求的社会行为。它所实现的,是技术长入经济与社会的转化过程以及技术在一定过程中的创造性的应用。因此,所谓技术创新,就是行为主体吸收、创造、掌握、应用新的技术成果,一方面响应与满足市场需求,另一方面刺激和重创市场需求,从而把科技进步与市场需求能动地、有机地、动态地结合起来,创造出体现这种结合的新产品与新工艺并开拓新的市场,以获得更大效益的创造性行为。简言之,按照世界经济合作与发展组织的界定,技术创新就是发明成果在商业上的首次应用,也就是说,它是实施与实现科技成果转化的重要途径。由此可见,技术创新是技术响应经济和社会需求的基本方式,也是技术长入经济和社会的基本途径。

技术创新和技术发明、技术革新、技术革命、技术进步、技术开发、技术改造等概念既有区别也有着密切的联系。

技术发明、技术革新、技术革命这组概念是着眼于技术作为独立主体的演变或发展的考察,因其演变或发展的性质不同而作区分。技术发明着眼于技术的具体进展,只要一种技术变革为我们提供了一种具有新质的人工自然系统,我们就把它叫做技术发明,而不管它对整体技术发展可能带来多大的影响。技术革新和技术革命则着眼于整体技术的发展,即技术体系的演变。通常把能够引起技术体系质变的技术进展称为技术革命,而那些对于技术体系只能算是量变或局部质变的进展称为技术革新。而技术创新则远远超出了技术本身的范畴,它是技术与经济应用相结合,实际上已进入了技术与经济交叉的领域。它追求的不是技术本身的先进或新颖,而是由技术变革带来的经济利益最大化,技术创新必须以技术发明为依托。

技术创新又不同于技术进步、技术开发和技术改造。技术进步、技术开发和技术改造这些概念,已不仅仅着眼于技术本身的演变或发展,而把视野拓展到对技术变动的经济影响和经济变动的技术根源以及技术如何长入经济过程的分析上。技术进步是用以解释"经济增长余值"所建立的一个特定概念,指的是新技术的采用对经济增长的贡献;技术开发则意指把技术应用于生产以获得新产品或采用新工艺的技术活动;技术改造指的是在具体的生产过程中所使用的技术的改造或更新。尽管这几个概念和技术创新的关系更为密切,但两者也不是一回事。技术进步是技术创新的宏观效果;技术开发和技术改造则是技术创新的具体表现形式,可以把这两种活动包括在技术创新之中。

三、技术创新的本质与特征

技术创新的实质,是给商业化的生产要素引入新的产品、工艺、管理方法等,以期得到更多的商业利益;技术创新的关键,是新的技术的商业化;技术创新的行为主体,只能是企业家。只有企业家,才具有战略眼光,善于识别和抓住市场潜在的赢利机会,敢冒风险,勇于创新;技术创新成功与否,仅仅以生产条件、要素、组织三者重新组合以后,相应的生产经营系统是否有利利润的增长为标志。

技术创新作为一种技术经济活动,具有创造性、效益性、风险性、过程性、周期性、群集性、高投入性等特点。

(1)创造性。技术创新既然是"行为主体吸收、创造、掌握、应用新的技术成果",显见,它是一种创造性的活动,需要行为主体的创造力的充分调动,墨守成规、因循守旧和技术创新的要求是根本背离的。没有创造就没有创新。而创造又是和"毁灭"密切联系在一起的,不打破旧的生产体系,新的生产函数就无法建立;不淘汰失去竞争力的企业,新兴企业的地位也无法确立。技术创新本身就是一个不断创造、又不断毁灭的过程。正是在这种意义上,熊彼特又把创新称之为"创造性毁灭"。

(2)效益性。技术创新的效益性是指每一次成功的技术创新,伴随着适量的资金投入,都能取得相应数量的物质、信息或货币收益。这种收益,即包括技术创新所带来的经济收益,也包括其所产生的社会效益和生态效益。技术创新的效益体现为微观效益和宏观效益两种。微观效益是指创新企业实现技术创新后所获得的直接经济效益,即通过新产品的投入或现有产品的改进以及工艺创新,有效地提高了企业的市场竞争能力,产值和利润等经济指标均有显著的提高。宏观效益是指技术创新的实现对于整个国家或地区产业结构、经济结构以及整个宏观经济的影响,以及对社会和生态的积极影响。技术创新导致新产业的出现、产业结构的变革或新市场的开辟,以及生产力水平、生产能力的大幅度提高等,都充分体现了技术创新的最明显的宏观效益。

(3)风险性。所谓风险性,是指技术创新活动由于因素复杂性和变动性的影响,使实际结果和预期发生背离而导致创新活动中途夭折或达不到预期的目标从而使利益受损的可能性。技术创新作为一种具有创造性的活动,必然包含许多事先难以估计,不可控制的因素,因此蕴含着极大的风险性。一般来说,创新成功的概率往往小于失败的概率。即使是工业发达国家,90%左右的创新项目在进入市场之前即告夭折。创新风险可分为三种类型:技术风险、市场风险以及社会和自然风险。一般来说,社会和自然风险是企业家无法控制的,但相对来说这类风险出现的概率较小;而技术风险和市场风险虽然有很大的不确定性,但相对而言他们所包含的不可抗拒性小得多,在很多情况下是由信息不灵,缺少必要的可行性分析和论证,以及由此所造成的决策失误所致,因而总能够尽可能避免或减少由此所带来的技术风险和市场风险,特别是由于企业内部原因所带来的技术风险和市场风险,原则上是可控制的,也是通过创新和企业的主观努力可以克服和避免的。

(4)过程性。技术创新是一个过程。它包括从创新决策开始,通过研究和开发活动、创新实施,直至创新实现,达到技术成果在商业上成功的首次应用,使企业获得经济利益的全过程。在这一过程中,生产函数多次转移,并伴随着一系列经济、管理等方面的创新。技术创新首先是技术本身的过程创新,即技术本身的完善化和体系化。产品、工艺、设备、原材料等的创新都是技术的过程创新的具体表现。同时,技术创新还必然伴随着一系列的经济决策与经济行为的创新,市场创新就是经济决策与行为创新的重要表现。

(5)周期性。技术创新的周期性是和产品的生命周期特性密切联系在一起的。任何技术创新的成果都要经历产生、发展、成熟、衰退的周期,因此,企业的技术创新必须是一个持续循环的过程。一个技术创新过程的完成决不意味着企业大功告成,当一项技术创新成功以后,企业必须考虑到进入下一个创新循环。这就是在企业中经常谈到的"构思一代、开发研制一代、生产一代、销售一代"。在某一特定的时间内,那些形成技术创新机制的企业必定有处于创新过程不同环节的工作同时进行。当一项技术创新进行时,另一项技术创新已经开始了,循环往返,以至无穷。

(6)群集性。技术创新具有扩散效应,这种扩散会产生一种连锁反应。一项成功的技术创新出现以后,必然会导致其所在产业或所在地区的跟进模仿,从而在一定范围内形成创新"浪潮",在IT产业、在美国的硅谷所发生的情况均为如此。正是由于技术创新的这种群集性特征,如果我们找到技术创新的合理切入点,就会带动整个产业或某一区域的发展。

(7)高投入性。在技术创新过程中,新技术的研究与开发、样机试制、中间试验、生产设备的添置、生产过程中的工艺创新、试销和市场创新,以及人员培训活动,都伴随着资源的大量投入。创新资源的这种投入,不仅仅是资金的投入,而是包括人力、物力、财力、技术资源、组织资源以及时间资源的综合投入。由于创新工作越来越复杂,这种投入也越来越大。美国早期开发的DC-3型客机,其研究开发费仅30万美元,而后期的波音-747型客机却达到7.5亿美元,波音767X型客机的研制费用竟高达25亿美元。美国电子计算机巨头IBM公司,在1980~1984年5年间,用于技术创新的费用达280亿美元。这种高投入,是贯穿技术创新过程始终的。一般来说,在创新的起始阶段资金投入相对较少,随着创新过程的展开,要求资金投入越来越多。如果对于技术创新的高投入性这一特点认识不足或实际投入匮乏,必然造成技术创新活动的梗阻和中断。

四、技术创新的类型

技术创新的运作在时间轴上表现为渐进性技术创新和突破性技术创新两种形式;在空间轴上则表现为产品创新和工艺创新两种形式。

1. 渐进性技术创新和突破性技术创新

渐进性技术创新是指对现有产品和工艺的非质变型的改革与改进,所依据的基本技术原理没有质的变化和发展。虽然这是一种非质变型的创新,但其重要性也不可忽视。某项技术最终实现的质的突破,其中必然辅之以大量的渐进性的积累,实现质的突破的技术创新,也需要渐进性技术创新使其进一步完善。如从半导体现象的发现到大规模生产晶体管,再到集成电路的产业化生产,其间有大量的渐进性创新。

突破性技术创新,也叫根本性技术创新,是指技术上实现重大突破,并在商业化上取得巨大成功,获得显著经济效益的创新活动。这是技术创新过程中发生的质变。一项突破性的技术创新,往往导致一个新的产业部门的兴起,或一个全新市场的开辟。如尼龙、半导体、计算机等全新产品的投入市场,都引起了这样的变化。

渐进性技术创新和突破性技术创新具有相对性质。如集装箱的广泛用于运输,从技术本身来看很难说是质变,但从其所引起的运输革命来看,不可不认其突破性。从技术本身发展的内在逻辑看,一般情况是突破性技术创新决定渐进性技术创新,为渐进性技术创新的形成提供技术机会。但渐进性技术创新反过来又会推动突破性技术创新,大量渐进性技术创新的出现是最有效的实现突破性技术创社会经济变革,促进经济增长的基本机制。

2. 产品创新和工艺创新

产品创新是指产品技术上所出现的具有新价值的发展和变化,包括新产品的开发和现有产品的改进。工艺创新是指工艺技术上所出现的具有新价值的发展和变化,包括生产工艺流程、加工技术、操作方法和生产技术的开发和改进。不论是产品创新还是工艺创新,又都有突破性的和渐进性的之分。产品用途及其应用原理有显著变化者可称为突破性产品创新;在技术原理没有重大变化的情况下,基于市场需要对现有产品所作的功能上的扩展和技术上的改进称为渐进性产品创新。伴有重大的技术变化,与采用新的技术原理相联系的工艺创新是突破性工艺创新;对产品工艺的某些改进,提高生产效率的一些措施,或导致生产成本降低的一些方法则是渐进性工艺创新。

任何一项产品在其整个生命周期中都同时包含有产品创新和工艺创新两种创新形式。新产品的导入所体现的是一种独创性最大的全新的或换代的产品创新,而在产品的发展期、成熟期乃至衰退期则涉及改进和提高产品质量、改善或增加产品功能等方面的产品的渐进创新,以及提高生产效率、降低产品消耗和产品成本,提高产品竞争力的工艺创新。

在企业的技术创新中虽然产品创新占据主要地位,但工艺创新也是至关重要的。产品创新的主要目标在于为不断发展变化的社会需求和市场需求提供新的使用价值、新的效用和功能,从而扩大和开辟新的市场,增大产品销售额和赢利的新来源。工艺创新的目标则在于保证产品的质量,提高生产效率,降低生产成本。特别是对于以高新技术成果产业化为内容的换代新产品和全新新产品的创新来说,其最终的商业化成功,如果没有新工艺的创新是很难实现的。

10.2 技术创新的动力和能力

一、技术创新运作的动力机制

关于一个系统的动力机制的分析,至少应回答两个问题:一是系统的动源在哪里,这个动源是如何产生动力的。二是这种动力是怎样发挥作用推动系统运行的。

技术创新动力的来源 对于技术创新动力的来源,在国内外的各种创新理论中都作过分析。马克思虽然没有专门对创新理论进行过探讨,但他在对资本主义生产方式的解剖中,却对资本主义条件下的创新动力机制和市场竞争机制作过非常精辟的分析,极其深刻的揭示了创新浪潮持续不断和科技经济良性循环的底蕴。被公认为技术创新理论奠基者的熊彼特,也曾对创新动力来源进行过分析。他认为,经济发展来自经济生活内部自身创造性的变动,而这种变动是由于在经济生活中存在着创新这种破坏均衡而又恢复均衡的力量所引起的。严格地讲,熊彼特的看法并没有超越马克思的认识。美国著名企业管理学家德鲁克从微观的角度,从企业内部和外部两个方面,阐明了创新机会的七个来源,即意外情况、不一致、基于过程需要的创新、行业结构或市场结构中人人不知不觉碰到的变化、人口变化、认识、情绪和意义的变化、新知识。在对技术创新过程的研究中,对其产生的动因,又有技术推动说、需求拉引说、技术推动和需求拉引共同作用说以及多因素起源说,等等。

综合上述认识,一般来说,任何行为的动力或动机都来自两个方面:行为主体对外部环境的积极的反应和对自身价值的自觉的追求。技术创新的动力,也来自这样两个方面。一方面,是外部环境对于创新主体的引导和压力;另一方面是创新主体对于自己的社会责任的一种自觉和对于企业自身利益的一种追求。外部环境的引导和压力,主要包括需求的更新、市场的竞争、计划的干预和科技的推动等几个方面。广义的社会需求包括经济的需求、政治的需求、军事的需求、生活的需求、教育的需求、文化的需求、人类追求精神满足的需求等诸多方面。这些需求内涵上的更新,迫使企业必须实现产品的更新换代,为社会提供多品种、高质量、低价格的商品和服务,这就为企业的技术创新提供了强大而持久的动力。企业追求经济效益并产生技术创新动机,只有通过市场竞争才能得到充分发挥,因此,市场竞争对于企业技术创新也是一种重要的推动力量。计划干预包括国家运用政策、法律等间接手段改变技术创新的环境条件从而达到影响技术创新的间接干预,也包括国家运用行政力量和掌握的财力直接影响企业的技术创新行为。这种由国家计划性的干预所形成的压力,同样会给企业开展技术创新以推动。有了需求,不一定就能产生和形成相应的技术创新活动,还要有一定的科学技术发展基础,即科学技术本身的发展足以满足或实现某种社会需求的现实可能性。因此,科技发展的推动是产生技术创新动机的基本条件。要使企业产生技术创新行为,必须使企业能够从技术创新中获得利益,利益是创新动机和创新动力的核心。只有使企业成为技术创新的利益主体,才能使企业成为技术创新的行为主体。要使作为创新主体的企业真正成为利益主体,最基本的条件是"政企职责分开、所有权与经营权适当分离、使企业真正成为自主经营、自负盈亏、自我约束、自我发展的社会主义商品生产者和经营者。"这恰恰是企业经营机制转换所要追求的目标。现代企业制度的建立,在很大程度上也是解决这一问题。

技术创新动机的形成 技术创新动力生成的过程,就是把外部环境对于企业的引导和压力与企业对于自己的社会责任的一种自觉和对于企业自身利益追求这两个方面有机地统一起来的过程。但是,这两个方面的联系,不能自然地形成,而必须经过一个把外部刺激转化为主体利益的转化环节。

作用在这个转化环节上的主要因素,就是体制的约束和政策的调控。正是体制和政策决定了能在多大程度上把外部刺激和企业利益联系起来,从而也就决定了能在多大程度上真正形成外部环境对于技术创新的有效压力。有利于企业技术创新的体制,应该是确保政企分开,使企业不仅有直接生产经营活动的职权,而且有企业资产经营活动的职权,使企业能够真正同时发挥作为成本中心的生产职能、作为利润中心的经营职能以及作为投资中心的资产更新和增值的职能;有利于企业技术创新的政策,应该是保护先进、限制落后,在"配套倾斜"中形成强大的政策驱动力,使企业在优胜劣汰的政策导向下产生一种危机感和开展技术创新的紧迫感,不但要使一些没有走上技术创新轨道的企业在政策驱动下转到这条轨道上来,而且要激励已经开展起技术创新的企业在这条路上不断进取。

当外部刺激与企业利益直接联系起来,构成环境对企业技术创新的压力以后,企业能否形成创新动机并进而采取创新行为,即生成一种企业内在的技术创新动力,又决定于企业决策者能否在这种厉害权衡中敏锐而有效地作出正确的抉择。因此,要把对企业利益的考虑变为企业的创新动力,还要经过一个认识的转化环节。作用在这个转化环节上的主要制约因素就是企业的创新意识和决策素质。在相同的需求环境、竞争环境、计划环境、科技环境以及体制环境和政策环境下,不同的企业之所以会在技术创新动力方面表现出巨大的差异,主要是由企业的决策者在创新意识和决策素质方面的差异造成的。所谓创新意识,应该是科技意识和市场意识(包括需求意识、竞争意识)的结合,单有科技意识而没有市场意识或者单有市场意识而没有科技意识都是不完备的;所谓决策素质,主要是指企业决策者对技术创新的方向和突破口作出正确选择的能力。对于一个企业,较高的决策素质主要体现在决策过程的规范化和制度化上。

有了外部压力作为启动动源和企业成为独立的利益主体这些必要条件,又有了体制、政策以及创新意识和决策素质这些充分条件,便可以在企业中形成把外部压力转化为技术创新动力的内在机制。

企业内部技术创新动机的激励 要使企业获得持久的技术创新动力,使技术创新得以持续进行,必须在企业内部采用合适的激励手段,建立健全的激励机制。在西方行为科学中,有较为成熟的激励理论。较为典型的有马斯洛的需求层次论、麦格雷戈的 X 理论 – Y 理论、赫茨伯格的双因素理论、斯金纳的强化理论、弗鲁姆的期望理论、亚当斯的公平理论等。这些理论从不同角度对激发行为者积极性问题进行了探讨,可供我们研究技术创新动机的激励时借鉴。

企业技术创新过程各个环节存在着不同的行为主体,技术创新有持久动力的基础是各类创新角色都能获得足够的创新动力。虽然从根本上讲技术创新最强大的动力是对主体利益的追求,但由于各类创新角色的不同特点,不同的现实需求和追求,主体利益的表现方式也不尽相同。因此,对不同创新角色激励的手段和作用方式也要有区别。只有认清这些差异,才能有效地实现激励。

对各类创新角色的激励,目前采取的主要方式有:民主参与激励(如职工代表大会制度和合理化建议活动)、奖惩激励、竞争激励(如聘任制、择优上岗、劳动优化组合等)、榜样激励(如讲理想、比贡献活动)、情感激励(如日本的"一滴蜜"情感投资活动)、目标激励等。

二、企业技术创新的能力

一个企业想不想搞技术创新决定于这个企业有没有进行技术创新的动力,一个企业能不能把技术创新搞好则是由这个企业所具有的技术创新能力决定的。一个企业适合于搞何种水平、何种类型的技术创新,也取决于这个企业的技术创新能力状况。

企业技术创新能力是指企业作为技术创新行为主体能够实施并完成技术创新的综合本领,它有广义和狭义之分。广义的技术创新能力是指企业在完成某项技术创新任务的过程中表现出来的机遇诊断、方案设想、创新决策、创新研究和开发、创新方案实施、创新产品投产、市场销售、信息反馈等综合的整体的能力;狭义的技术创新能力是指技术工作者在产品创新或工艺创新的研究开发过程中所表现出来的创新意识、思维方式、操作技巧等综合本领。目前,多数学者倾向于从广义上理解技术创新能力。

企业技术创新能力也和其他能力一样,既具有能力所具有的共性的特点,也有其本身的特殊性。

首先,企业技术创新能力是一个能力系统。企业技术创新是从创新决策到创新实现的完整过程,是整个企业的系统行为,是把企业自身各方面的力量充分调动起来、最佳组织起来,并对外部环境的各种条件加以优化的选择和利用,从而建立并实现企业技术创新目标的系统工程。所以,企业借以组织并完成这一系统工程的技术创新能力也应该是一个能力系统。在这个能力系统中,包括企业技术创新的决策能力、研究开发能力、实施能力、实现能力与组织管理能力,等等。这些能力又由若干相关的能力要素组成。

其次,企业技术创新能力在本质上是一种创造力。企业技术创新是企业的一种创造性行为,并且是企业创造性的集中表现。所以,企业技术创新能力在本质上是一种创造能力。正是在这一点上,构成了企业技术创新能力与企业生产能力的最大不同。一个生产能力很强的企业,不一定就具有很强的技术创新能力;一个生产能力不强的企业,其创新能力也可能很强。创造能力是企业完成创新过程必备的能力,创新过程就是引入新的要素、建立新的结构、发挥新的功能、获取新的结果的过程,关键在一个"新"字上。

第三,企业技术创新能力的核心是决策能力。企业技术创新的行为主体是整个企业,而企业是个建制,是个系统,是一种人、财、物的经济技术组合,它的行为能力首先是由企业这个行为主体的代表——它的决策者的精神素质和企业素质决定的。一个具有很强创新决策能力的企业,总可以设法弥补自己在其他方面创新能力的不足;反之,一个创新决策能力很差的企业,即使在其他创新能力方面情况都较好,也难以把它们变成一种有组织的力量并有效的组合并实施创新活动。

最后,企业技术创新能力系统是一个开放的系统。任何企业技术创新的实现,都不可能仅仅依靠企业内部的力量,而不借助于企业外部的有利条件。所以,企业技术创新能力系统也必须是一个开放系统。企业要提高自己的技术创新能力,绝不可以自我封闭,而必须放开视野,打开思路,眼睛向外,尽量借用外部的力量和条件。

企业技术创新能力作为一个系统是由各种要素构成的。这些要素可以相互结合形成多种满足不同要求的能力。由于技术创新过程的复杂性,为满足创新过程中各阶段的需要或各种不同类型创新的需要,这些能力又汇集成许多具有特定功能的子系统。这样,企业技术创新能力系统就成为有一定结构、规模、时序的纵横交错、多层次、多方位的立体网络。

从系统角度看,技术创新能力系统包括两类最基本的因素:硬因素和软因素。前者包括技术水平、设备水平、资金支持强度等方面;后者包括预测、决策水平、组织管理水平等方面。技术创新能力的发挥,取决于硬因素和软因素的相互配合。

从过程角度看,技术创新能力系统是由技术创新决策能力、技术创新研究开发能力、技术创新实施能力、技术创新实现能力,以及技术创新组织和管理能力构成的。每一个子系统又都有各自的结构,可以分解为二级子系统、三级子系统。

任何一个企业或一个技术创新工作者的创新能力都是发展的而不是一成不变的,是需要不断开发的。作为技术创新的组织管理者必须承认现有的创新能力而又不固守现有的创新能力,积极培养和开发本企业和创新者的创新能力。

三、技术创新的运作的过程模式

企业技术创新活动的有效运行和成功,不仅是各种动力因素和资源要素并入整个技术创新过程,而且还是各种动力因素的有序化和协同,各种资源要素投入的最佳化配置。因此,寻找技术创新运作的合理过程模式,也是企业有效的开展技术创新活动的关键。

技术创新是一个过程。由于企业类型不同,技术创新的类型不同,技术创新过程的具体模式也不会完全一样。从不同的视角看这一问题,对其所包含的阶段划分也不尽相同。比较有代表性的有:约翰逊提出的技术创新决策、实施和管理的系统模型;马丁把技术创新过程看成是从新观念的产生、理论的建立、到可行性论证、制造原型、直到商品化应用、打进原有市场和扩散到新市场上七个相互交联的推进阶段的分析;施密特·梯德曼提出的分析技术创新的不同职能,分析各职能部分所担负的每一具体环节任务,并将各种职能之间的作用相互联系起来的伴随模型;布拉德布里建立的技术创新项目模型等。

综合已有的理论研究成果,并结合我国企业技术创新的现实,可以给出以下的规范化的企业技术创新运作的过程模式。

整个企业技术创新系统,按功能可划分为相互关联的五个子系统:创新决策系统、创新 R&D 系统、创新实施系统、创新实现系统和创新管理系统;按时序则可划分为四个过程:创新决策过程、创新 R&D 过程、创新实施过程和创新实现过程,而创新管理实际上包含在后三个过程之中。每一个过程环节的含义、所要解决的核心问题和实质如下。

企业技术创新决策过程 企业技术创新决策,是整个企业技术创新行为中最为重要的环节。它是从创新动机的产生、创新思路的形成,到创新方案的制定和最终通过创新方案经济技术评估的一整套战略选择过程。决策的正确与否、优化与否,直接决定了企业技术创新的成败及其成功与失败程度。企业技术创新决策所要解决的核心问题,就是要从市场的消费与竞争需求出发,以国家的政策和计划为指导,以企业的能力与储备为基础,把科技进步和市场需求在企业行为中有机地结合起来,或者以科技进步去响应和满足市场需求,或者以科技进步去刺激和重创市场需求,创造出体现这种结合的新产品或新工艺,以获取尽可能大的经济和社会效益。所以,企业技术创新决策的实质便在于:企业必须面向市场需求,寻求科技进步与市场需求适合本身条件的最佳结合方向、结合途径、结合方式。

企业技术创新 R&D 过程 企业技术创新 R&D,既是企业技术创新决策的必要根据,又是决策的直接延续。实际上,创新 R&D 过程是与创新决策过程交错展开的。企业技术创新 R&D,是企业以自身的研究与开发为基础,并借助于外部的成果引进与技术合作,从开发研究与设计,到样品、样机研制,直至通过中间试验的一整套战术方案的制定过程。创新 R&D 主要是从技术上为创新决策的实施提供可靠的途径与成功的保证。企业技术创新 R&D 所要解决的核心问题,就是要利用企业可以利用的一切条件,并借用外部可以借用的科技力量,尽可能地把最先进的科技成果用于新产品或新工艺的开发,找到一条以尽量少的投入获取尽量大的经济效益的途径,从技术上为这种新产品或新工艺的投产进行准备,以保证创新决策的实施和创新目标的实现。所以,企业技术创新 R&D 的实质在于:企业必须面对科技进步,寻找企业可以采纳的最佳技术方案,以尽可能的缩小体现在产品和工艺中的本企业技术水平与当代国内外先进水平的差距。

企业技术创新的实施过程 企业技术创新实施,是创新方案通过评估和中试之后的物化过程,也是把创新 R&D 成果变为企业直接生产力的过程。实施过程,并不是指使用新工艺或生产新产品的生产过程本身,而是指为建立这种生产过程必须完成的对生产力诸要素——劳动手段、劳动者和劳动对象的更新。通过中试的创新方案,就技术本身来说已达到可以正式投产的成熟程度,但并不能保证每一个企业都能采用。企业技术创新实施所要解决的核心问题,就是要为企业采用这种新技术创造必要的物质条件,其实质在于从本企业的实际情况出发,实现企业技术能力与创新技术要求的适应和匹配。

企业技术创新实现过程 经过技术创新实施,把创新成果变为直接现实的生产力并生产出创新的产品,并不意味着一次技术创新已经结束。在这之后,还有一个非常重要而又常常被人们所忽视的创新实现过程。企业技术创新实现,是企业通过积极的销售活动和售后服务,使自己的创新产品迅速进入市场,占有、巩固并不断扩大市场,以实现创新所追求的目标—使企业实际获得经济效益的过程。创新实现过程所要解决的核心问题,就是要把企业通过技术创新生产出来的新产品推向市场,以收回技术创新和新产品生产的投入,并取得相应的经济效益。因此,企业技术创新实现过程的实质即在于:企业必须面对用户,面对竞争,努力提高创新产品的市场信誉,使之被市场和用户接受。

整个技术创新的规范化运作,即按上述过程循序展开,并形成一个从一次创新到另一次创新的良性循环。[①]

上述运作模式,是就一项技术成果的创新而言的,仍然是单线性的。尽管描述了某项技术创新从始至终的过程,但还不足以反映企业技术创新运作的全貌。事实上,一个企业要在市场上立于不败之地,决不能仅仅实现一两项技术创新,而应该有源源不断的创新成果流出。因此,仅仅看到某项技术在时间轴上的演进是不够的,还要看到多项成果创新的交替并行关系。完整的技术创新过程,既是指技术创新的顺序演进,又是指空间的扩展。由于不同的创新项目难易程度不同,其创新周期也不会完全一样,所以,各项成果的创新周期也不会是一一对应的。

实际上的技术创新运作过程是复杂的。规范化的运作模式虽然有助于我们认识对象的本质特征,但尚不足以反映技术创新运作中

---

① 关士续.企业技术创新运行机制.自然辩证法通讯,1992(5):35-42

的各种复杂情况。因此,我们有必要在对规范化运作模式认识的基础上,进一步探讨现实中的具体运作过程模式。

10.3 高技术及其产业化

一、高技术与高技术产业

"高技术"一词的出现已有40余年的历史。迄今为止,国际上还没有被各国公认的定义,对其内涵与特征的认识也不尽相同。基本达成共识的是:高技术并不是泛指一般的新技术或尖端技术,也不是特指某一单项的技术,它是建立在最新科学基础之上的,具有广泛科技、经济、社会效益的一个特定新技术群。据此,我们可以把"高技术"理解为,在当代科学技术革命中涌现出来的,以科学最新成就为基础的,知识高度密度的,对经济和社会发展具有重大意义的新兴技术群。和其他任何事物一样,高技术也是一个发展的、动态的概念,目前的高技术,再过几十年,又会成为传统技术。高技术与目前较为流行的"高科技"、"高新技术"等概念不尽相同。"高科技"并非一个严格的科学概念,把科技混为一谈的认识,已经受到了我国一些学者的谴责,而把科学也区分为高低,也是很不科学的;而把"高"字后面加上一个"新"字,反而把概念变得模糊,在传统技术中开发出来的新型技术,虽然很"新",但绝不是高技术。

1986年3月,我国著名科学家王大珩、王淦昌、杨嘉墀和陈芳允,纵观世界高技术发展的战略格局,上书中央,对跟踪世界几个战略性高技术领域提出建议,引起邓小平的重视,由此导致该年11月我国第一个"高技术研究发展计划"的诞生,习惯称之为"863"工程。在当今时代,人们所认定的高技术领域主要包括六大技术领域和12项标志技术:一是生物技术领域,其标志技术是基因工程和蛋白质工程;二是信息技术领域,其标志技术是智能计算机和智能机器人技术;三是新材料技术领域,其标志技术是分子设计和超导材料技术;四是新能源技术领域,其标志技术是核能聚变技术和太阳能利用技术;五是空间技术领域,其标志技术是航天飞机和永久太空站技术;六是海洋技术领域,其标志技术是深海挖掘和海水淡化技术。对于一些对于社会发展可能或正在产生重大影响的技术,人们通常也独立划分出技术领域,如激光技术、纳米技术、克隆技术等。

高技术具有以下特点。

第一,高技术是知识高度密集的科学化的技术。高技术的基本原理,主要建立在基础科学、技术科学、应用科学最新成就的基础之上。因此,高技术就是处于当代科学技术发展前沿的技术。其研究和开发的难度也比较高。它不仅要以相应的基础研究和应用研究的突破性进展为依托;而且其研究和开发工作必须由高智能的科学技术人员、高素质的管理人员和高文化的技术工人所组成的人才群体来承担。因此,高技术是多个学科、多种技术的边缘交叉,因而只能是多种人才、多种行业的优势综合的系统工程。

第二,高技术是具有高经济效益和社会效益的技术。高技术不同于传统意义上的科技。后者主要追求的是科学价值,对经济价值和社会价值看得比较轻,而且其研究规模较小,科学研究与生产是两个不同的领域,由科技向生产的转化需要诸多的中间环节等。而高技术的研究与开发,不仅追求科学价值,而且追求经济价值和社会价值。因此,高技术在其发展过程中,具有明显的产业化、商品化性质。高技术的研究开发一旦取得成功,就可以大幅度地改善产品结构和提高产品性能,显著地提高社会生产力和劳动生产率,并能向社会各个技术、经济领域广泛渗透和扩散,以及导致新的产业部门的开辟。但由于高技术研究与开发的难度高,成功率相对较低,所以高技术研究与开发,特别是高技术成果的商品化和产业化,也具有很高的风险性,因而才出现了风险投资和风险企业。它们对高技术的发展具有突出作用。

第三,高技术是对于技术、经济、社会发展具有高战略价值的技术。在当代世界上,一个国家的高技术发展,意味着其技术的开拓力量、经济的竞争力量、军事的威慑力量以及政治的影响力量的增强。因而,各国间的高新技术竞争十分激烈。谁能取得高新技术发展的优势,谁就掌握了竞争的主动权。现在,世界各国都在竞相制订自己的高新技术发展规划,都把开发高新技术置于国家发展的战略地位。1983年美国提出了"星球大战计划";1984年日本制订了"振兴科学技术政策大纲";1985年欧洲共同体制订了"欧洲研究协调机构"方案;1985年前苏联和经互会制订了国际政治经济竞争的战略;1986年,我国也制订了"高技术研究发展计划纲要",选择生物技术、航天技术、信息技术、激光技术、自动化技术、能源技术和新材料技术七个高新技术领域,跟踪国际水平,为我国的长远战略发展准备条件。

第四,高技术是一种具有国际化特征的技术,即高技术的研究和开发在社会制度不同的国家之间既联合又竞争。

高技术的研究与开发与传统意义上的科技研究相比,其规模要大得多,甚至连传统的工业企业也难以比拟,它往往需要跨国界的联合开发。这样既促进了国家间科技文化的交流与合作,又使各国联合起来面对人类共同的困难与未来的挑战,从而促进了高新技术本身的开发与应用。

正因为高技术具有这样一些特点,所以,它在当代科技、经济、社会发展中具有十分重要的地位和作用。高技术的发展水平,已经成为衡量一个国家综合国力的主要标志。

高技术产业是指在高技术的研究、开发、推广、应用的基础上,形成的企业群或企业集团的总称。其实,高技术这一概念,本来就是美国经济学界在20世纪70年代提出的一个表示企业或产品密集程度高的用语,后来才被世界各国用于对技术本身的评价和概括。当时,美国把研究与开发经费在生产投入中所占比重高,科学技术人员在雇员中所占比重高,产品的技术复杂程度高的企业称为高技术企业,把产品成本构成中科技比重高技术附加值高的产品称为高技术产品。至于如何确定高技术产业,至今仍是众说纷纭,没有统一的看法。许多发达国家对什么是高技术产业部门,什么是高技术产业,什么是高技术产品,都有各自的具体规定。较为权威一点的是世界经济合作与发展组织的看法。根据科学技术在生产中的地位不断提高,世界经济合作与发展组织曾多次调整对高技术产业界定的标准。2001年,该组织依据研究开发的经费强度,把制造产业划分为高技术产业、中高技术产业、中低技术产业和低技术产业四个组,并把航天航空、医药、办公和计算设备、无线电和电视及通讯设备、医疗和精密及光学科学仪器确定为高技术产业。

对于高技术产业的特征,看法也不尽统一。比较趋于一致的看法是:首先,微电子技术是高技术产业兴起的龙头。目前,作为现代信息技术核心的微电子技术已经渗透到电子产品、家用电器、广播电视、现代通信、医疗卫生、自动化生产等各个方面,并进而成为诱发生物、新材料、航天、新能源等高技术产业群的诞生和发展的技术基础。第二,高技术产业是以技术、智力为基本价值的。高技术产业是建立在新的科学理论工艺和技术基础上的新型产业,它集现代各种科学技术知识之大成,高技术产业的兴起,直接依赖于相关科学和高水平技术的突破,技术、智力、资金的高度集中和科学化管理的成效。第三,高技术产业是高增值的产业。高技术产业的劳动生产率和发展速度明显高于一般产业,具有手工业和传统产业不可比的高效生产率和旺盛的生命力。正因为如此,目前发达国家都不惜耗费巨资,加强对有巨大经济潜力的产业型技术,进行垄断性开发。在高技术产业的竞争上,发达国家具有很强的垄断性。第四,高技术产业的生命力在于不断创新。高技术产品更新换代速度很快,无形损耗明显,因此,企业要获得发展,就必须不断根据市场需求,通过创新,尽快将先进的工艺技术转化为产品,使产品的性能、质量、款式能不断创新,迅速进入和占领市场。最后,国际化也是高技术产业发展的一个重要特征。高技术产业是一种技术、智力和资金密集的产业,为了解决技术人力和财力的不足和开拓更大市场,世界各国的高技术企业都采取走出国境联合开发的形式。由于高技术产业具有世界范围竞争的特点,人们通常将其视为一场"没有硝烟的真正的世界战争"。

二、高技术产业化的过程与机制

高技术产业化是指在高技术的基础上形成新兴产业的过程,它是把高技术成果转化为技术商品、投放市场,获得经济与社会效益的过程。高技术产业不仅是技术竞争和经济发展,在很大程度上,它关系到一个国家的前途和命运,因此,世界各国都在根据各自不同的国情,积极推进本国高技术产业化的进程。面临着世界性的高技术产业化的挑战,我国也在1988年经党中央、国务院审议批准,由国家科委组织,实施了一项发展我国高技术产业的指导性计划——"火炬计划",其宗旨是推动高技术成果的商品化、高技术商品的产业化、高技术产业的国际化。20世纪90年代以后,发达国家纷纷创立国家创新体系,以便为有效的实施高技术产业化创造良好的外部条件。我国也在国家层次上着手建立国家创新体系,组织政府部门、企业界、大学和各类研究机构,围绕高技术的科学理论和技术理论进行创新,借助知识创新系统、技术创新系统、知识传播系统、知识应用系统的交互作用,在市场机制的作用下,加快实施高技术创新,实现高技术产业化。

高技术产业化包括规划、设计实验研究、试制、批量生产、市场经营、技术扩散等若干环节,从规划到市场经营,主要是在企业层面上完成的,我们在对企业技术创新的介绍中已述及。但是,某项高技术成果,如果只能在非常狭窄的领域中使用,或者只是在一个或几个企业中转化为现实生产力,那么,它对社会经济发展的影响是微乎其微的,远不能说这项技术成果实现了产业化。高技术只有通过一定的方式或途径,在企业中传播开来,并形成一定的生产规模,变成社会中的基本生产领域,才能说这项技术实现了产业化,这就是技术扩散的过程。技术扩散就是指某项技术通过一定的渠道在潜在使用者之间传播采用,从而得到广泛应用和推广的过程。它包括以下三个方面:企业之间的扩散,即技术成果在国际、国内、地区、部门或行业范围内各企业之间传播和采用;企业内部的扩散,即技术成果在企业内部扩大应用范围和生产的规模;某项新技术成果,可以在大致相同的时间在企业之间和企业内采用或传播,表现为上述两类扩散方式的叠加,一般称为总体扩散。技术扩散的程度和水平决定了某项新技术产业化的速度和规模。

新技术成果从扩散源出发,经过中介渠道,到达另一个采用该项技术的企业,构成一个完整的技术扩散过程。这一过程又由供给、采用和交流三个环节构成。供给和采用环节通过中介渠道的中介功能发生相互交流的活动。供给环节是指扩散源在提供新技术成果的技术扩散过程中产生和结构优化的过程;采用环节是指采用者在接受新技术成果的技术扩散过程中提高技术接受能力的过程;交流环节是指新技术成果通过中介扩散机构、大众传播媒介和人际交流网络等形式在扩散源和采用者之间沟通,即供给和采用双方发生交流活动的过程。由于技术扩散是一个像滚雪球一样技术成果被应用越来越广泛的循环过程,因此扩散源和采用者也有一定的相对性。新技术成果由初始的扩散源向潜在的采用者扩散,随着扩散过程的进行,新技术成果逐渐被潜在的采用者采用,新的采用者变为下一阶段潜在的新技术成果的供应者,而原来的采用者则变成了扩散源的一个组分。在技术扩散的全过程中,扩散源随着技术扩散规模的扩大而不断扩大,而潜在采用者中未采用该项技术的企业则不断减少,直到所有的潜在采用者都转变为技术的现实采用者,某项技术的扩散宣告完成。继之而来的是又一项更新技术的扩散。

技术扩散过程之所以能够实现,是内外各种因素交织作用的结果,这些因素构成技术扩散的动力机制。具体包括供求机制、计划机制、中介机制、激励机制和竞争机制。在技术扩散过程中,这五种机制同时发生作用,它们的合力决定技术扩散的状况。技术的供给行为,构成技术扩散的推动力,它与需求的拉动共同作用,形成技术扩散的供求机制。计划机制主要是通过下达计划指标和进行计划完成情况的考核等办法,促使技术的潜在采用者及时采用新技术,同时促使技术的提供者及时将技术转让。中介机制是指中介扩散机构在促进技术扩散过程中所体现的传播、咨询和服务等功能。中介机制是技术扩散区别于一般商品流通的重要方面,正是由于技术商品的特殊性,技术有偿转让中的一些特殊问题只能靠中介机构来解决。激励机制是为了弥补强制技术扩散的不足,采取的一些可以从内部调动供求双方出让和采用新技术成果积极性的补偿性措施,通过一些行之有效形式的激励,可以缩短技术扩散的过程,提高技术扩散的速度。在激烈竞争的经济环境中,任何技术的潜在采用者都必须重视如何以最快的速度采用新技术,在竞争中赢得优势,以获得更高的经济效益,这就是竞争机制。竞争机制也是技术扩散过程中对于技术的供给者或采用者都不可缺少的推动力。由此也可见,高技术的产业化是一个复杂的社会系统工程,需要具备相应的社会条件。

三、高技术产业化的形式

无论是发达国家还是发展中国家,都应该根据本国国情,对高技术企业的发展采取不同的模式,以尽量发挥自己的比较优势,加速高技术产业化的进程。目前发达国家的高技术产业化,主要采取国家规划大型项目和建立高技术产业开发区的形式。

国家规划大型项目的方式,主要是国家制定发展目标,统一组织大学和企业、科研机构,在一定时间内按照计划的要求和时间表齐心协力,分工协作,联合攻关。美国的阿波罗登月计划,我国的三峡工程、大型核电站的建设,采用的都是这种方式。这类形式充分体现了高技术及其产业具有明显的大规模的相互交叉、科技和产业活动融为一体的特点，体现了从科学研究、产品开发、市场拓展到产业形成等全过程的系统开发和综合协调的特点，同时也是高技术产业的政治性、军事性和经济性从战略的高度予以综合考虑的具体体现。采用这种形式，通常需要技术起点高、规模宏大、耗资巨大、人才集聚，延续时间也长，往往不是哪一个企业或集团所能单独完成的。

高技术产业开发区是一种以智力密集为依托，以开发高技术和开拓高技术产业为目标，促进科技、教育与生产相结合，推动科技与经济、社会协调发展的综合基地，是一种高技术与高技术产业发展共生，使经济与科技紧密结合的组织管理形式。美国的硅谷、日本的筑波城、我国的中关村，都是此类形式。

目前存在的高技术产业开发区，大致有孵化器、科技开发区、高技术产业开发带、科学城、技术城5种类型。孵化器又称创业者中心，是为创业者减轻早期风险负担，培育能经受高技术激烈竞争的成熟企业的一种组织形式。美国的斯坦福研究园就带有孵化器性质。科技开发区是开发者将已完成基础设施建设的地盘，按协议售给经过选择进入园区的生产企业和科研机构，使其在园区建立高技术企业和科研机构，从事高技术产品和科研成果的开发。高技术产业开发带是高技术产业及部分科研机构的大规模集结地区，特点是地域宽广，企业数目多，科技人才密集，职工数量大。高技术产业开发带的发展，不但有利于高技术生产和科研机构的集聚，增强信息的交流和共享，提高公共设施的利用率，增大对资本、技术、人才的吸引力，同时，由于高技术地带拥有较多的孵化器，能更有力的提高孵化效应，加速扶植高技术新企业的成长。科学城是科研机构和大学的集结地，其内部管理职能主要表现在协调、服务和环境建设三个方面。为给集中的科研机构交流、协作带来方便，科学城中拥有专门的协调服务机构和完善的服务设施。科学城与外部经济的关系十分密切。在科学城的外围，一般都存在着产业群。如法兰西岛科学城周围兴建有8 000多家新型企业。技术城是一种以高技术为发展支柱，注重产、学、研有机结合,振兴后进地区的新型城市化的发展形式,其目标是使后进地区跨越发达地区的传统发展道路,加快建设以高技术产业为主导产业,具有创造性的教育和科研功能、完善的服务设施、良好的自然生活和娱乐环境的新型城市。随着人们对高技术产业化规律认识的不断加深,一些高技术产业化的新形式还会不断涌现。

第4篇 科学技术与社会篇

马克思主义创始人把科学技术看做是最高意义上的革命力量,深刻地揭示了科学技术与社会关系的本质。本篇从社会的角度,阐明科学技术的社会运行、社会建制及科学技术与社会发展的关系等问题,最后探讨科学技术进步在中国现代化建设中的作用。

第 11 章 科学技术的社会运行

本章把科学技术作为一个整体,以现代科学技术社会运行机制的核心——研究与发展作为基本线索讨论它如何在社会大系统中运行,阐明它运行的特点与机制,并从宏观角度探讨科学技术社会运行的规律及其保障。

11.1 科学技术社会运行的特点

科学技术在古代、近代与现代的社会运行状况有很大的不同。在人类诞生后相当漫长的历史时期中,分属于"学者"和"工匠"传统的科学和技术只是少数人的兴趣和爱好,和社会的关系似乎很远。在第一次工业革命时期,科学与技术开始汇聚,并进入生产过程,成为一种生产力;第二次工业革命以后,科学研究与技术开发开始结合,形成科学技术转化为生产力的基本过程,它从根本上改变了人类的生产方式。进入20世纪,科学与技术直接和社会的各个方面融合,出现了科学、技术与社会一体化的进程,科学技术已经成为极其重要的社会实践活动,成为国家提升经济实力和综合国力的决定因素。以"研究与发展"为基础的科学技术业成为国家的战略目标和战略产业。

现代科学技术的社会运行呈现出下面一些特点。

一、科学技术一体化

科学技术一体化,即科学的技术化和技术的科学化,是现代科学技术发展的鲜明特征。

科学的技术化有两个方面的含义:它既指在科学活动中包含着技术活动;又指科学研究需要应用技术手段和工具,科学研究的重大进展依赖于实验技术上的突破。早期科学主要靠直观、猜测和思辨探索自然,近代科学借助实验进行探索之后,就离不开实验的技术手段了。工业革命之后,尤其是新型动力机如电机的广泛使用,进一步加强了科学与技术的结合。在现代,科学研究已经进入微观和宇观层次,前沿基础科学理论的突破需要复杂的仪器设备和实验装置等高技术手段的支持。

技术的科学化也有两个方面的含义:它既指已有的技术经验知识借助科学理论指导而形成系统的技术知识体系,并上升到技术科学;又指技术进步以科学发展为先导,技术上的重要发明通常直接来自基础科学研究的成果。越是高技术,包含的科学知识密集程度也越高。此外,科学研究领域的交叉、理论方法的移植,边缘性、横断性、综合性学科的大量涌现,使科学自身日益整体化;技术开发领域的交叉、融合,使技术自身日益综合化。科学整体化和技术综合化的横向与纵向整合,导致现代科学技术日趋一体化、立体化、整体化、综合化。至此,科学解释世界的功能与技术改造世界的功能相互联系和渗透,追求真理与追求效用相互结合,使科学技术成为巨大的物质力量,深刻地影响社会的各个层面。

二、科学技术社会一体化

科学技术社会一体化是指科技的社会化和社会的科技化。当代的科学技术已经渗透到社会生活的各个领域,除科技与经济的结合外,科技与教育、政治、文化、军事、法律、伦理、外交等也都密切相关。同时社会生活又影响制约着科技的发展,特别是科学发展必须与国家经济、安全和可持续发展的目标紧密结合。

1. 科学技术产业化

科学技术产业化是指科学技术必须为国家产业发展特别是为企

业经济服务,包括科技成果迅速转化和扩散、企业的研究开发力量的强大。它是现代科学技术社会化的主要表现。在当今世界,科技产业化在规模和速度上超过了以往任何时代,大大加快了科学技术转化为现实生产力的进程。科技产业化使得基础研究、应用研究和开发研究三者之间的界限变得越来越模糊,也使得政府、企业和科研机构三者之间的关系更加紧密。

在古代,生产实践是科学技术的主要源泉,生产和技术的关系更为密切,和科学的关系则稍远些,结构模式为"生产—技术—科学";近代以来,科学实验成为科学发展的主要源泉,科学和技术开始紧密结合,而且科学往往走在技术的前面,科学技术成为生产力,于是结构模式逐渐变为"科学—技术—生产";到了现代,科学技术体系已形成"科学—技术—生产"三位一体化的双向、动态结构模式,体现出基础研究、应用研究与开发研究三者相互联系与相互配合的密切关系。科学、技术、生产这三大部类相辅相成,协同发展,不可偏废一方。

按美国科学基金会的定义,基础研究是指向科学知识增长的研究,其基本目的是获得对研究课题(成果)的充分认识和理解,而不是考虑实际应用;应用研究则是导向知识实际应用的研究;开发研究是利用基础研究、应用研究的成果和相关知识,为创造新产品、新方法、新技术、新材料以及生产产品或工程任务所进行的技术研究活动。

2.从小科学到大科学

科学在近代主要处在自由研究时期,一般将其叫做"小科学"时期。"小科学"时期的典型特点是:科学研究活动主要是科学家个人的智力活动。科学家自由选题,自己解决研究经费,自己制造仪器设备,如法拉第、玻意耳等科学家都是这样。17世纪英国皇家学会时期是典型的"小科学"时期。随着工业化进程的深入发展,科学进入了资助研究时期。此时,研究经费的增长使个人难以承担,仪器设备的复杂使个人难以自制,科学家的研究工作必须靠企业、财团的资助,所以选题也不能自由。到了现代,越来越多的跨学科、综合性大课题的出现,需要大规模的合作,需要跨公司、甚至跨国的协作;项目经费巨大,仪器设备复杂,情报资料众多等,科学技术日益社会化、国家化甚至国际化,科学以"大科学"的形态展现在我们面前。所谓大科学,就是依照现代工业的形式组织起来并加以管理的科学。美国的曼哈顿工程、阿波罗计划,中国的两弹一星、载人航天,以及世界各国合作的人类基因组计划等,都是典型的代表。在"大科学"时期,科学技术不仅成为了重要的社会活动、社会化事业,甚至成为了重要战略产业、带头产业。

大科学促进了科学技术与社会的一体化,使科学、技术及其与经济、社会之间的传统界限日益模糊。正是在一体化过程中,形成了一个包括政府、企业、资本集团、科学技术研发机构等利益单元组成的社会综合体,它决定了科学技术发展的方向、规模和速度。于是,一方面社会的各个子系统和各种因素对科学技术的运行环境、对科学技术的发展产生巨大的影响;另一方面,科学技术对社会经济、政治、文化、教育,甚至生活方式、思维方式的影响愈益全面、深刻,显示了社会的科学技术化。在对大科学的研究中,产生了一系列新的学科,如科学学、科学社会学、科学知识社会学(SSK)、科学技术与社会(STS)等,近年来,它们正在汇合成一门新兴的交叉学科——科学技术学。

3.工业研究实验室和研发中心的兴起

工业研究实验室是在从小科学到大科学的过程中,适应"科学—技术—生产"三位一体化发展出现的。它作为基础科学研究和应用技术发展相结合的产物,同后来出现的各种研发中心一起,成为研究与开发的重要形式。它们集研究开发于一身,利用最新的科学技术成果,直接推进企业的技术创新活动,为企业创造经济效益。目前,工业研究实验室和研发中心已经成为科技创新的重要基地,同时,他们也加速和激活了科学技术的社会运行。

工业研究实验室有如下特点:一是在组织形式上,它主要由基础研究部门和技术开发部门组成。科研管理问题既要重视个人创造性,又要体现团队精神,组织协调好各方面的力量,促进合作互补。二是在基本任务上,它的目标是创新。为了这一目标的实现,必须从人才流动、激励机制等方面提出合理的措施,以保证它的正常运行。

发达国家的工业研究实验室和研发中心,在推动所在国家的科学发展和产业进步方面都起了重要作用。德国科研体制素有企业资助大学从事科学研究的传统。德国依傍其雄厚的科技力量和工业基础,采用集中研发的研究所和分散的联合研究中心的方法,有力地推进了科学技术的社会运行。美国开工业研究实验室进行基础研究的先河。20世纪以来,经工业研究实验室培养的诺贝尔奖得主就有19位之多,充分体现了美国工业研究实验室的基础研究实力。美国的产业界认识到,研发投入是最经济、安全、有效,投入产出最高的投资。这些工业研究实验室的研发投入和研发能力极大地推进了科学技术的社会运行。

4. 科学技术全球化

科技全球化是现代科学技术发展的另一个重要特征。近年来,信息技术、网络技术和运输技术的发展,导致了科技全球化步伐的加快。科技全球化是指科技资源的配置在全球规模下进行,科技成果的评价和应用在全球范围内进行和流动,工业开发研究的合作与联盟迅速增加,国际科技合作与交流迅速增加,许多紧迫的科学挑战需要全球合作,共同遵守促进全球科技发展的国际法规。科技全球化可能会导致科技领先国家在科技领域全面占领科技落后国家,也可能会迫使落后国家在较高的起点上发展本国的有比较优势的科技领域。因此,科学技术业已成为国家的战略产业。

11.2 科学技术社会运行的不平衡性

自科学从哲学中分化独立以来,至今已有几百年的历史。科学技术的社会运行在不同的时期和不同的区域,有不同的特点、显示不同的规律。首先它作为一种独特的实践活动有自身发展的规律,其次它在社会中的发展也呈现出不同的规律性,集中表现为发展的不平衡性。因此,不同的国家要据此制订出适合自身条件的科学技术运行的目标、体制与保障措施,打破和利用这一不平衡性。科学技术发展不平衡性主要表现在以下方面。

一、区域(空间)运行的不平衡性

在科学技术的社会运行过程中,由于社会所处的历史发展阶段与国际环境不同,会产生区域发展的不平衡性。不同的时期一些国家和地区会成为科学活动的中心,随着社会经济的发展,科学中心会不断转移,这种中心转移又促进科学与技术的不断发展。科学技术活动中心的形成和转移,是多种因素综合作用的结果,它影响了世界文明的进程。

贝尔纳首先注意到这一现象,日本的汤浅光朝则提出科学中心转移的理论:即进入近代以来的400多年时间里,曾先后有5个国家充当世界科学活动中心。这5个国家依次是意大利、英国、法国、德国和美国。汤浅光朝把科学成果作为重要指标,通过大量的定量统计和分析,提出科学成果占世界总量的1/4以上即为科学中心,其持续时间即科学兴隆期,平均约80年。汤浅光朝还详细描述了科学中心从意大利(1540～1610年)、英国(1660～1730年)、法国(1770～1830年)、德国(1810～1920年)到美国(1920年至今)的转移路线,被称作汤浅现象。汤浅现象与社会经济、政治、文化、教育的状况都有相关的联系,往往是这些因素综合作用的结果,反映了科学技术社会运行的重要特点,也反映了不同国家和民族的优势和特点。从历史的观点与发展的观点看来,在汤浅提出的转移路线中有些因素特别是理性精神、海外贸易、经济发展、政治变革、产业革命起主导作用。

当一个科学活动中心形成之后,就会形成极大的凝聚力。它会吸引世界各国青年学者到此定居、学习,成为培养一流科学家的摇篮。而这些人学成之后回到祖国,就为下一个科学活动中心的形成准备了条件。例如,法国科学家留英、德国科学家留法(李比希、维勒等著名的德国化学家都是留学法国的)、美国科学家留德(从1870年到1915年,美国科学家中有一大批都是留学德国的博士)。

世界科学活动中心的转移情况大致如下。

古代科学的发展主要表现在古希腊亚历山大利亚时期的繁荣。古希腊是世界商业贸易中心,孕育了其个人英雄主义的人文精神;自然哲学的传统培育了其以逻辑为中心的理性精神。古希腊是古代科学的发源地,特别是数学、天文学、物理学、生物学等。

近代自然科学诞生之初,意大利成为近代世界第一个科学活动中心。意大利地处地中海,交通发达,是当时的商业中心和工业中心;更为重要的是,文艺复兴首先在意大利兴起。文艺复兴运动为科学的自由发展提供了合适的人文环境,也通过对人本身和自然的关注直接对科学的发展产生了影响。它继承发扬了古希腊的科学文化传统,将理性思维的哲学传统与能工巧匠操作技艺的工匠传统结合起来,由伽利略开创了数学演绎和实验研究相结合的科研实践的先河。在文艺复兴运动的影响下,产生了一大批像达·芬奇、布鲁诺、伽利略这样的科学家,他们使科学从神学中解放出来,开创了实验科学,在物理学、天文学等方面奠定了自然科学发展的基础。但是,后来由于教会对科学的迫害,意大利的科学辉煌不复存在。

继意大利之后,17世纪的英国成为近代世界第二个科学活动中心。英国地处英伦三岛,岛国环境培养了其开放和创新的精神,借助于新航线的开辟使其殖民地遍布全球,被称作日不落帝国。英国新教运动的兴起对科学的发展起了积极的作用。新教伦理孕育的资本主义精神使其注重创新;新教的一个重要伦理思想是善行是使人释罪和救世的手段。这种伦理价值观与当时的英国科学发展中的经验论传统相契合，同当时的科学家的精神气质相契合，因而构成了特别适合科学技术成长和传播的肥沃的土壤。17世纪资产阶级革命的胜利为科学发展创造了良好的社会条件；蒸汽机在棉纺织业的应用带来的工业革命又为科学发展创造了良好的经济条件；岛国的造船技术使其注重动力革命。英国的基础研究传统使其到19世纪末、20世纪初仍保持相当的优势。英国是力学、电磁场理论和进化论的创始地，首先发现电子和原子结构。英国皇家学会成立于1662年，皇家学会的科学传统造就了一大批世界级的科学家。但是后来皇家学会成为贵族们的挂名之地，科学活动逐渐减少，科学发展水平和速度每况愈下。

18世纪以后，科学活动中心又转移到了法国。18世纪法国兴起的启蒙运动和百科全书运动，崇尚理性，反对封建王权、神权和特权，提倡经济自由、政治平等，为后来的法国大革命作了充分的思想准备，也为科学技术的发展提供了良好的环境。法国的政治大革命成功，带来了思想解放的新局面，促进了科学的繁荣；由于时代的需要，18世纪末法国创办了一批欧洲最早的技术专科学校，建立了国家综合教育体制，培养了一大批出色的工程师，涌现了一大批优秀的专职科学家。法国政治体制的作用推进了其科学的发展。后来，拿破仑一世失败，一些技术专科学校解体，法国的科学逐渐失去了优势。

19世纪的科学活动中心则是德国。18世纪末19世纪初，德国古典哲学兴起，康德、费希特、黑格尔等德国古典哲学大师为科学的发展提供了思想基础，培养了其理性精神。科学开始在德国形成体制。1809年成立的柏林大学等高等院校，培养了一支基础扎实、训练有素的科技队伍；19世纪后期，德国的科技体制和教育体制在世界上是最发达、最成功的；随着国家级研究机构的建立，德国十分重视基础研究和应用研究，工业研究实验室的首先崛起说明德国较早重视研究与开发、重视产学结合，开创了其辉煌的化工、电力时代。20世纪最伟大的科学发现是相对论和量子力学，其主要部分是由德国人完成的。德国长期形成的学术传统以及科学家的哲学素养是其持久潜力所在。但是在第一次世界大战中的失败,使得德国的经济陷入低谷,政府减少了对科学的投入,德国无法再继续保持其科学霸主地位了。纳粹政府掌权后,又使得一大批犹太科学家逃离了德国,加剧了德国科学水平的下滑。20世纪20年代后,世界科学活动中心逐渐向美国转移。

20世纪以后,美国又成为世界科学的霸主。美国成为世界科学活动中心,有很多的原因:美国本身是一个移民国家,没有封建专制,崇尚冒险、创业和开拓精神;美国的社会较为稳定,在两次世界大战中不但没有受到损失,经济反而得到了发展;美国政府重视科学,实施了有利于科学技术发展的国家政策;欧洲移民的知识分子,继承了欧洲的科学传统和进取精神,创办了一些鼓励自由科学研究的著名大学;美国采取开放的人才政策,受到纳粹迫害的许多著名科学家先后成为美国公民;美国采取多元化的科研组织结构,大学、产业组织、政府和非营利组织的研究机构各自承担了不同科学研究阶段的研究任务。可见,美国的科学技术发展占全了天、地、人的优势,良好的地理环境条件、丰富的自然资源、欧洲移民的冒险创业精神、战后引进的大量智力资源和雄厚的经济实力、自由的科研体制等都使它的科学技术有良好的综合社会运行条件。国家对研发投入的重视、工业研究实验室的研发实践、高技术的崛起是其科学技术和经济发展的重要保障。

科学技术社会运行的不平衡性只是从整体水平上说的,即使不是科学中心的相对落后的国家和地区,也仍然可以取得重要的科学成就,这同重视基础研究,并注意选择突破方向及适当转移研究重点等有密切关系。例如,战后最伟大的科学发现——DNA双螺旋结构,就不是在当时最强盛、条件最好、有深厚基因研究传统的美国出现,而是在遭受战争严重破坏的英国卡文迪什实验室出现的。

二、过程（时间）运行的不平衡性

文艺复兴以来，自然科学由缓慢的起步而逐渐加速、剧增的态势，早就引起人们的注意。恩格斯在 1844 年就指出：科学的发展"同上一代人遗留下来的知识量成比例，因此，在最普通的情况下，科学也是按几何级数发展的。"① 又指出，在哥白尼《天体运行论》发表以后，"科学的发展从此便大踏步地前进，而且得到了一种力量，这种力量可以说是与从其出发点起的（时间的）距离的平方成正比的。"② 这些论断常被称为科学的"加速度"发展原理。当然，这里只是定性的比喻，并非严格意义上的数学模型。

20 世纪 60 年代，美国科学学家普赖斯在美国图书管理员赖德 1944 年做出的"藏书量每 16 年翻一番"的发现的基础上，进一步用表征科学发展的各种参量，对 18 世纪以来的科学发展状况进行统计分析并提出，众多领域的各种科学指标都有其成倍增长的周期，体现科学发展的加速规律，即科学的指数增长律。如物理学家、重大科学发现、化学元素、大学生等数目及仪器精密度 20 年翻一番；科学期刊、科学文摘、化合物、科学学会会员、学士等数目 15 年翻一番；小行星发现数、行列式、非欧几何、伦琴射线、心理学等文献数及交通速度、发电量等 10 年翻一番，等等。统计各种参量，其倍增期均在 10～20 年间，也就是说，各类参数都是差不多半个世纪就增长一个数量级。据此，普赖斯给出了一个经验公式：$F(t) = Ae^{kt}$（$F(t)$ 为 t 年后的量；A 为初始量；k 为年增长率），用以表明科学指标的增长速度确实与已有的科学指标数成正比，从而印证了恩格斯的定性预言。

此外，从科学技术对经济发展的贡献上，也可以看出科学技术加速增长的趋势。如，技术进步在国民经济增长中所占比重，即科技在经济增长中的贡献率，美国在 20 世纪之初约为 25.6%，而到了 20 世

---

① 马克思恩格斯全集.第 1 卷.北京：人民出版社，1972.621
② 恩格斯.自然辩证法.北京：人民出版社，1971.8

纪70年代,这一比率已达到75.2%,大约增长了3倍。现在一般发达国家的科学技术在经济增长中的贡献率都在60%~80%之间。中国的经济增长方式也正在进入从着眼粗放要素(资金、劳动力)到注重集约要素(技术进步)、从扩大外延到提高内涵的转变中。社会对科学技术的支持力度也呈现出了加速增长规律。如从科研经费与国民收入的比例的变化中就可以看到这一点。由于科学技术发展呈指数增长,各种科学指标增长迅速,促进了科学计量学的发展。科学计量学、科技贡献率等研究已成为经济社会进步中备受关注的重要问题。

三、学科间发展的不平衡性

科学自身逻辑和社会外在选择的共同作用会产生科学发展的不平衡性,表现为科学的整体和科学的个体(学科、理论)发展的不平衡性。前者表现为科学整体在空间和时间发展上的不平衡性;后者主要表现为学科发展中的不平衡性,如在科学发展的不同时期,会形成不同的带头学科,且不断更替。

学科发展的不平衡性主要是由于自然界的层次性、人类认识能力的局限性、社会需求的选择性等产生的。恩格斯早已注意到了这一现象,他指出:"在自然科学的历史发展中最先发展起来的是关于简单的位置移动的理论,即天体的和地上物体的力学,随后是关于分子运动的理论,即物理学,紧跟着它、几乎和它同时而且有些地方还先于它发展起来的,是关于原子运动的科学,即化学。"[1]

前苏联科学史家、哲学家凯德洛夫运用历史比较法、统计分析法对科学史实进行逻辑重组,提出了带头学科更替的理论。他认为,在一定类型的科学革命的每一次循环之后,都有特殊的自然科学的带头学科确立起来。这个或这些自然科学部门在自然科学中居于首

---

[1] 恩格斯.自然辩证法.北京:人民出版社,1971.53

位,即它或它们走在整个自然科学发展的前头,决定着整个自然科学发展的特征和水平。这里,带头学科是指在一定时期内,在发展水平和发展速度上走在其他学科前头,影响着整个自然科学发展特征和水平的学科。带头学科可以是一门学科或一组学科,它们交替领先。如果带头学科是一组学科,那么在这样一组学科内,所有各学科彼此之间是相互联系的,既互相推动自身的发展,同时也推动整个自然科学的发展。凯德洛夫描述了带头学科从近代到现代的更替过程,即从16世纪到18世纪,力学是整个自然科学的带头学科,自然科学成为力学科学。在19世纪,一组自然科学成为带头学科,首先是物理学,化学、生物学,地质学也参与其中。在20世纪上半叶,自然科学的带头学科又是一个,这就是物理学,主要是原子物理学和亚原子物理学。最后,从20世纪中期开始,随着科学技术革命的出现,自然科学的带头学科重新变成一组学科,除物理学外,它是由控制论、原子能科学、宇航学、高分子化学等新的自然科学部门组成的。凯德洛夫预言,新的带头学科是分子生物学,再下一个带头学科将是心理学为主的一组学科。据此,凯德洛夫还提出了带头学科更替的经验定律:$T=200/2^n$。定量的描述了带头学科更替的周期性,即持续时间呈对半递减趋势,显示其加速性,这构成科学增长的质的特点。

尽管对凯德洛夫提出的带头学科持续时间按倍减率变化的规律能否类推,学术界尚有争议,但它的学术价值却得到了学术界的认同。如他所提出的科学的突破点往往发生在社会需要和科学内在逻辑的交叉点上的思想,不仅是阐明了带头学科产生及更替的原因,而且对今天的科学发展具有启示作用。因为,社会需求的选择和社会支持的推动,会促进相关领域的发展;重大的科学发现,一般是在学科交叉的生长点上出现,并不是按照常规计划,在可预见结果的情况下进行实验和逻辑推理能够得到的。所以,在科学的发展中,既要进行单个学科的深入开拓,又要重视不同学科的交叉融合;既要关注社会需求的选择,又要顺应科学自身逻辑发展的规律;既要注意学习带头学科的理论和方法,又要了解把握当前学科和领域的变化……只有驾驭科学发展的不平衡性,瞄准新生长点,探索新的研究方向和实现途径,才能取得科学技术社会运行的主动权,实现科学整体的协同进化。

凯德洛夫指出了带头学科更替的历史所表现出的特有的辩证法,这种更替重复着以前经历过的过程,但却是在更高基础上的重复,仿佛返回到整个运动的出发点。在科学发展中,带头学科的更替正好体现了"否定之否定"的辩证规律。最初的一门带头学科力学被一组自然科学学科代替,即好像遭到"否定"一样。过了1个世纪,一组带头学科又被物理学所"否定",发展又返回到自己的出发点。半个世纪之后,历史又出现重复,物理学又把带头地位让给一组自然科学学科。

弄清楚现代自然科学哪一个部门或哪一组部门相对于其他部门起带头作用,这个问题对于了解该时期的科学总体结构和科学与技术的联系具有重要意义。而且,对这种极其重要的现象进行哲学分析,有助于克服比较狭窄的单一学科代表人物所具有的分立主义和"本位主义"倾向。从马克思主义的辩证法的立场出发来阐明这个问题,必将丰富人类认识一般规律性的知识,从而丰富辩证唯物主义本身。因此,凯德洛夫对科学革命中的带头学科问题的分析是有意义的。

四、技术发展的不平衡性

技术自身逻辑和社会经济发展的不平衡性会造成技术发展的不平衡性。表现为区域、国家、国际范围的不平衡性;历史发展过程的不平衡性;自然地理、资源状况、生产方式、经济水平、文化背景、甚至宗教信仰等都会影响到这种不平衡性。

全球化趋势的增强,促进了国际间的技术借鉴、交流和融合,即对技术的社会选择。对技术的社会选择就是对其选用、实施和判决性的鉴定。选择的标准是多样的,有政治的、经济的和技术的标准,不同的人和社会群体也有不同的标准,既要考虑到先进性,也要考虑到经济性、适用性和关联性等,即技术被社会选择的标准不仅仅是技术先进性,而且包括了社会的认同和接受。技术的社会选择形成了技术发展中的优胜劣汰机制,形成了公平的技术评价标准,即只有社会认可的技术才是有价值的、有生命力的技术。技术的社会选择还能使技术资源优化配置,如对科技人员的流向的调节,能够使最有社会价值的技术领域成为对技术力量和资源最有吸引力的领域,社会最优秀的人有较大的概率流向这些领域。因此,这种对技术的社会选择对人类进步和技术发展都有积极的意义,但我们也不能忽视由此而造成的诸多文化冲突。

技术的社会选择导致了技术在国家、地区之间的流动,这种流动以技术引进、技术转移、技术贸易、境外技术开发、技术联盟合作开发等技术发展形式表现出来。

第一,技术引进。技术引进是一种从国外引进相对先进的技术成果,进行产品开发生产的形式。这种技术开发形式通常是落后国家为追赶先进、提高竞争起点和缩短竞争差距采用的方法。日本在第二次世界大战后有计划、有组织的技术引进,成功地促进了其经济的发展。由于一个国家中技术发展的不平衡性,有时候发达国家也要进行技术引进。

第二,技术转移。技术转移是一种企业将国内母公司开发出的技术,转移到国外子公司,以此提高企业整体技术水平的形式。美国国际大公司新开发出的技术成果大约有 80% 是通过这种方式移植到海外的。企业间的国际合作关系也可以实现技术转移,但一般需要相应等价的条件。广义的技术转移,一般也包括技术输出和技术引进。

第三,技术贸易。这里一般是指技术的国际贸易。目前,高技术国际贸易在发达国家中十分盛行。测量国际技术贸易的一个重要指标是"专利自我满足率"的下降幅度。据世界经济合作与发展组织统计,在西方七个主要发达国家中,除了加拿大和日本以外,其他国家对国外专利的需求发展都十分迅速,自我满足率都呈现出大幅度下降趋势。

第四,境外技术开发。随着世界经济的一体化,企业尤其是欧美发达国家的国际性企业,在境外进行生产的同时,开始在境外设立研究开发机构,充分利用国外的智力资源从事开发活动。目前,这一趋势在明显加强。

第五,技术联盟合作开发。随着新技术、新产品开发成本和风险的不断增大,也为了更好地实现企业间的优势互补,不同国家、不同地区的一些企业形成联盟关系,合作进行技术开发,这种技术发展形式能够发挥企业各自的技术优势,可以缩短研究开发的时间,提高研究开发的效率和质量。由于这些技术联盟多半是跨国、跨地区的,因此具有多元文化的特征,在实现优势互补的同时,也有可能带来一种文化的冲突,如何实现在技术合作的基础上的异质文化融合,是在采用这种形式发展技术时应该重视的问题。

由于科学技术发展的不平衡性,产生了现代科学社会运行的新观点与新规划。为了加速实现科学技术现代化,必须深入研究世界科技史、中国科技史、当代科学技术发展的趋势,以便保证作为一种战略产业的科学技术业能够按照科学技术发展的客观规律健康的发展。

11.3 科学技术社会运行的保障

现代社会是一个动态的复杂系统,它包括诸多要素,由其形成的子系统共同处于错综复杂的相干关系之中。科学技术子系统也必然和其他子系统相互联系、相互制约与相互作用。因而在研究科学技术的社会运行机制时,必须从社会大系统的高视角考虑,才能对科学技术活动进行合理的调节控制,保障其健康持续地运行发展。

科学技术系统在社会中的高效运行,需要社会环境系统、国家战略和科技政策、科学奖励制度、技术专利制度、科技中介服务体系等几个方面的保障。

一、社会环境系统

科学技术子系统在社会大系统中运行,必然受其他社会子系统,如社会生产、社会制度、社会思想文化、教育等的影响。

1. 社会生产决定科学技术的发展

马克思主义认为,人类的社会实践是人类认识的基础,人类社会实践的发展决定人类认识的发展。在人类的所有活动中,生产实践是最基本的实践活动。科学技术的发展,从根本上取决于社会生产的发展。这是辩证唯物主义科学观的一个基本观点。

物质生产是人类社会赖以存在和发展的基础,是决定其他社会活动的最基本的实践活动。人类早期的生产活动,是产生经验的自然知识和生产技艺和技能的源泉。近代社会生产发展的强烈需求促进了近代科学技术的迅速发展。18世纪的近代第一次技术革命,就是在英国大规模的世界贸易已发展到以人力为动力和手工劳动不能满足市场需求的时候发生的。在现代社会中,生产实践对科学技术的需求越来越迫切,要求也越来越高,从而不但促使科学技术在20世纪突飞猛进的发展,还导致了科学技术研究成为独立的社会事业和社会部门,并使研究方式也发生了根本性变革,由个人研究、集体研究转变为国家规模甚至国际规模上的合作。

社会生产对科学技术发展的决定作用,主要是通过以下途径实现的。

第一,生产实践为科学技术提供了研究的课题和认识的材料,同时,科学技术成果的真理性和实用性最终也只能通过生产实践来检验。因此,社会生产是科学技术最重要的认识基础。第二,仪器设备和各种物质技术手段,标志着科学技术发展的水平,决定着科学技术发展的状况。尽管近代科学产生以后,科学实验已经成了一个相对独立的社会实践领域,但寻根溯源,科学活动中所需的这些物质技术手段还是通过社会生产活动创造出来,是由工业生产所提供的。因此,社会生产仍然是科学技术活动最重要的物质保证。第三,科学技术活动的研究经费也需要靠社会提供,离开了社会生产,也就失去了经费的基本来源。一个国家和社会能够筹集多少资金用于科学技术发展,固然与认识水平和其他社会因素有关,但最根本的还是取决于社会生产发展的状况和水平。因此,社会生产又是科学技术发展的资金来源。

2. 社会制度制约科学技术的发展

政治是经济的集中表现,又是一种以强制手段支配整个社会行为的强大力量,所以对科学技术的发展也具有重要的制约与影响。政治对科学技术发展的制约与影响,集中表现在社会制度层面上。

一定社会的政治和经济制度主要反映占统治地位的阶级的意志和利益。在历史上,科学技术成果总是被当时占统治地位的阶级所占有、掌握和利用,并为巩固一定的政治和经济制度服务。一些国家的政府和财团,或者为科学技术研究提供物质条件和经济支持,或者通过各种方式影响干涉甚至遏制某些科学技术的研究和开发应用,其目的无非都是为了让科学技术满足他们的经济和政治上的需要,而不危及他们自身的利益。因此,尽管科学技术本身是没有阶级性的,但它在不同的社会制度下可以被不同阶级利用,从而达到不同的目的。忽视科学技术受社会制度、阶级关系的制约,认为科学技术的发展可以与社会制度相脱离的观点是不正确的。

社会制度对科学技术发展的制约,突出表现在社会制度的变革往往为科学技术的发展扫平前进的道路。英国17世纪资产阶级革命的成功确立了资本主义制度,为英国成为近代科学革命的中心,以及18世纪发生的产业革命创造了良好的社会条件。近代日本在科学技术上的崛起,不能不说是同 19 世纪 60 年代明治维新导致的社会制度变革密切相关。而中国古代科技文明走在世界前列,到近代却大大地落后于西方,在很大程度上是由于腐朽而又顽固的封建制度限制了科学技术的发展。

3. 社会思想文化影响科学技术的发展

社会思想文化主要是指哲学和宗教思想、道德观念等。这些社会因素对科学技术的发展也起着重要作用。

任何科学研究活动都必须运用理论思维。一切理论思维过程——不管从事理论思维的科学家们愿意与否、承认与否、自觉与否——都要受到他们的世界观、认识论和方法论的影响。科学愈是向前发展,理论思维也愈益重要。正是因为这样,推动了现代科学发展的科学家们——从爱因斯坦、海森伯、薛定谔、玻耳、玻恩到贝塔朗菲、普里高津,都十分重视哲学的作用。哲学不仅影响着科学技术工作者的科学研究导向,而且影响着科学技术决策者和管理者的决策和管理思想,以及整个社会的精神风貌和价值取向,从而也直接或间接地影响到科学技术的发展。

不同的哲学观点对科学技术发展的影响不同。只有建立在科学技术本身发展的基础之上,并能转变为科学技术工作者以及科学技术决策者和管理者们自己掌握的思维工具的哲学,才能对科学技术的发展起到实际的促进作用。辩证唯物主义是在科学技术本身发展基础上产生的,适应现代科学技术发展需要的哲学。这种哲学必须深深地植根于科学技术发展之中,密切关注科学技术发展中提出的新问题,并随之不断地丰富和发展自己的内容与形式,科学技术工作者也应该自觉地学习辩证唯物主义,并把它自觉地运用到自己的科学技术实践中去。

我们说科学研究活动离不开哲学,绝不意味着哲学可以站在科学之上或科学之外,扮演"指挥者"、"支配者"的角色对科学发号施令。实际上,当哲学作为世界观、认识论和方法论被用于科学认识过程的时候,它只是科学认识的一种工具。而且这种工具只有掌握在科学技术工作者自己手中,才能真正发挥作用。

宗教对科学技术的影响比较复杂。在远古时代,原始宗教(如对动植物的图腾崇拜和万物有灵)与早期自然知识,巫术与早期技术常常难以截然划分,古代的炼丹术、炼金术和占星术的活动虽有宗教色彩(如要进行某种宗教仪式),但它们又在实际上是古代化学、天文学的材料积累。欧洲中世纪的宗教势力压制科学,把科学当做神学的婢女。宗教改革后的新教又在相当程度上允许科学活动,乃至认为科学为人类谋利符合上帝的宗旨。

不同的宗教对科学和技术发展的影响也有很大的不同,伊斯兰教对阿拉伯科学与中世纪的基督教相比则表现出了更加开明和宽容的态度。

在当代,宗教和科学仍有各自相对独立的发展,不能说宗教观念已经多么严重地影响或阻碍了科学技术的进步;但也要看到,宗教和宗教活动的确表现出不利于科学技术发展的一面。特别是在科学技术高度发展的今天,各种邪教,各种迷信又纷纷出现,有些还打着科学的旗号,可见,科学与迷信的斗争是不会停息的。

道德观念对科学技术的影响,主要是通过影响社会成员特别是科学技术工作者的行为实现的。科学技术活动除了受社会的一般道德观念的影响外,还要受科学道德的影响。所谓科学道德,就是科学技术工作者的职业道德,它是一定社会和一定阶级的道德在科学研究工作中的特殊表现,是用来调整科学技术工作者之间,科学技术工作者与研究集团之间及科学与社会之间的关系的行为规范。

科学技术生长于社会环境中,它需要全社会的支持。社会上形成的尊重知识、热爱科学、追求科学真理的良好道德风尚,是推动科学技术繁荣的重要精神力量。科学技术工作者是科学技术活动中人的因素,其自觉能动作用的发挥程度,直接影响着科学技术的发展。而科学技术工作者能动作用的发挥,又与科学工作者道德水平的高低有密切关系。高尚的情操和良好的道德修养,是科学技术工作者进行研究和取得创造性成果的必要条件。在长期进行科学技术研究的历史过程中,科学技术工作者用社会道德约束自己的行为,同时还形成了一套科学的道德规范,它激励着科学技术工作者克服一切困难,去攀登科学技术高峰。

正是良好的科学道德传统,维系着科学技术工作者群体,协调着科学技术工作者的行为,使人类的科学技术事业永盛不衰。我们在研究科学同各种社会因素的关系时,绝不能忽视道德对于科学技术的推动作用。

4. 教育影响科学技术的发展

首先,教育发展的状况决定着科学技术发展的状况。科学技术活动的主体是科学技术劳动者,他们是通过教育造就出来的。教育的发展状况决定了科学技术队伍的质量、数量和结构,决定了这支队伍的知识更新能力及其后备力量的培养。科学认识的特点就在于其创新只能在继承的基础上发生。没有教育,就没有知识的继承,也就不会有创新。现代教育不仅具有保持和传播知识的职能,而且具有创造和发展知识的职能。在世界各国中,大学的科研成果都在其全部科研成果中占有相当大的比重。随着高技术的发展,美、日等国的一批专门从事高技术开发的科学园区都以大学为中心兴起,也说明了这一点。

其次,教育的普及程度还决定着科学技术成果在社会中传播、消化、吸收和应用的程度。在科学研究中,重复劳动是没有意义的。任何科学技术成果都可以超出国家和地区的界限,为整个人类所共享。但每一个国家和民族享用这些科技成果的能力,依赖于它接受、消化、吸收和应用这些成果的能力,而这种能力又是被它的教育程度所限定了的。日本自明治维新开始就把振兴教育作为一项基本国策。第二次世界大战以后,从1950年到1972年其教育经费猛增25倍,使1/3的人受到高等教育,从而大大提高了日本的科研能力,特别是对新技术的消化、吸收能力。这是日本能够后来居上,一跃成为世界经济技术大国的重要原因之一。

正因为教育对科学技术发展有着如此重要的作用,所以现代的经济竞争已在很大程度上变为科学技术的竞争,科学技术竞争又在很大程度上变成了教育的竞争。教育对许多国家的科技振兴和经济起飞都作出了巨大贡献。不过,教育对科学技术的影响,尤其是对经济发展的影响有一个"滞后期",这恰恰需要对教育作超前的投入。如果由于教育的影响不能立即在科技和经济发展中显现出来而忽视和冷落教育,那不仅是目光短浅的而且是十分有害的。

二、国家战略和科技政策

第二次世界大战以来,由于科学技术的迅猛发展,科学技术日益社会化,社会日益科学技术化,从而使科技政策的研究和制定显得日益重要。国家的科技事业要得到发展,既要处理好科技领域内部的各种关系,又要处理好科技与经济、社会的相互关系,促进它们的协调发展。因此,国家必须制定统一的基本行动准则,发挥政府的宏观调控作用,实施有效的政策管理。

科技的发展对管理体制提出了双向要求:既要保证科学的自治,又要对科学实行控制和管理。让科学充分自治的理由是:科学是创造性劳动,科学的内在动力是对科学的热爱、兴趣和求知欲,让科学家沿着自己的科学思想的自由发展进行研究是取得成功的保证,学术交流、学术竞争和人员流动是科学繁荣的生命,科学外部的粗暴干预曾造成不少的严重后果。让科学充分自治,就会导致自由科技体制。对科学技术研究活动加以控制和管理的理由是:科研规模越来越大,难度越来越高,科学的管理已成为一种决定性因素;科技的发展出现了人类意料之外的危害,人们意识到不能对技术的发展放任自流,而必须权衡利弊,加以控制;科学内部的探索方向与社会的迫切需要并不总是吻合的;科学技术体系结构的日益复杂化。对科学实施控制,则通常采取计划科技体制。现代科技体制则是自由与计划的结合,多数国家朝着集中协调型科技体制发展。

国家通过战略制定、政策导向、法规约束、研发投入等保障和规范科学技术的运行活动,而战略方针的制定和政策法规的引导又是最重要的两个方面。

(1)战略方针制定。科学技术与生产一体化表明,科学技术是经济和社会发展的首要推动力量,是国家强盛的决定性因素,为了适应市场经济体制和科学技术自身发展的规律,必须把科学技术发展与经济建设紧密地结合起来。从长远看,科学技术创新,尤其是高科技领域中的创新,是一国构造未来产业国际竞争力和提升综合国力的根本所在。在当代,高技术产业竞争是综合国力竞争的重要阵地,发展高技术,实现产业化,是带动产业结构升级、提高劳动生产率和经济效益的根本途径。为了推动高技术创新的可持续发展,必须提高政府对高技术创新活动的宏观调控能力。

科学技术发展战略方针制定的一个重要前提就是科学选择。科学选择是在一定范围内,通过确定优先领域,对科学研究活动未来的发展进行干预和调控的过程。通过优先领域的研究,促进科技资源的优化配置,促进科技与社会的协调发展,使有限的科技投入能够获得更高的回报。科学选择之所以必要,主要是因为:首先,各学科的发展是不平衡的,每一个时期都有不同的主导学科即带头学科。第二,科学发展从小科学走向大科学时代,科学已经使自身变成了一个需要巨额经济支持的庞大的结构体系。科研经费和科研队伍的需求与资源的有限出现了尖锐矛盾。第三,科学与政治、经济、军事的关系越来越紧密,国家需要在哪些领域增加投资以保持领先地位、在哪些领域跟进发达国家、在哪些领域利用他国的发现和发明等,都是科学选择必须回答的问题。

(2)政策法规引导。科技政策是国家为实现一定历史时期的科技任务而规定的基本行动准则,是确定科技事业发展方向,指导整个科技事业的战略和策略原则。要取得科学技术国际竞争的比较优势,必须借助政府的政策导向、法规约束、管理引导等功能,去整合全社会创新主体的创新能力,形成国家创新系统与国家创新能力,推动科学技术创新活动的可持续发展。因此,通过制定有关的政策措施,加强政府对高技术产业发展的参与、干预、组织、调控等是十分重要的。政府的相关政策法规的设计、制定及其操作功能的实施能有效推进科学技术创新活动。

科技政策的研究和制定涉及的内容很广,从国家的科技发展战略、科技管理的基本原则,到具体的地方性科技政策等。制定科技政策的基本原则有:科技政策与国家发展战略相一致;符合科技自身发展规律;科技与社会、经济协调发展,等等。

目前,我国国家科技部、中国科学院和各省、市的科技指导部门都设有科技政策研究机构。此外,还成立了全国性和地方性的科技政策研究会。国家的科学技术决策机构,根据科学技术发展规律、科学技术与经济的发展水平,通过制定战略、政策、法规,应用研发投入、市场、法律法规、社会创新组织等的杠杆作用,保障和规范科学技术的社会运行活动。

三、科学奖励制度

由于科学家的职业特点、科学劳动的复杂性、科学发现和科学成果的公有性以及因其公有性而使科学家更注重科学发现的优先权等问题的存在,使科学贡献的同行和社会承认及相应的奖励显得特别重要。

科技奖励制度的意义在于:用法律手段维护发明创造主体的合法权益,激发广大科技工作者勇于探索、献身科学事业的积极性和创造性,促进国家科学技术的发展。科学奖励系统的出现,源于对科学职业动力机制的深入考察和分析。默顿对科学家争夺科学发现优先权这一现象进行分析后,首次提出科学奖励系统的概念,以揭示科学体制本身的动力机制。默顿认为,科学家从事研究工作,尽管动机各异,但最终结果是增进知识,而科学知识的公有性使其不能拥有自己独创性成果的支配权,唯一权利即在其他人使用时承认其所作出的贡献。所以,同行和社会对科学家增进知识的承认和科学家由此获得的荣誉,是最重要的奖励。科技奖励法律制度就是依法确立的奖励科学技术发明、发现、科技进步、合理化建议、技术改进及其他科技成果的制度。科学奖励制度的特点是荣誉性、层次性、变动性,其功能在于促进优势积累、引入竞争机制、有利社会控制。科学奖励制度的建立和完善,将倡导科学家的社会规范、改善科学评价体系、优化科学的社会建制、推进科学事业持续稳定地发展。

科学奖励系统的实质是对科学家独创性贡献和科学能力的承认。科学家所期望的承认,实际上就是发现的优先权。因为只有导致知识增长的发现的首次公布才有意义,这就使得科学家们对发现的优先权给予极大的关注和尊重。默顿对优先权给予了一种独特的社会学解释,他认为,科学建制的目标是增长知识,这就把科学发现的独创性推到首要地位。科学规范要求科学家必须公开其发现,并接受科学界同行的审查、鉴定。而科学家把其知识贡献给整个科学界,自己并不占有其研究成果。因此,作为对其成果公开的报偿,科学共同体给予其发现的"优先权"。优先权激发了科学中的奥林匹克精神,即科学竞争精神。科学知识总是由科学家生产出来的,并打上个人的标记。作为独创性知识产品的生产者,应首先得到科学荣誉,获得最大的社会承认,这才能极大地激发科学家的首创精神。

我国自然科学奖励制度是根据《中华人民共和国自然科学奖励条例》建立的,对集体或个人阐明自然的现象、特性或规律,并在科学发展中有重大意义的科学研究成果给予奖励的制度。发明奖励制度是根据《发明奖励条例》建立的。这里的发明是指前所未有的、先进的、经过实践证明可以应用的重大科学技术新成就。科学技术进步奖励制度是按照《科学技术进步奖励条例》建立的。

四、技术专利制度

技术因其知识的专有性而注重技术发明的专利权。专利法和专利制度是技术创新成果的权益及其有序扩散和转化的保障,也是技术获得社会承认的重要依据之一。

与科学发现的优先权相对应的是技术发明的专利权。科学的直接目的是认识自然,技术的直接目的是利用、改造、创造、控制自然。技术是直接的、较多体现为物质形态的生产力,它与社会、经济、生产力的关系更为密切。技术评价的标准是权衡利弊得失、追求功利性。因而,如同科学因其知识的公有性而注重科学发现的优先权一样,技术则因其知识的专有性而注重技术发明的独占权。由于技术发明的成果是创造出自然界原来所不存在的人工产物,因此,与科学发现不同,技术发明的前期需要智力和资金的大量投入,而技术发明的采用可以带来可观的商业利益,这就使某些人可能避开前期的工作而通过后期模仿来获利。因此,需要通过专利来调节,以保护发明者的自主知识产权,制约后期搭便车式的获利者,并保障发明者前期投入的回收。对于技术发明成果的专利权保护具有经济学上的意义,对待技术发明,绝不能像对待那些"公有化"的科学知识一样,任何人都可以无偿占有,而必须根据它的使用价值有偿购买。

值得注意的是,在近代,更确切地说是在小科学时期,无论科学发现还是技术发明都时常出现优先权之争,但到了现代,由于科学技术的高度体制化和社会化,对于能在产业上迅速应用的新发明已经不再通过给予优先权而主要是通过给予专利权作为其被公产的一种报偿。因而,技术承认如何从奖励制度转向专利制度十分重要。由于专利制度无须组织评奖,专利发明者的收益可以直接从专利实施所获得的经济收入中提取,这样可以减少国家的奖励开支;而且把评判权交给社会,可以按照市场需求调节技术活动的方向和节奏,有利于解决科技与生产脱节问题;在激励技术开发人员的积极性方面,也比奖励制度更加有效。专利制度从法律上保护了发明者的劳动成果不受他人侵犯,且专利带来的效益越大,专利权人获得的回报也越多。

专利制度的作用主要有以下几方面:一是有效地保护发明创造。发明人将其发明申请专利,专利局依法将发明创造向社会公开,授予专利权,承认发明人在一定期限内对其发明创造享有独占权,把发明创造作为一种财产权予以法律保护。二是可以鼓励公民、法人搞发明创造的积极性。这样,可以充分发挥全民族的聪明才智,促进国家科学技术的迅速发展。三是有利于发明创造的推广应用。发明创造的推广和应用可以促进先进的科学技术尽快地转化为现实生产力,从而实现经济增长方式的转变,真正把经济增长的方式转移到依靠劳动者素质的提高和科学技术进步上来。四是促进发明技术向全社会的公开与传播,避免相同技术的重复研究开发,提高科学技术研究工作的效率、避免不必要的资源浪费。专利制度是技术社会建制的重要组成部分,也是技术社会运行的润滑剂。

五、科技中介服务体系

科学技术活动的复杂性,使其各种因素及其活动过程的各个环节都不可或缺。市场经济条件下的科技创新活动、高风险的研发投入(风险投资)更需要通过社会化的中介服务机构来推进。

科技中介服务机构本身不从事直接的科学技术的生产活动,它的目的是在科学技术生产者之间、科学技术生产者和采用者之间、科学技术生产者与社会各部门之间实现沟通,形成相互依存和促进的非线性共生作用机制,以促进技术、资本、服务的协同进步。这一体系中包括律师、市场调查、咨询、公共关系、风险投资、产品分销等服务性行业;还包括研发实验室、产品设计室、猎头公司、相关辅助服务公司等非生产性的实体机构。它包含了科技活动过程的各个环节和科技服务的各个方面。在科技与经济、社会紧密结合的过程中,科技中介服务体系是重要的中介桥梁,它是科学技术服务于经济建设和社会发展的重要途径,也是广泛吸纳社会各界力量促进两者协调发展的重要保障。

组织网络化、功能社会化、服务产业化是科技中介服务体系的基本特征。这一体系的业务活动范围包含信息综合服务、技术综合服务、专利和知识产权服务、风险投资服务、科技政策、科技法律法规服务、科技人才服务等方方面面。科技中介服务体系的完善是科技社会运行体制化建设的新的重要组成部分。

第 12 章 科学技术的社会建制

20世纪以来,科学技术与社会的互动不断加强,科学技术本身逐渐发展成为一种独特的社会建制。特别是第二次世界大战后,国家规模的科学技术活动的展开,使科学成为了一项国家事业。随着科学技术的国际交流与合作研究的展开,科学技术开始成为一项国际事业。因此,科学技术的社会建制问题也被纳入科学技术哲学的研究范畴,成为科学技术哲学的研究对象。本章主要阐述科学技术的体制化、科学技术的社会组织和科学技术的社会规范等问题。

12.1 科学技术的体制化

一、科学技术体制化的含义

科学技术体制化就是科学技术活动确立为一种社会建制的过程。作为社会建制的科学技术体制是在一定社会价值观念支配下,依据相应的物质条件形成的一种旨在规范人类对自然力量进行探索和利用的社会组织制度。科学技术体制化是科学技术活动的社会组织化、系统化、规范化、形式化,是科学技术社会建制的主要内涵和标志。

科学技术体制化是科学技术社会建制化的具体表现,是科学技术社会组织制度的形式化,因此,通过对科学社会建制的认识,便可以了解科学技术体制化的深刻内涵。

一般说来,社会建制(social institution)指的是组织编制和制度的总称,是指为了满足某些基本的社会需要而形成的相关社会活动的组织系统和制度体系,主要是指社会组织制度,它包括价值观念、行为规范、组织系统和物质支撑等要素。这些要素互相依托、共存、促进,构成科学技术社会建制的稳定的、组织化的、系统的结构形式,并制约着科学技术的社会功能的发挥。

价值观念是阐明科学技术建制化的终极目标或存在价值的理论体系,它向社会成员揭示出科学技术社会建制存在的意义,使他们在充分理解制度目标的基础上,去遵循制度规范。科学技术的价值观念主要体现在有关科学技术的社会目标和功能的理论中,并集中体现在社会的主导意识形态中。在科学技术体制化的过程中,科学技术的意识形态化的特征日益明显,科技进步观已成为一种普遍的、推动社会进步和人类可持续发展的主导意识。

行为规范是制度运行过程中起行为约束作用的要素,是科学技术社会建制化过程中所形成的关于人类特定社会活动行为模式的规定,也是人们要遵循的行为准则。行为规范既具有一般社会运行系统的特点,又具有其科学技术活动行为的特殊性。行为规范不是固定不变的,它总是随着科学技术的发展而变化,同时受到诸多因素的影响。但它的变化总是要使科学技术共同体成员的积极性、探索精神、奉献精神和智慧得到充分的发挥,推动人类的科技文明。

组织系统是社会建制的实体结构,是制度和规范的载体,是科学技术社会建制化实际运行的组织构成。在组织系统中,包括组织首脑、职能部门和组织成员。科学技术的社会建制的承担者是科研组织,有学术带头人、从事科研工作的科学家和其他相关人员。行为规范与所要实现的目标和功能都是通过组织活动来实现的,并通过组织来规范其成员的行为,维持制度运行的秩序和效率。

物质支撑是科学技术的社会建制运行的基本条件和基础保障,是科学技术社会建制构成的硬件。它包括科学技术研究中的实验室和仪器设备等一些实体性物质,也包括一些象征性的东西,如中国古代的"阴阳鱼"、"太极图"之类。两者之间的互动和互补保证了制度的正常运行。

科学技术体制化程度的提高,是上述各要素相互匹配、协调、促进和制约,从而实现科学技术整体的目标、功能、效率,实现科学技术的社会建制有序化的结果。

科学技术体制是一个多层面的,由运行机制、组织结构、相关制度等构成的网络化系统,科学技术体制化也是一个从无到有并不断完善的社会过程。

二、科学技术体制化的历史过程

科学技术体制化的理论渊源于科学社会学的研究。美国科学社会学家默顿在他1938年出版的《十七世纪英格兰的科学、技术与社会》中,分析了科学在当时当地的体制化和科学(作为一个慢慢出现的社会体制)与其他体制之间的互动方式等问题,[1] 为科学技术体制化研究开辟了道路。英国科学学家贝尔纳最早将科学作为一种社会建制在理论上进行了系统的研究,并于1954年出版了奠基性的著作《历史上的科学》,提出科学活动已成为现代社会不可或缺的一种社会职业。[2]

科学技术体制化是一个历史的过程。科学家和技术专家是科学技术体制和组织的基本成员,分析科学家和技术专家的社会角色形成与演变过程,是讨论科学技术体制化进程的重要路径。

1. 科学技术体制化的孕育

古代的自然科学与哲学是融为一体的,从事科学事业的人没有专业的分工,科学活动的主体是一些具有科学气质和渴望探索自然奥秘的人。他们是科学事业的开拓者,对科学的早期发展做出了贡献,通常被为自然哲学家。但在古代他们不具有独立的社会地位和

---

[1] 默顿 R K.十七世纪英格兰的科学、技术与社会.北京:商务印书馆,2002.中文版前言3-4
[2] 贝尔纳.历史上的科学.北京:科学出版社,1981.6

身份,所从事的也不是专门的职业。在古代技术活动与生产活动是融为一体的,因此,古代技术活动的主体是生产活动中的生产者,以及从生产者中产生出来的工匠。古代技术的主要形式是有关手工操作的、经验性的一些方术,缺少科学知识和文化的底蕴,而掌握这些方术的工匠大多出身于下层社会,传授技术知识大多局限于家庭内部或师徒之间,因此古代技术的发展十分缓慢。

古代科学技术体现出原始性、自发性,它的社会功能是很有限的,社会对科学技术的需求很低,因此,根本无法形成科学家和技术专家的专门职业化的社会角色。但由科学技术本身的继承性和社会进步的自组织性所决定,这些自然哲学家和技术工匠实际上是后来科学家和技术专家的雏形,作为独立社会角色的科学家和技术专家,就是由他们孕育产生的。

2. 科学技术体制化的肇始

近代科学家和技术专家角色的出现以及科学技术人员的职业化是科学技术体制化的重要标志。由于人类对自然界的认识有了一定程度的深入,社会条件相对成熟,孕育了专业化的科学家队伍的出现。早在中世纪后期,欧洲就建立了大学,不过当时大学开设始的课程主要是神学、医学和法学等,其目标是培养神职人员和医生、法官。后来逐渐在大学所教授的课程中出现了学科的分化和增多,在大学教师中慢慢地出现了靠讲授自然科学课程获得工资的专门教师,这样的教师就成了一种社会职业。形成近代职业科学家队伍的成分中,还有另一部分成员,他们虽然没有经过正规的大学培养,但却受到工匠传统的熏陶,具有丰富的经验和科学洞察能力,敢于探索和实验,对科学有一种执著追求的精神并且多才多艺,达·芬奇就是他们中间的代表。大学的学术传统与工匠的实验探索精神相结合,科学实验也从生产实践中分离出来,此时,便出现了分门别类的专门化的科学研究,这意味着职业科学家的社会角色的出现。

各种专门性的学会组织的出现是科学体制化进程中关键的一

环。在这方面,英国率先迈出了坚实的第一步。17世纪中叶,一大批提倡科学研究和实验探索的科学家开始每周在伦敦聚会讨论科学问题,并于60年代成立了世界上第一个对后来的科学事业影响深远的科学家组织——英国皇家学会。英国皇家学会的成立,标志着科学研究活动的专业化、科学家的职业角色得到了英国社会的承认。英国皇家学会早期会员中集中了一批为科学事业建立了不朽功勋的卓越的科学家,如牛顿、玻意耳、胡克、哈维等。但作为一个科学的社会组织,学会会员大多属于上层社会,不需要依靠从事科学研究活动来维持生计,本质上还是属于业余科学家联盟。继英国之后,法国于1666年成立了科学研究的专门学术机构——巴黎科学院。科学院的院士都是专职从事科学研究的科学家,实行的是"带薪制度",即从国家得到年薪。巴黎科学院的成立以及科学院院士领取国家薪金制度的出现,是科学家社会角色形成的重要步骤,也是真正意义上的科学体制化的初始形态。

19世纪以后,西欧各国开始效仿法国的做法,对科学研究领域的旧的生产关系进行改革,实行科学家的"带薪制度"。但科学终于成为一种专门的职业却是在德国,这与德国高等教育以及工业生产的发展密切相关。在英国和法国先后开始了产业革命并在科研和高等教育方面取得较大发展之后,德国派出了大批科研人员到英国和法国进修、培训和学习。这些人员回国后,促进了德国科研事业的发展,加快了科学技术与产业相结合的步伐。德国政府为从事高等教育和产业化的科学技术研究的科研人员提供了职业岗位,这为科学家的职业化提供了现实的可能,使科学家真正成为一种新型的社会角色。1834年,英国哲学家惠威尔首次提出了"科学家"(scientist)一词,并逐渐被社会所接受。科学家一词的出现,标志着近代科学家群体的社会角色的真正诞生。

近代技术专家角色,即工程师的社会角色的诞生也经历了一个较长的过程。从16世纪起,在欧洲首先出现了以道桥和从事测量为职业的土木工程师(civil engineer)。17世纪以后,随着生产的发展,生产规模不断扩大,产业分工越来越细,专业化程度日益提高,便相继出现了机械、冶金、采矿、电气、化工和管理等一系列专业化的工程师。

除了产业的迅速发展,欧洲的工程技术教育的普及化也是产生工程师社会角色的重要原因之一。法国和德国的产业革命是在英国之后开始的,但法、德两国却在普及和发展工程技术教育上超过了英国,这两个国家在世界上先后创办了职业性教育的技术学院,促进了高等工程技术教育事业的发展,培养了大批的工程技术人员,造就了一批在工业化进程中挑大梁的顶尖工程技术人才。随着工程师队伍的扩大,研究和解决工程技术问题能力的提高、程度的加深、领域的扩展,技术科学也应运而生并迅速发展。技术科学和工程师互相促进、相生相长,推动了工程师队伍的不断壮大,并最终取代传统工匠成为专业化、职业化技术专家的社会角色。

3.科学技术体制化的确立和成熟

在19世纪,科学研究虽然已经发展成为一种专门的职业,科学家也已经成为一种社会角色,但科学事业真正成为一种社会建制还远没有成熟。20世纪以来,科学与技术的关系越来越密切,科学对技术和生产的指导作用日益加强,科学和技术一起成为现代社会发展和文明进步的主要推动力。科学家的社会角色受到社会的普遍承认,科学技术体制得以确立和走向成熟。

在科学家社会角色的确立方面,西方发达国家和日本相对发展的比较早,也比较成熟。这与这些国家的高等教育、经济体制、科学技术政策等因素有较直接的关系。在这方面美国走在了最前面,他们的做法和经验很有代表性。一是改革大学和科研体制。在大学里建立了分科的系和研究生院制度,培养了大批有科研和创新能力的研究生,毕业后充实到科学家队伍中。二是企业中工业实验室的大量建立。这样的实验室既是企业进行技术研发和创新的载体,又是集基础研究、应用研究和创新直到新产品开发于一身的机构。这样的机构吸收了许多顶尖的科学家和博士学位获得者,既极大地增强了从基础研究到技术创新再到产品创新的能力,促进了从知识到技术再到产业的物化和转化,同时培养出一大批集科学家、工程师和企业家于一身的人物。目前微软、英特尔、通用等大的跨国公司和一些大中型的公司几乎都设有这样的实验室。三是国立科研机构,通过国立科研机构,吸收了大批能集基础研究和应用研究于一身的科学家和一些能够进行科学政策咨询和研究的软科学专家,他们既承担着国家重大科研项目,也对政府的科学决策产生巨大的影响。上述三个方面的构成互相补充、协调和促进,既确立了科学家的社会角色,又完善了学科体制建设,形成了一个稳定、高效、良性运行的体制化的系统。其他发达国家的科学体制化建设也有许多与美国相似之处,比如都有国家直属的科研机构;有着类似的科学家培养模式和科研机制;都设立了基础研究的科学家与应用研究科学家的岗位等。

现代技术专家角色的确立是和现代科学家角色的确立交织在一起的。现代科学和技术发展使得传统的科学与技术的泾渭分明变为融为一体。在这个系统中,纯粹的基础科学是一个层次,实用技术处于另一个层次,中间层次则主要表现为科学技术的融合状态,难以分清是科学还是技术。尤其是20世纪中叶以来,现代科学技术革命的迅猛推进,使得这种情况表现的尤为明显。因此,从科技人员所从事的工作和岗位来界定科学家和技术专家是越发困难了。科学家单纯地作基础研究或者工程师只是搞技术工作已经行不通了。科学家为了科研的成功常常需要做一些传统意义上属于技术性质的工作,而工程师在工作中为了实现创新也必须做一些传统意义上基础研究的工作,以寻求科学理论知识的支持。现代科学和技术由于学科相互交织,影响甚至决定了学科体制的交织,也促使科学家和技术专家的职业岗位相互交织、重叠和融合。因此,在现代科学家的社会角色和职业岗位中,实质上包含了技术专家的存在,再加上企业中从事技术工作的人员,就构成了现代技术专家队伍。技术专家的社会角色有一个显著的特征,那就是他们在社会生产中显现出来的比科学家更加直接和明显的经济功能,这也是技术专家社会角色确立的一个重要标志。

三、科学技术体制的构成

就科学技术系统本身而言,在体制构成上存在着一种相对独立的自主发展的内在机制;从它与外部的联系和作用的角度看,存在着一种将科学技术运行与社会发展有机联系起来的连接机制。

科学技术体制化的内涵随着科学技术活动从个体到集体,直到国家规模的发展,出现了不断深化。在现代科学技术革命的条件下,科学技术体制是由科学技术活动的经济支持体制、科技结构比例、科学技术知识的传播与增加的体制、科学技术人员培养的制度、科学技术活动的法律保障、科研管理体制等方面构成的复杂的大系统。

1. 科学技术活动的经济支持制度

"科学技术是第一生产力",经济的发展离不开科学技术,同样科学技术的发展更需要经济的支持。科学完善的经济支持制度能够促使科学技术和经济建设良性循环和互动。对科学技术活动的经济支持制度主要反映在科学技术的投入机制上。

科技投入是科技发展的强大支持力量,形式上是支持科技活动的投入,本质上是一种生产性投入。科学技术投入体系主要由政府拨款的财政性科技经费、金融机构的科技贷款、工业企业的技术开发经费、高校和科研机构自筹经费、社会风险和创业资金、基金会基金或民间捐赠资金等组成。根据不同的科技活动的内容,各类资金的投入有不同的功能和投向。

根据联合国科教文(UNESCO)组织的定义,结合我国国情,科技活动的主要内容应包括三大部分,即研究与发展活动(R&D 活动)、科技的转化和应用活动、科技服务活动。而在整个科技活动体系中,

R&D活动占有极其重要的地位,是联结基础和应用研究以及产业化的重要环节。政府拨款的财政科技投入主要用于R&D活动、社会公益事业和基础性的研究,同时还包括一部分对科技成果转化和研究活动开始阶段的启动投入。金融机构的科技贷款和工业企业的技术开发经费是科技成果转化和研究活动的主要资金来源。

风险投资机构的风险资金,出现于20世纪下半叶,主要投向是支持高技术企业,是这些企业高新技术产业化初始阶段的主要资金来源。美国的许多近些年来新兴的高新技术公司的起步和腾飞都得益于风险投资的支持。此外,还有其他科技投资或融资渠道,如企业、科研院所、高校等单位的自筹经费,创业投资机构的创业投资资金,吸收国内外机构或民间的捐赠资金等。

近年来,随着科技体制改革的深入和发展,在科技投入的资金渠道上和形式上,都有了显著的拓展,改变了1985年科技体制改革以前我国科技投入的形式和渠道单一化的局面,科技投资的总量有了明显的增加。多渠道、多形式、多层次的科技投入体制和公平竞争、重点择优支持的良性运行机制正在形成。但与发达国家相比,我国研发经费占国内生产总值的比例还较低,支持高新技术的风险投资和扶植科技成果转化的创业投资严重不足,这些问题需要通过科技体制改革的深化来解决。

科学技术的迅猛发展使科技成果向现实生产力的转化,日益成为现代生产中最为活跃的因素和最主要的推动力量,因此,科学技术方面的投入也日益加强。20世纪中叶以来,各国的经济发展与科技投入之间呈现出同步增长的关系。近些年来,美国、日本、韩国和法国等欧洲国家都加大了对研发经费的投入力度,占其本国科技研发总费用的比例都有显著的提升。

2.科学技术研究的结构比例

当代科技活动的结构主要是由基础研究、应用研究和开发研究组成的庞大的有机体系。建立恰当的三者之间的科研经费分配比例关系,是科学技术体制的重要内涵。

要使基础研究、应用研究和发展研究之间的经费比例分配合理,前提是要处理好它们之间的关系。科学技术为经济建设服务,应用研究和开发研究是必经的中间环节。我国的科学技术成果转化为现实生产力的比例不高,周期长,主要是由于应用研究和开发研究薄弱。所以,重视应用研究和开发研究并在这方面有较大的投入是必要的。但是,我们又不能忽视了本来就很薄弱的基础研究,没有基础研究作后盾,应用研究和开发研究就很难取得突破性的进展。重要的是要在它们之间建立合理的配比和紧密的联系,尽量避免政策指导上的失重和摇摆。

不同发展水平、不同环境条件的国家和地区,三种研究有不同的规模、比例。据世界经济合作与发展组织统计,2000年美国基础研究、应用研究和开发研究所占比例分别为18.1%,20.8%和61.1%,日本则为14.3%,24.0%和61.8%。与基础研究相比,应用研究和开发研究在科学活动中总是占据主要地位。但是,这并不说明我们可以忽视基础研究,基础研究是国家长期发展的战略资源,任何一个世界大国都不可能也不应该没有自己的基础研究。我国的科技体制改革正在积极学习发达国家的有关经验,逐步合理地处理三种研究之间关系。

3. 科学技术活动的法律调整

科学技术活动是一项复杂的社会性实践活动,需要一定的法律体系的支撑和保障。科学技术的法律法规体系,是调整科学技术活动中社会关系的法律规范的总和,是国家调动物质资源和人才资源为实现其科学技术发展目标而作出的科学技术的行为规范,是科学技术进步的重要保障。确立一个系统化的科技法律体制,对于保证科技活动有一个长期、稳定的良性运行环境有着十分重要的意义,起着十分重要的作用。世界发达国家走过的历程告诉我们,完善科学的立法和执行机制,是科学技术发展的必要条件。

对研究与开发的成果,要建立保护知识产权的法律制度。关于科学技术活动的立法主要包括三个方面:一是通过立法保障科技发现发明(知识产权);二是通过立法保障对科技的有效投入;三是通过立法保障科技情报的正常交流和科技知识的有效传播以及必要的保密。

第二次世界大战以后,科学技术的规模不断扩大,科学技术的层次结构日益复杂,科学技术活动的疆域大为拓展,法律对于科学技术活动调整的任务从开始只注意保护发明创造和维护市场秩序,扩大到更广阔的领域,科学技术立法几乎深入到人类科技活动的各个方面。当前在全球范围内,不论是注重成文法编纂的大陆法系国家,还是以判例法为特点的英吉利法系国家,都无例外地重视制订科学技术成文法律。科技政策法制化成为一种世界性的趋势。

尽管世界各国关于法律对科学技术的调整和保障范围并没有也不可能有统一的规定,但在所涉及的基本问题上许多国家却有共通之处,这里包括:国家发展科学技术的战略规划、宏观政策,对于科学技术组织和管理方面的纵向关系;国家部门之间、地区之间、科学技术领域之间在科技研究、开发、管理和协作方面的横向关系;科研实体、经济实体、其他法人和公民在科技活动中结成的权利义务关系;现代科学技术与政治、经济、文化、教育及社会其他方面的协调发展关系;现代科技活动中人们主观世界与客观世界的关系,例如原有科学标准、技术规范与最新科技成果的关系等。

改革开放以来,虽然我国科技法制建设有了长足的发展,但由于我国的科技法制建设起步较晚,目前科技法律体系还不十分健全和完善,与发达国家相比还有较大差距,相对于我国的科技发展的需要而言也是滞后的。世界贸易组织(WTO)中的一些规则,对于我国的科技法制建设,特别是关于知识产权的保护等问题提出了更高的要求。进一步加强科学技术的立法和执法,完善和健全科技法律体系,是我国科学技术体制改革的重要而艰巨的任务,也是科学技术活动运行的重要保障。

4.科学技术知识的传播与增加的体制

科学技术的继承、创新突破和发展进步都要依赖于科学技术知识的传播。完善和健全科学技术知识传播体制、疏通科学技术知识传播渠道是促进科学技术发展,推动社会进步的重要途径和手段。科学技术知识传播是科技知识信息通过跨越时空的扩散而使不同个体间实现知识共享的过程。其基本功能是把科技人员的私有知识转化为社会共享知识,实现科技知识的传递和扩散。完善和健全科学技术知识传播体制是科学技术体制改革的重要环节和必然要求。科学技术知识传播的渠道包括:建立科学技术共同体交流与合作的各种学会,创办期刊、杂志、会报,发布研究报告,通过同行评议、专家评审、发表论文、评奖,促进科学技术知识的增长。

科学技术知识传播机制的完善和渠道的畅通,有赖于科学技术体制的整体性、协调性,有赖于支撑、保障、扶持和推进科学技术发展的其他方面体制的完善和合理的建构。因此,科学技术知识传播的体制,也是同其他体制(诸如法律保障体制、科学技术活动激励体制、投入体制、产权体制等)一起来使科学技术知识得以有效传播的共同机制。科学技术知识传播系统本质上是一种信息传播系统,通过传播科技信息促进科学技术知识和方法的扩散和普及,使科学技术知识到应用技术,再到生产的传输环节畅通。

一般的传播系统由以下几个因素构成:传播者、传播内容、传播渠道、受传者、传播效果,科技传播系统也是如此。不过,在科技传播系统中,对这些要素又都有一些特殊的规定。在这些要素中,最重要的是传播者和传播渠道。传播者是传播的主体,科技传播者主要包括科技信息的生产者(科技共同体)、教育工作者、社会各类传播系统中从事科技信息采集、制作和编辑的工作人员,如科技记者、编辑,以及有关政策的制定者和相关工作者。科技传播的渠道有多种类型,除了传统的传播方式外,一些新技术手段也在科技传播中采用。目前的信息传播方式,包括声音、图片、文字、实物、电脑网络等,这些形式在科技传播中具体体现在前面提及的一些交流方式中。科技馆、博物馆、展览馆等场所,则是对大众进行科技知识传播的重要载体。

科技传播涉及政府、科技共同体、企业、传媒机构、教育机构及社会公众,是一个复杂的、涉及各方面的系统,因而,需要信息安全、知识产权、技术保障、物质设施、信息服务机构、社会环境氛围等方方面面的体制建设的科学化。按照科技传播学理论,知识创新组织和其他组织之间存在着一个"知识沟",社会必须建立一个通道和一种链接、合作机制,有效联结知识的供给和需求,把知识由"富集区"输送到"贫困区",并实现合理分配,对知识资源进行有效配置。

科学技术知识传播是知识创新、科技成果转化乃至知识经济的发展的重要途径。我国知识传播体制伴随着我国科技体制改革的深入,已经取得了很大的进步,但比起发达国家还有很大差距。我们还需要加大力度推进科技传播体制化的进程,构建科学的科技知识传播体系,推动我国科技知识传播事业的健康发展。

5.科学技术工作者培养制度

科学技术工作者是科学技术活动的主体,他们的整体素质和能力是决定一个国家科学技术进步和社会发展的核心要素。建立科学的科学技术工作者培养制度是科学技术体制化的一项重要内容。科学技术工作者培养制度是由教育、科研、培训、人事、工资分配、社会保障、职业资格等方面制度和运行体制构成的制度体系,其核心是科技教育。美国之所以能够保持在各方面的领先地位,重要原因之一就是得益于对科技人员的培养,得益于教育体制化的成功。美国科学技术工作者主要由大学培养。

建国以来,特别是改革开放以来,我国逐渐建立起科学技术工作者的培养制度体系,逐步完善科学技术工作者培养机制,为我国社会主义现代化建设事业培养了大批科技人才。在科学技术工作者培养方面取得了显著成就。但在教育体制、科技人才培养机制上与先进的国家相比还有很大差距,还存在着许多亟待解决的问题,如教育体制条块分割、办学规模小、教育投入不足、资源浪费、办学主体单一缺乏自主权、人才培养缺乏竞争机制等。我国加入 WTO 以后,面临的科技人才培养的形式更为严峻。各国都在抢占争夺人才的制高点,因此我国也必须制定科学技术人员的培养战略,以应对在科技人才方面面临的挑战。

6. 科学技术活动的管理体制

国家为了指导、支持与组织科学技术活动,必须建立有关的组织机构,以规划、统筹关于科学技术的教育、科研及经费使用、发展战略以及企业的研究与发展方向等,这就是科学技术活动的管理体制,简称科研管理体制。

科研管理体制是由各国科学技术基础决定的。世界各国由于文化传统、科学背景、政策环境的区别,科研管理体制也不同。在发达国家,科研管理体制有三种情况:美国是多元化的科研组织体系,市场导向是它的主要特点,没有强有力的全国统一的严密组织制度和中央协调机构,政府的总统科学顾问名义上是国家科学组织的最高行政领导人,但并不直接负责全国研究与发展事业的计划与管理;法国属于比较集中的科研管理体制,国家对于科学技术研究的战略和计划有明确的目标要求;英国、德国、日本等国居于两者之间,它们在发挥市场对于科学技术发展导向功能的同时,也注意政府宏观的协调作用,以避免单一市场导向的弊端。

我国的科研管理体制在改革开放以前是与计划经济体制相适应的,在当时的历史条件下发挥了一定的作用。随着我国社会主义市场经济体制的确立和世界科技一体化进程的推进,原有的科研管理体制已经不能适应时代的要求。在我国的科技体制改革中,国家宏观科技管理部门的职能正在从具体项目管理向间接服务管理转变,工作重点转移到科技发展战略规划和政策法规的研究制定方面。微观层次的科研院所则进入市场,逐步成为享有充分自主权、实行科学管理的独立法人。通过改革,将在体制上根本解决科研机构重复设置、力量分散、科技与经济脱节等问题。

12.2 科学技术的社会组织

科学技术与其他各种事业密切相关,需要建立社会组织以保证科学技术活动的顺利进行,协调和其他事业的关系。科学技术组织是实现科学技术现代化的体制保证。

一、科学技术工作者的社会职责

科学技术工作者是科学技术活动的主体,他们所从事的科学技术劳动是社会必要劳动的重要组成部分。他们的劳动与物质生产的劳动有着内在的一致性。区别在于,他们所从事的主要是精神产品的生产,科学工作者的劳动主要是生产科学知识,技术工作者从事的是如何使科学成果物化为物质产品的工作,本质上仍然是精神生产。这也决定了作为一般社会劳动的科学技术活动具有特殊的属性、内容和形式。在物质生产过程中,人们主要是进行材料和能量的加工和转换,而科学技术工作者的工作则主要是对信息的搜集、获取、加工和处理;在物质生产中,人们必须遵照已有的准则、程序和规范去工作,而科学技术工作者的劳动却存在很大的不确定性、未知性和复杂性,因而表现为探索性。此外,科学技术工作者的劳动还表现出本身固有的社会特征,既在劳动中存在的协作性与个体性、计划性与灵活性、创造性与继承性的矛盾。

科学技术劳动的特点决定了科学技术工作者在社会劳动中的社会职责。科学工作者的劳动是从课题的选择、实验观测到科学理论的建构,其历史使命是作出科学发现,为人类提供理论形态的科学知识,使人类能够更好地认识自然、认识世界,丰富人类的精神和文化生活,同时为技术活动准备知识基础。技术工作者的劳动是生产技术和工程技术的实际运作,以及技术开发、技术研制和技术的引进、消化,以及企业的技术创新,其社会职责是使科学技术得到发展和实际应用,实现科学技术成果的转化。科学工作者和技术工作者的社会职责是相辅相成、互相依存和互相促进的。如果只看到科学工作者的贡献,低估了技术工作者的社会职责,工程师的工作得不到社会承认,则不利于社会经济的发展;过高地夸大技术工作者的作用,轻视科学家的科学认识的社会职责,人类就会缺少精神、文化方面的文明,也就不能够正确地认识自然和社会。因此,正确地认识和评价科学技术工作者的劳动,明确他们的社会职责,对于激发他们的劳动热情和科学技术探索的积极性是十分必要的。国家的发展,民族的振兴离开科学技术工作者的辛勤劳动是不可能的。科学技术工作者以及科学技术共同体只有不负于所肩负的社会职责,才能实现自身的社会价值,为人类的发展、社会的进步作出贡献。

二、科学技术界的社会分层和互动

分层的概念源于地质学中对地质状况的阐述,后被引入社会学中,用来描述社会成员之间所属的社会等级和差异性,以及在各个方面的不平等性的存在。

科学技术研究领域也存在着分层的问题,并且体现出分层现象的特殊性。科学技术领域的分层不是根据科学工作者所掌握的权力和财产来界定,而是根据社会承认度的不同形成自身的等级体系。所谓的社会承认度,是指对科学家和技术专家的学术职位、职称和学术声望的社会确认。在科学技术界,对于不同的成员,由于其贡献的大小不同,所获得的承认也有程度上的差异,这种差异以成果的引证数量和荣誉称号为有形的标记,从而导致了科学技术界的分层结构,这种分层结构本质上是一种权威结构。权威的行使和对权威的信仰、服从,完全是建立在受动者自愿的基础之上的。

特殊的权威结构使得在科学共同体的运行中出现被美国科学社

会学家默顿称为"马太效应"的现象,即科学上的优势积累效应。它表现为某些科学家一旦具有一定优势后,就有了更多的机会进一步去获得成果和承认,获得评价他人成果的权力以及压制"小人物"的机会。他们的论著以很高的频率被引用,将会相对地剥夺其他成员被承认的机会,使大多数科学成员相对地受到冷落和贬低,他们的论文很少或不被引用,他们越来越丧失科学王国的"通货"而变成"无产者"。"马太效应"是在科学技术界的社会分层下,特定社会运行机制所引起的现象,有它合理和积极的一面,即客观上有利于科学权威的迅速形成,并通过他们的声望提高科学技术界在社会系统中的地位和影响。但也不能忽视它所反映的体制内部的矛盾和消极影响,尽可能采取适当的制度和方法加以调节。

科学家和技术专家通过学习、交流、合作、竞争与冲突等形式进行互动。互动是一种交互作用,互动也是人类的一种重要的社会行为和社会生活的基础,是科学技术研究活动一种重要运行方式。科学技术工作者之间的互动方式有学习、交流、合作、竞争和冲突等。互动可以分为良性的互动和恶性的互动。良性的互动体现为正功能,可以提高科研效率、促进科学技术知识的继承和突破、延续优良的研究传统、使科学技术实现正增长。恶性的互动体现为负效应,它会有悖于科学精神和规范,阻碍科学技术研究活动的正常运行,束缚科学技术的体制建设和科学技术进步。

学习作为互动的方式包括知识、技能和技艺的传授、模仿和暗示等。学习是实现科学技术知识得以继承,推动科学技术进步的主要途径。在现代科学技术条件下,学习的方式方法、手段途径、载体和媒介等都发生了巨大的变革,体现出现代化和多样化的特征。除了传统教育意义的学习、具体知识的传授外,还体现在年轻的科技人员对科学家或技术专家研究方法、经验和技能的模仿,以及对指导者的行为习惯、思维方式、情感倾向、价值取向和思想观念的潜移默化的暗示的领悟或接受。

交流是现代科学技术活动乃至科学家与技术工作者之间一种重要的互动方式。科学技术交流既是科学技术知识交叉、渗透和传播的重要手段，也是科学家和技术专家取得学术威望和地位、获得社会承认的基本途径，同时还是促进科技成果转化的有效渠道。学术期刊、学术会议、学术研讨、学术成果评价以及现代化的网络技术在现代科学技术交流中日益凸显出其重要性。科学技术交流可以分为正式交流和非正式交流两种形式。正式交流主要是指在正式出版物和会议上发表和报告学术成果，是发生在个体和群体之间的互动形式，受群体研究规范的约束比较大，缺乏灵活性和弹性，实现科技成果交流的比率和频率相对比较低。非正式交流是指科学家和技术专家以及一般科技人员通过个人通信或非正式的讨论来交流信息。与正式交流相比，非正式交流具有灵活、专门、快速、直接对等、双向反馈等特点，这种方式为科学技术活动的非正式群体即"无形学院"的形成创造了条件。在现代交流形式中，网络技术为科学技术交流提供了全新的，比起传统交流具有突出优点的便捷、高效的互动平台。通过电子邮件通信、论坛交流互动，可以更迅速、大信息量、跨越时间和地域限制、直接对等实现互动，为科学家和技术工作者进行学术交流提供了现代化、信息化的手段。

在科学家和技术工作者的互动中，竞争与合作是既互相对立又相互依存和促进的两种形式。竞争体现为对科学技术资源和学术社会承认度的竞相占有和享用。有限的科学技术资源需要竞争来实现有效的配置和利用，并由此产生出对科学技术的传播和增值以及科学家、技术专家的社会认可度。合作与竞争相反相成，没有合作的竞争在当今时代是不可能的，没有竞争的合作也就失去了互动的动力。尤其是在现代科学技术研究日益复杂、规模不断扩展、程度不断加深、相互交融程度越来越高的情况下，科学家、技术工作者以及他们之间的合作已成为推动科学技术研究互动的必不可少的形式。小到一个学科组或课题组，大到不同领域、不同国家的国际合作日益频繁和增多,如人类基因组计划、国际太空研究计划的实施,以及在环境保护、生物工程、能源、海洋科学技术等领域的国际合作,都为人类科学技术的发展作出了重大的贡献。

科学家之间和技术工作者之间的互动会产生冲突。冲突分为两种类型,学术性冲突和非学术性冲突。学术性冲突不掺有个人社会属性的偏见,是围绕学术问题展开的学术论战。这样的论战,往往能够抓住科学技术的前沿或重要的基础性问题,促进对一些重要问题更为全面的考察和深入的探讨,是科学技术发展的重要内部作用力。由于科学家和技术专家也是现实社会中的人,他们不可避免地会受到民族、宗教、政治、经济、伦理道德等因素的影响和制约,因此会导致非学术性冲突,表现为学术越轨、学术欺骗、盗用他人的科技成果等引起的矛盾,严重的甚至借用科学技术以外的非学术力量攻击对方等。这类冲突会对科学技术的发展产生不良效果,应该尽量避免,办法是在科学技术界内外运用规范、法律法规、科学管理和协调来共同予以抵制或消除。

三、科学技术社会组织的构成

科学技术的社会组织是指由科学家和技术专家群体组成的,实现个体之间互动的实体机构。科学技术社会组织的互动和组织化过程使科学技术活动得以展开。在科学技术社会史上形成与发展起来的社会组织一般包括下面一些形式。

1.*科学技术的社团组织*

科学技术的社团组织是在近代自然科学诞生以后出现的科学家之间和技术专家之间进行学术交流的柔性的组织形式。1560年,在意大利的那不勒斯成立的自然秘密协会被认为是最早的科学社团组织。17世纪以后,一些有影响的科学社团在不同的国家相继成立。1657年,在意大利的佛罗伦萨建立了西芒托学院,旨在进行科学的实验研究,对后来皇家学会的组建产生了一定的影响。在弗朗西斯·

培根的实验哲学的吸引下,一些数学家、物理学家和天文学家从1645年开始每周在伦敦聚会讨论自然和科学问题,自发地形成了一个社会性的组织,并于1662年被特许宣告成立了英国皇家学会,发展至今已成为世界上历史悠久也最负盛名的科学社团。此后,著名的法国巴黎科学院于1666年、德国的柏林学会于1700年、俄国的圣彼得堡学会于1724年分别宣布成立。19世纪以后,科学社团进一步发展,影响较大的有1831年成立的英国科学促进会、1848年成立的美国科学促进会、1872年成立的法国科学协会等。

随着现代科学技术革命的深入开展,科学技术一体化的加强,科学技术的日益社会化,科学技术的社团组织有了空前的发展,形成了从国家到地方涵盖科学各个分支学科和技术各个领域的网络化的科学技术社团组织,如各类的学会、协会、研究会等。科学技术社团组织的林立,标志着科学技术活动组织化的加强和科学技术研究的深入和繁荣。随着科学技术社会功能的加强和科学技术活动范围及程度的不断扩展和加深,科学技术社团的组织化程度也不断强化,在科学技术活动中的作用日渐加强。

2. 科技交流的物质载体

各类科学出版物是科学技术社会组织的一个组成部分,是科学技术成果展示的园地,也是科学技术知识传播和学术交流的方式和渠道。随着科学技术的发展,各类科学出版物迅速增加,形成了一个对现代科学技术发展起着重要作用,凝缩着科学技术结晶的载体形式。这些科学出版物包括:各种专著、编著等学术著作、科技论文集、学术期刊、科学技术研究报告、科学技术标准和文献、科技专刊、报刊、科技普及读物以及电子出版物等。20世纪以来,科学出版物无论是在它们所涵盖的科学技术门类、出版的数量上,还是在它们所涵盖的知识量和信息量上,都迅猛增长。如,世界学术期刊杂志出版种类,1750年是10种左右,1800年达到100种左右,19世纪中叶达到1 000种,到了20世纪就达到了10 000种之多,20世纪后几十年增长的幅度更大,几乎是以几何级数规律增长。2002年,我国的科学技术学术期刊杂志的总数就达到7 000余种,居世界第三位。

面对科学技术知识的猛增,科技人员已经无法全面阅读如此众多的学术刊物,也不可能埋头在大量的学术刊物中,因此,各种摘要类、索引类的学术刊物便应运而生。现在,世界上最著名的科技文献索引,如《科学引文索引》(SCI)、《工程引文索引》(EI)、美国《剑桥科学文摘》(CSA)、《会议引文索引》(ISTP)等,收录了世界各国发行的大量重要科技期刊,提供全世界最重要和最有影响的学术文献。20世纪后期,电子计算机和互联网以及电子出版物的出现和迅速发展,又为学术交流和知识传播提供了一个崭新的方式、手段和媒介。应用这些手段和媒介,科技人员可以迅速、快捷地进行索引、获取科技信息,同时可以及时发布自己的研究成果,与学术界进行研讨和交流。这些全新的科技信息的传播和交流手段,极大地促进了科学技术社会组织的变革,为科学技术社会组织提供了崭新的构成方式。

3. 科学技术的教育机构

大学和专科院校是科学技术教育体系中的核心机构,是科学技术社会组织的有机构成中的重要部分,是科学技术活动主体——人力资源的生产和储存基地,也是生产和传播科学技术知识的孵化器。大学和专科院校为科学技术发展和国民经济水平的提高提供了源源不竭的智力资源。

大学的社会建制起源于古希腊时期所建立起的学园。实质意义上的大学创建于11世纪,最早的是著名的意大利的波洛尼亚大学。此后,相继建立的著名大学有法国的巴黎大学、英国的剑桥大学和牛津大学等。据统计,到公元1500年,全欧洲的大学共有80所之多。

真正以科学技术教育为主的大学最早创始于法国,即1747年建立的以培养土木工程师为主的桥梁道路学院。法国在此后又于1794年设立了中央社会活动学校,并于次年改名为巴黎综合技术学校,成为综合性的科学技术教育机构。德国于1809年创办了柏林大学并设立工学院,在后来的发展中,德国的大学在制度上进行了改革,注重科技人才尤其是工程技术人才的培养,将教育和科学技术研究密切结合在一起,推动了科学技术产业化。19世纪以后,德国的大学逐渐向研究型的方向发展。

20世纪以来,高等教育向多元化、多层次方向转变,美国的大学制度改革最有代表性。美国的大学制度改革主要体现在以学科分类为建制的系的建立、研究生培养制度、学位体制和以课题为中心的研究组织的产生。20世纪后期,美国的大学制度已经发展的相当完善和成熟,为科学技术研究活动储存并输送了大批科技人才。

改革开放以来,我国的高等教育迅速发展,制度改革逐步深化并完善,形成了完整的、多层次的大学教育体系。近年来,我国的大学和专科学校无论在规模上、层次上、质量和能力上,还是在自主化、多元化、产业化等方面都有很大的发展,成为我国现代化建设事业的重要推动力。

4. 科学技术研究组织机构

科学技术研究组织机构是在科学技术研究活动职业化以后,由职业的科学家和技术专家组成的刚性的实体研究机构。在这样的组织中,有一支被严格组织起来的专业化的研究队伍、配套的实验设备、资料情报和行政管理系统。科学家和技术专家的主要活动不再是学术思想的自由交流,也不是他们的自由组合,而是有明确的目标和任务,为了确定的研究目标而协同作战。国家的各级科学院、研究院、研究所,企事业单位的研究所、研究室,行业的研究中心,高等院校中的研究单位都属于此种形式。近年来,我国还出现了一些跨行业、跨领域,把官、产、研、学结合起来的科学技术研究组织形式,实现了科学、技术、生产的一体化。

20世纪的科学技术建制化的主要表现就是这些硬化了的实体研究机构的出现和蓬勃发展,科学技术之所以能够成为一个产业,也是由于这些刚性的组织存在。大科学的重要标志之一,就是科学技术研究活动的组织化。在当今时代,每一个科学家和技术专家都是某一研究组织中的固定成员,那种科学家和技术专家不受任何约束的"自由研究"再也不复存在了。国家对于科学技术的干预、对于科学技术发展的规划和统筹,主要也是通过这些实体组织实现的。

12.3 科学技术的社会规范

知识社会的主要产业是科学技术业。科学技术体制化的主要标志是科学共同体与技术共同体的产生与形成,以及建立相应的社会规范与行为准则,以协调科学技术业和其他事业同步发展。在知识经济时代,发展科学的目的,是要求科学家作出独创性的贡献,从而不断增加科学共同体和社会的知识存量;发展技术的目标,是要利用科学发现,进行技术发明,并应用于社会经济的发展,以提高社会与个人的竞争力,为社会创造出繁荣的物质文明与精神文明。

一、科学共同体与技术共同体

就科学技术的体制化而言,除了专门化的、为了专业管理和组织协调而建立的各类科学技术社会团体之外,还形成了科学技术的非实体性组织,即科学技术共同体。在科学技术体制化的内涵上,科学技术共同体与其他科学技术实体性组织有许多重叠之处,如科学技术协会既是科学技术实体的构成,也属于更广泛的科学技术共同体的成分。但二者又有区别,科学技术共同体是一个科学技术社会学概念,指的是以成员的互动为存在基础的社会运行机制,而科学技术实体性组织是专业化的实体单位和体制。由于科学技术社会化的加强,科学技术共同体成员的互动的范围或领域往往超越某些实体机构,而且这种趋势随着现代科学技术的发展表现的会越来越强。

1. 科学共同体与"无形学院"

共同体(community)概念来源于普通社会学中的"社区",通常是指与某一个地域范围相联系的人群。但在科学社会学中,指的是日益社会建制化的、具有共同信念、共同价值、共同规范的科学家群体。与原有共同体的概念相比,科学社会学中的科学共同体突破了地域的限制,并且具有全新的科学内涵,如科学共同体中的科学家具有特殊的体制目标、行为规范和精神气质,所从事科学研究任务是在科学范式的指导下,遵循共同的实践规则和标准。因此,科学共同体是以共同的科学范式为基础形成的科学家群体,是科学社会组织的基础和有机构成。科学学派就是这种共同活动的重要形式。科学"范式"是科学共同体存在的依据,科学共同体是科学范式的承担主体,科学共同体的形成、转变与范式的确立与更替密切相关。

科学共同体所遵循的范式,是科学共同体全体成员所共有的东西,包括共同的信念、共同的价值标准、共同的理论框架和研究方法、公认的科学成就和范例等。美国科学哲学家托马斯·库恩于1962年发表《科学革命的结构》一书,阐述了范式和科学共同体的概念,把科学发展的认知过程和社会过程,通过科学共同体的概念有机地结合起来,同时成功地解释了科学发展的模式问题。库恩提出了"前科学→常规科学→反常和危机→科学革命→新的常规科学→……"的科学发展模式。库恩通过对范式在常规科学和科学革命两个阶段的运动的科学揭示与科学共同体在这些发展阶段的运动联系在一起,并通过科学共同体及其成员之间的互动,来揭示知识增长和科学发展的特点和规律。这样就使传统的认识论问题变成了社会学问题,对知识的哲学分析拓展为对科学认识主体的社会联系或互动的社会学分析。

在科学共同体中,有一种介于一般科学共同体与科学技术实体研究组织之间的,也是以学术思想的沟通为基础的,被称为"无形学院"的形式。普赖斯在研究现代学术交流的社会网络时发现,由于现代科学即使是最小的分支也有成千的同行,所以真正有学问的人就分裂为非正式的小团体。任何一个大学科中都有这种小规模的、百人左右的优秀人员组成的"无形学院"。这些人通过互送未定稿、通信、交流信息，或者进行教学和科研上的互访或合作来加强联系。在科学的前沿，往往是由无形学院通过少数人的非正式交流系统创造出新知识，然后由大范围的正式交流系统来评价、承认、推广和传播。所以，无形学院也是科学共同体富有生命力、创造力的组织形式之一。

2. 技术共同体与"创新者网络"

技术共同体作为一种建制早已形成，但在理论上技术共同体和技术范式的概念是在1980年由美国技术史家康斯坦模仿科学共同体和科学范式的概念提出的。技术经济学家多西认为，以共同的技术范式为基础的技术专家便是技术共同体，其任务是在技术范式的指导下从事技术的解题活动。由于技术和科学在发展机制上和程序上有大致相似的性质，所以存在着类似于科学范式的技术范式。在他看来，技术范式是根据一定的物质技术以及从自然科学中推导出来的一定的原理，解决一定技术问题的模型或模式。但实际上，如果将这样的模式分解为各种要遵循的范式的话，由于技术活动的复杂性，技术共同体在技术活动中的范式比科学共同体的范式要复杂得多。

技术共同体有一种重要形式叫"创新者网络"，它提供创新者非正式的直接互动的机会，从而提高创新活动的效率。创新者网络是一种特殊的创新者组织形态，与事业或企业组织相比，网络组织是一种松散联结的组织，成员和组织之间靠一种合作关系作为联结机制。创新者网络与技术共同体的关系，相当于无形学院与科学共同体的关系。

二、科学的社会规范与技术的社会规范

科学和技术作为某种特定的社会体制，两者最重要的差别，就是体制目标不同。

1942年，默顿在《科学的规范结构》一文中，明确指出科学的体制目标是"扩展确证无误的知识"，也就是要求科学家作出独创性的贡献,从而不断增加科学共同体和社会的知识存量。科学的终极目标在于获得关于自然的知识,以及这种知识在进一步认识自然时发挥作用。与此形成鲜明对照的是,技术的社会目标则是功利的,是要利用科学发现,进行技术发明,并应用于社会经济的发展,产生直接的社会经济效益,也就是要利用知识来谋利。

社会规范是指一个社会群体中诸成员共有的行为准则,它直接受到体制目标的制约。科学与技术的体制目标不同,对科学和技术的活动及其成果评价的依据也就不同,因而,科学的社会规范和技术的社会规范也不会一样。

1. 科学的社会规范

科学的社会规范是科学共同体共有的行为准则,它反映了科学活动的精神、价值和目标。正是这些无形因素维系着科学共同体成为有强大生命力的社会集团。科学的社会规范以公有主义、普遍主义、无私利性、独创性和有条理性的怀疑主义为标准。这是在默顿标准基础上提出的理想模式。尽管这些规范不可能与科学共同体的实际情况完全吻合,但它作为一种理想,同科学活动的本质是一致的。

公有主义(communism) 公有主义即要求研究者不占有和垄断科学成果。科学成果本质上是社会合作的产物,它不属于科学家个人,而属于全世界,是全人类共有的财富,是大家共享的资源。坚持公有主义规范,意味着对科学发明不应当保密,而应当公开发表,以便让每个人都可以利用它来进行更进一步的研究。由于科学发现本质上是社会合作的产物,对它作出贡献的每一个人作出的贡献都是"公共知识",所以,发现者应毫无保留地把它发表出来,在科学共同体中交流。发现者所换回的唯一奖赏是得到社会的承认和尊重,并且只有公开发表的东西才能被评价和承认,才具备社会权威性。牛顿的万有引力定律、爱因斯坦的相对论,只能是因为深刻地揭示了自然界的规律而为人类提供了科学知识的共享资源而被世人所评介、接受、传承,并具有学术的权威性,决不会将其私有化而受到保护或独有,它所换回的唯一"私有财产"就是它的发现权。正因如此,科学家们对科学发现的优先权历来十分关注,科学发展的历史上不时有这方面的争论,科学发现优先权的竞争,会推动科学家们争先恐后地公开自己的发现,从而促进科学的发展。但是,科学发现优先权的竞争也有消极的一面,对此我们也应重视。

普遍主义(universalism) 科学的真理具有普遍性,科学评价的标准也是处处一致的。科学成果应根据它们内在的价值衡量,不管提出者的国籍、民族、宗教信仰、阶级、年龄或其在科学共同体中的地位。科学陈述的正确与否是不依赖于作者的特征和归属的。科学向一切有能力进入科学之门的人开放,科学知识向一切人开放。这一原则,是科学知识的客观性和自然规律的普遍性在人们头脑中的反映。贝尔纳曾指出,科学上的国际主义是科学最特殊的特征之一,即使在极其原始的时代,爱好科学的人们就愿意向别的部落或民族学习。从这个意义上可以说科学从萌芽时期就具有了国际性质。当然,人们自觉地认识到科学的国际性是近代自然科学产生以后的事情了。

无私利性(disinterestedness) 科学工作者不应该把所从事的科学活动作为牟取私利的手段。科学的公有性质决定,靠科学发财的道路是走不通的。所以,当一个人进入科学共同体时,他必须认识到,他的工作成果是人类的共同财富,因此,他在从事创造科学知识的科学活动时,不能以此为手段去牟取私利。即使在科学已经职业化的时代,对科学的追求在文化上还是被理解为主要是对真理的不谋私利的求索,仅仅在次要的意义上才是谋生的手段。科学家应具有求知热情、广泛的好奇心和造福人类的利他主义。这不仅仅是科学道德问题,而是科学体制对于科学家的起码要求。

独创性(originality) 从事科学研究的科学家要依靠自己的独立思考去解决新问题、提出新见解。科学家在科学研究中首先要排除纯粹的模仿,研究显然已经被反复利用过的材料。他们对于自己所提交的学术论文必须提出新的科学问题、公布新的数据、论证新的理论或者提出新的学说。对于以学术论文形式反映的科研成果,审稿人经常会拒绝没有引证前人相关成果的论文,因此科学家必须在一个相对有限的范围内,持续关注相关领域先前的全部研究工作和最新的文献,从而保持科学研究的独创性。尽管在当代科学文献以几何级数增长的条件下,科学研究独创性的难度大大增加,但是,独创性是科学发展的内在要求,是科学继承和突破的核心要素,是科学活动中必须坚持的。

有条理的怀疑主义(organized skepticism) 科学工作者决不能不经任何分析批判盲目接受任何东西,在科学研究中要坚持永恒的批判精神。当然,怀疑应该按照一定规范进行,而不是毫无根据、不加思考的怀疑。科学家有责任评价其他科学家的研究成果,也要允许别人对自己的研究成果提出怀疑。有条理的怀疑精神也是由科学的本性决定的。首先,在科学领域中,既无教条、也不崇拜偶像、更不盲从权威、轻信书本,科学只相信事实、承认理性、追求真理。从柏拉图的传统——"我爱我师,我更爱真理"到马克思的座右铭——"怀疑一切",都体现了这种精神;其次,在科学的殿堂中,是没有禁区的,对任何知识都可以进行公开的批评和辩护,任何扼杀学术自由、压制不同观点、让科学在思想上、言论上戴上"手铐"和"脚镣"的做法都是不道德的。

此外,在当今的大科学时代,科学研究更需要诚信合作、客观公正等规范,这样才能适应现代科学进步的客观要求。

2.技术的社会规范

目前,对技术的社会规范的研究相对较少。由于体制目标的差异,技术的社会规范与科学的社会规范明显不同。由于技术活动的复杂性、涉及因素的多样性,技术的社会规范也比科学的社会规范更复杂。

与科学的社会规范比较,技术的社会规范有下面一些特殊性。

首先,与科学的公有主义要求截然不同,技术共同体的要求是独占主义或垄断主义,具体的制度安排是保密和专利制度。科学是无国界的,它的知识是公有的、共享的,属于全人类的;可是技术不但有国界、还有地区界、单位界,技术成果未经公司或政府的许可是不能输出的,技术知识在一定时期里(即在它的专利限期里)是私有的,属于个人或雇主。科学奉行的是公开性原则,保密、甚至延迟成果发表都是不道德的;而技术有专利,奉行保密原则,泄漏技术秘密、侵犯他人的专利与知识产权是不道德的,甚至是违法的行为。

其次,技术也不具有科学那样的普遍主义。科学所发现的,是自然界的普遍规律。技术则是普遍的自然规律在特殊条件下的特殊表现形式。在这里,我们找不到处处一致的评价标准。技术的生命力在于满足社会需求,不满足社会需求的技术是无人问津的。技术如果不能和资本结合起来,也不能充分显现其生命力。因此,技术具有的是以应用、合用为原则的精神气质,用以评价技术的标准,不仅是技术的合理性,而且是社会的合意性,后者显然不具有普遍性。

再次,无私利性的规范对技术更不适用。按照技术的体制目标,追求私利正是技术体制的激励机制,技术发明的成果在一定时期内是归发明者或其所在集团单独拥有的。技术的目的性恰恰在于,通过对社会需求的最大满足以实现自身对经济和物质利益的追求。在技术领域中,往往需要集技术专家和企业家于一身的人物。

第四,技术不是不要求独创性,但相对科学对独创性的要求要低一些。科学是只有第一、没有第二,重复性劳动没有任何意义,被科学共同体接受的必须是独一无二的成果;技术固然也要追求先进性和新颖性,但是在不侵犯专利权的情况下,可以模仿、购买引进,就是对自主创新的要求,也不仅仅是原始创新,还包括集成创新和引进先进技术基础上的消化吸收再创新。但是,对独创性要求相对低并不等于对技术工作者的创造力的要求低。技术是创造出自然界中从来没有过的东西,在技术原理的构思中,更多的是需要灵感、想象这样一些创造性思维形式。

第五,技术的继承性要比科学强烈得多,在技术领域中,虽然新技术取代旧技术的情况也经常发生,但是,像"日心说"代替"地心说"那样的颠覆性革命却是罕见的。新技术产生了,旧技术往往仍然有一定的生命力。如像锤子、铁锨之类的手工工具,现在仍然在广泛使用。而且,我们很难看到哪一项技术是全新的。汽车是19世纪末的重大发明,但是,汽车上的轮子,却已存在数千年了。因此,在技术体制中,更多的要求不是怀疑,而是如何在已有技术的基础上的继承、创新。技术并不是想要推翻什么,而是考虑如何满足日益增长的社会需求。

英国科学社会学家齐曼曾经提出所有者(proprietary)、局部的(local)、权威的(authoritarian)、定向的(commissioned)和专门的(expert)技术社会规范特征。[①] 在齐曼看来,技术是产业科学,它所生产的是不一定需要公开的所有者知识(所有者);它关注的往往是对象中的局部问题而不是对对象的总体认识(局部的);技术成果也不是为人共享的普遍性的科学认识(定向的);技术研究者是在管理权威下做事而不是作为个体做事(权威的);他们的研究被定向到实际目标而不是追求知识,他们作为专门的解决问题人员被聘用而不是由于个人的创造力(专门的)。不难看出,齐曼也是在与科学的比较中讨论技术的社会规范的,这是目前学术界研究技术规范问题的基本思路。

强调技术的社会规范与科学的社会规范的区别,并不是要把两者对立起来,实际上,两者之间还是有很多共通之处。例如创新、求实、合作、奉献等精神气质,就是科学共同体和技术共同体应该共同遵循的。知识经济时代的一大特征就是科学技术知识经济化,经济科学技术化。与之相应的科学技术的体制化变革,就体现出科学共同体与技术共同体规范的兼容性特征,如两者都越来越追求和遵循知识的经济性原则、创新性原则、交流与融合原则。

---

① 约翰·齐曼.真科学.上海:上海科技教育出版社,2002.95

第13章 科学技术与社会发展

科学技术是历史发展的火车头,现代科学技术革命对当代世界的发展产生了极为深刻的影响。它改变了社会经济的发展方式,深刻影响了民族国家发展战略和发展道路的选择。本章论述关于科学技术促进社会发展的一些基本问题,以便把握我国当代科学技术与社会发展的趋势,展望和谋划未来的发展道路,制定合理的科学技术发展战略。

13.1 现代科学技术革命与社会发展的新阶段

一、现代科学革命与技术革命的兴起

科学革命是科学发展的质变,技术革命是技术发展的质变。当历史的车轮滚入20世纪时,在科学领域和技术领域中,都发生了这样的质变。20世纪的科学革命和技术革命,对人类社会发展影响的深刻性,是以往任何一个时代都无法比拟的。

1. 20世纪的科学革命

20世纪的科学革命发端于19世纪末20世纪初的物理学革命。19世纪末,当物理学家们陶醉于经典物理学大厦已建成的喜悦时,一些新的实验发现,如X射线、放射性、电子等的发现,以太漂移实验的否定结果和黑体辐射能量分布理论解释的困难,使传统的经典物理学观念发生了危机,从根本上动摇了以牛顿力学为基础的经典物理学。

1905年6月,爱因斯坦发表了《论动体的电动力学》论文,宣告

了狭义相对论的诞生;狭义相对论发表后,爱因斯坦致力于把相对性原理推广到非惯性系的研究。1916年发表了《广义相对论的基础》。建立了一套完整的广义相对论理论。

  为了解决黑体辐射的理论解释的困难,1900年,德国物理学家普朗克提出了能量子的假设,标志着20世纪物理学又一崭新的思想观念的诞生。继而,爱因斯坦成功地解释了过去用经典物理学理论难于解释的光电效应,提出了光量子论。丹麦物理学家玻耳将其成功地用于原子结构,建立了量子化的原子模型。这一模型在后来经德国的海森堡、法国的德布罗意以及奥地利的薛定谔等著名的物理学家的进一步努力,终于在20世纪的20年代中叶建立起量子力学。量子力学与相对论一样被视为20世纪物理学革命中最显著的成就。

  相对论和量子力学的建立,把物理学对物理世界的认识,从宏观物体的低速运动,推进到微观粒子的高速运动的领域,物理学关于物质、运动、时空、规律等观念都发生了根本性的变革。这次物理学革命不仅改变了物理学的观念,而且在整个自然科学领域引起了科学思想的深刻变革。物理学的新观念、新理论和新方法,被广泛应用于自然科学的各个部门。一方面,化学、天文学及地学、生物学等传统学科都取得了革命性的进展;另一方面,粒子物理学、现代宇宙学、量子化学、分子生物学这样一些崭新的学科纷纷兴起。人类把对自然界的认识推向新的深度和广度。科学改变了人类的思维方式,同时也在改变人类的生产和生活方式。

  2. 20世纪的新技术革命

  科学革命为技术革命作了理论上的准备。以20世纪之初物理学革命的最新成果为基础,加上相继出现的信息论、基因论等科学理论的革命性进展,随着20世纪中叶电子计算机的问世和原子能的利用,一场新技术革命的序幕悄悄拉开。这场技术革命的最突出成果,就是高技术和高技术产业的诞生。在科学技术的自身驱使和各种社会因素的拉动下,一大批在最新现代科学成果基础上迅速发展起来的高技术相继崛起,并最终形成了以电子信息技术为先导,以新材料技术、先进制造技术为基础,以新能源技术为支柱,在微观领域向生物技术、纳米技术开拓,在宏观领域向环境技术、海洋技术、空间技术扩展的一大批相互关联、成群集队的高技术和高技术产业群落。高技术产业以其高效益、高智力、高渗透,以及创新性、战略性和环境污染少等优势,对社会和经济的发展具有革命性作用,推动着人类社会的发展进入一个新阶段。

二、新的社会思潮的出现

20世纪的科学革命和新技术革命,带来了生产力的新革命。这场新的生产力革命是人类历史上继农业革命与工业革命之后的第三次革命,为知识经济、知识社会的到来奠定了基础。对于这种社会发展的新趋势,无论是东方国家还是西方国家,都给予了高度关注,并产生了许多新的思想。

美国经济学家马克卢普研究了美国从第二次世界大战以后至20世纪50年代末社会生产发展和产业结构变化的情况,将教育、R&D、传播业、信息设备和信息服务等划归为"知识产业"。他的研究发现,美国在1947年至1958年期间,知识产业以平均每年10.6%的速度递增,是国民生产总值增长率的2倍;1959年,美国国民生产总值中的29%来自知识产业。"知识产业"概念,对后来有很大的影响。

美国学者丹尼尔·贝尔于1973年出版了《后工业社会的来临》一书,全面地阐述了他关于未来社会发展的观点,他认为人类社会是从前工业社会(包括渔业社会和农业社会)经过工业社会向后工业社会发展的。后工业社会有五大特征:一是从产品生产经济转变为服务性经济;二是职业分布上专业与技术人员阶级处于主导地位;三是"中轴原理",理论知识成为社会的核心,是社会革新的基础和社会决策的根据;四是未来的技术发展是有计划的,也是有节制的,技术评估占有重要地位;五是"智能技术"非常重要,制订各种政策都必须通过"智能技术"。这五大特征都是科学技术进步的结果,也表明了科学技术对于社会的发展越来越重要。他的分析认为,美国已进入了"后工业社会"。后来,贝尔又指出,"后工业社会"实质上就是"信息社会"。

阿尔温·托夫勒在1970年出版的《未来的冲击》一书的基础上,1980年又出版了《第三次浪潮》一书。在该书中,他提出了著名的"第三次浪潮"理论。托夫勒认为,人类社会已经经历了两次浪潮,正面临着第三次浪潮。第一次浪潮即农业革命,使得社会结构、家庭结构、价值观念发生了根本变化,建立了农业社会;第二次浪潮即工业革命,社会的和经济的变化出现了群体化、标准化、同步化、集中化和大型化等特点;第三次浪潮即信息革命,呈现出知识化、多样化、小型化、个人化和分散化的特点,人类社会正在走向未来的"超工业社会",在这个社会里将出现"权力的转移",知识、科学技术就是财富,就是资源,就是资本,就是权力,就是权力转移中的决定性的推动力量。托夫勒断言,资本主义和社会主义都是"工业时代的产物",两种社会制度的对立和差异都将随着科学技术的进步和工业时代的结束而结束,趋向于"第三次浪潮"文明的社会。

1982年,美国社会学家奈斯比特提出了"大趋势论"。奈斯比特研究了科学技术的迅速发展和社会信息化给社会生活带来的变化,把工业社会之后的美国未来发展趋势归纳成10个方向,其中最根本的变化是工业社会已经成为信息社会。

奈斯比特的"大趋势论",与贝尔的"后工业社会论"、托夫勒的"第三次浪潮论"等,都是从新技术革命的新形势出发,认为人类社会的发展经历了三个阶段。虽然他们所用的名词有所不同,但实质上是一致的。这就是,人类社会正在面临着又一次历史性变革,正在进入一个"科学技术是第一生产力"的时代。

三、走向知识社会

现代科学革命和技术革命正在推动人类社会从工业社会走向知识社会,知识社会的基础是知识经济,在知识经济中,知识是各种生产要素中起关键作用的因素。

1. 知识经济的兴起

"知识经济"这一概念是 20 世纪 90 年代初联合国的研究机构提出的。美国阿斯奔研究所在《1993~1994 年鉴》中指出:"信息和知识正在取代资本和能源而成为创造财富的主要资产,正如资本和能源在 300 年前取代土地和劳动力一样。而且,本世纪技术的发展,使劳动由体力变成智力。产生这种现象的原因,是由于世界经济已变成信息密集性的经济,信息和信息技术具有独特的经济属性。"它提出知识是重要的经济资源是对的,但是说知识"取代"物质资源却容易引起误解。美国学者彼德·德鲁克认为,知识生产力已成为生产力、竞争力和经济成就的关键,知识产业已经成为首要产业,这种产业为经济提供必要和重要的生产资源。

1996 年,世界经济合作与发展组织发表了《以知识为基础的经济》和《国家创新体系》两个重要研究报告。在《以知识为基础的经济》中指出,知识经济概念的形成,"表明对知识和技术在经济增长中的作用的更充分认识。知识作为蕴含在人(人力资本)和技术中的重要成分,向来是经济发展的核心。但是,只是到了最近几年,知识的重要性在增长,对知识重要性的认识在深化。成员国的经济比以往任何时候都更加依赖于知识的生产、扩散和应用,例如,在计算机、电子和航天等高技术产业中,产业和就业增长最快……主要成员国的 GDP 的 50% 以上现在已是以知识为基础的。"

2. 知识的特点和作用

知识作为一种经济资源,具有不同于一般的物质资源的特点:第一,不可替代性。在经济理论中,所有物品都是可以替代的,但知识则不同,一种知识是难以为其他类型的知识替代的。第二,不可加和性。知识不遵从物品的加法定律。第三,不可逆性。人们一旦掌握了某种知识,便不可逆转,不可被剥夺;某种知识一旦传播开来,就不可收回。第四,非磨损性。知识在使用中本身不会被消耗,可重复使用。第五,不可分性。一条信息不可能被分成几个部分,在这里不存在半条信息的说法。第六,可共享性。所有物质商品都具有排他性,但一个人拥有的知识却可以为其他人所拥有。第七,无限增值性。知识在生产、传播和使用过程中,有不断被丰富和被充实的可能性。

因此,知识作为经济资源,在经济社会发展中发挥了重要作用。首先,它改变了经济增长的方式,知识作为关键性资源成为经济发展的动力;其次,它体现了智力劳动的资产,包括专利、商标、版权等知识资产;第三,它体现了企业内在发展动力的资产,贯彻在企业的管理、经营方式、企业文化和企业的知识信息系统之中;第四,它体现了人力资源的资产,不仅是个人素质,而且整个企业员工的知识能力、工作技能、创新能力、合作能力等对于企业都是非常重要的。

3. 迎接知识经济的新挑战

随着知识经济的到来,科学技术的研究开发日益成为推进知识经济的强大动力;通信技术在知识经济发展过程中处于中心地位;服务业在知识经济中扮演了经济重心的主要角色;人力的素质和技能成为知识经济实现的先决条件;创新成为知识经济发展的关键。

在现代科学革命和技术革命的背景下,知识经济的出现表明科学技术的确已成为第一生产力。科学技术对于知识社会的到来,对于21世纪的发展,将发挥越来越大的作用。知识社会时代,是实现"科学技术是第一生产力"的时代。中国特色的社会主义建设,实践"三个代表"重要思想,把是否有利于解放和发展生产力作为判断路线、方针和政策正确与否的根本标准,这就要求我们坚持"科学技术是第一生产力"的指导思想,最充分地适应时代的机遇和挑战,大力发展科学技术业,大力促进科学技术与社会、经济的结合,坚决地改革一切同科学技术发展不相适应的生产关系和上层建筑,改变一切不适应的管理方式、活动方式和思想方式,创新发展,坚定地推进我国的现代化事业。

四、现代科学技术革命和社会发展的新趋势

1. 经济增长方式的新变化

经济增长方式始终是经济学家关注的话题,科学技术、知识影响到经济增长方式,这一道理是为人们逐步认识的。

处在工场手工业向机器大工业过渡时期的古典经济学奠基人亚当·斯密认为,经济的增长即财富的增加,而影响财富增加的关键是土地、劳动、资本、技术进步和社会经济制度环境,劳动组织形式的变化(劳动分工)则是技术进步的主要内容。大卫·李嘉图处在工业革命蓬勃发展的时期,他虽然和斯密同样认为,经济增长是多种因素综合作用的结果,但对于技术进步,李嘉图则更强调劳动工具、劳动对象的变革(主要是农业改良与机器的运用)。

第二次世界大战以后,西方发达国家为了把亚非拉国家纳入发展资本主义经济的轨道,除了使用政治、军事的手段外,还企图通过加快经济增长速度产生"示范效应",于是经济增长成为一个热点问题,研究各种生产要素投入量与产量的关系,以明确经济增长条件的各种经济增长模型也应运而生。索洛以柯布-道格拉斯生产函数为基础建立了新古典经济增长模型,生产函数是指各种生产要素的某种组合同可能生产的最大产量之间的依存关系,它以技术水平已知为前提;索洛在他的经济增长模型中指出,"技术进步"已成为现代经济增长的决定性因素,科学技术不仅同资本、劳动力一样是经济增长的重要因素,而且在现代经济增长中已经超过资本和劳动力的贡献成为第一重要的因素。根据对一些发达国家的经济增长的测算,20世纪初,科技进步对 GNP 增长率的贡献仅为 10%~15% 左右,到 20 世纪中叶就上升到 40% 以上,20 世纪 70 年代以后又上升到 60% 以上,20世纪80年代,这一贡献率已经上升到了60%~80%。面对经济增长方式的这种变化,美国经济学家丹尼森对经济增长因素进行了更深入的分析。它研究了教育(人力资本)、技术创新、知识进展、组织管理、资源配置等因素在经济增长中的作用,突出了"知识进展"、"人力资本"在经济增长中的贡献率。这些研究都试图证明,新的技术革命、技术创新、科学发展和教育的贡献是使现代西方发达国家摆脱周期性经济危机,保持经济持续发展的根本原因。

现代新经济增长理论是在20世纪80年代出现的。此时,科学技术对经济增长的巨大贡献已经是有目共睹的。1986年,保罗·罗默提出了四要素的经济增长理论。罗默认为,资本、非技术劳动力、人力资本(按接受教育时间的长短度量)、新思想(按专利数量度量)是影响经济增长的四个基本要素。与古典经济增长理论中将"技术进步"作为经济增长的外生变量不同,新经济增长理论强调科学技术与知识在推动经济增长中的内在作用,科技创新是经济增长体系中一种新的"内生"生产要素和生产条件,它赋予资源以新的创造财富的能力,并赋予其新的经济价值。因此,科技进步与创新构成了新的生产组合方式,开辟了促进经济增长和结构升级的新途径。

其实,对于科学技术在经济增长中的重要作用,马克思早就作过精辟的阐述。马克思把科学技术看成是"历史的有力杠杆"、"最高意义上的革命力量",首先就是因为"科学是一种生产力","生产力中也包括科学"。马克思看到了科学技术作为生产力要素同劳动手段、劳动对象和劳动者这些实体性要素的区别,他把科学技术看做是"知识形态的生产力"或"一般生产力",这种"知识形态的生产力"只有通过劳动者、劳动手段和劳动对象才能转化为"直接生产力"。

科学技术体现在劳动者身上,一方面使劳动的进行越来越依赖于劳动者的科学技术素质,另一方面就社会劳动者总体而言,也是脑力劳动所占的比重迅速扩大,从而改变了劳动者队伍的构成。一切劳动手段都是科学技术的物化形式,劳动手段的质量和效能从根本上说是由科学技术决定的。正是科学技术的不断进步改变了劳动手段的性质和构成,从而极大地扩展了劳动手段的功能,提高了劳动手段的效率。科学技术渗透在劳动对象之中,一方面拓展了劳动对象的范围,另一方面使进入生产过程的劳动对象越来越摆脱其天然的存在形态,越来越深地打上了科学技术的烙印。

科学技术不仅渗透和作用于生产力诸要素之中,促进生产力诸要素的变革和更新,而且促进整个生产力系统的优化和发展,导致整个经济系统运行状态的改善:它促进生产要素组合的不断创新,从而导致社会生产体系的结构性调整;它促进社会经济环境的优化,改变了作为各种社会流的通道和载体的社会基础结构的状况,构成整个社会经济环境的潜组织要素。

当代的科学技术之所以成为第一生产力,正是由于它从根本上改变了经济的增长方式。把我国的经济增长方式转变到依靠科学技术进步和提高劳动者素质上,也正是基于我们对科学技术地位和作用的深刻认识。

2.社会经济结构的变化

现代科学技术革命本质上是生产力革命,而生产力的发展最终必然引起生产关系的变革。社会经济结构的变化,就是生产关系变革的具体表现。科学技术发展所引起的社会经济结构变化,主要体现在以下几个方面。

(1)生产要素构成的变化。生产所需的劳动、资金、资源等投入,构成所谓的生产要素。但在不同的历史时期内,由于科学技术发展水平的差异,各类生产要素的表现形式是不一样的,各类生产要素在组合中的地位也各不相同。农业经济时代,经济的发展、财富的增长主要是依赖土地资源和劳动力,土地和劳动力成为主要生产要素;工业经济时代,人们主要依靠对自然资源,包括对通过劳动所形成的生产资料的占有来积累财富,资本和劳动力成为主要的生产要素,技术革命推动了生产力的蓬勃发展,人类对于自然资源的开发能力不断增强,同时也使得大多数资源成为短缺资源;知识经济时代,知识成为第一位的生产要素,以知识的生产和利用为核心的资源(智力开发、知识创新、技术创新和体制创新)是取之不尽、用之不竭的无形资源,充分利用知识资源,可以更合理、综合、高效地利用与开发自然资源,缓解自然资源枯竭的问题。应该指出,在知识经济中自然资源仍然是物质基础,只不过知识(智力)资源占据主导地位。

(2)产业结构的变化。产业结构反映一个国家的经济发展与科学技术发展的水平,它是国民经济进一步健康、快速发展的前提条件。科学技术在引起生产要素结构变化的同时,还改变着社会的产业结构。在人类社会历史进程中的产业转移,其驱动因素主要是科学技术的进步。在历史上,从农业社会进入工业社会,从以第一产业为主导产业的产业结构过渡到以第二产业为主导产业的产业结构,就是由科学技术在工业生产中的大规模应用所引起的。20世纪以来,第三产业的迅速兴起以及第二产业本身的变化——从以劳动密集型为主向以资金密集型为主,进而向技术密集型为主的过渡,也是由科学技术在这些产业部门中日益扩大的应用所造成的。科学技术不仅推动产业的发展,也使产业的主次结构发生了变化。在以农业为主导的社会里,三种产业的排序是农业—工业(手工业)—商业;在以工业为主导产业的社会里,产业的排序是工业—农业—商业;而在现代以信息产业为主导产业的社会中,广义的服务行业(包括商业在内的第三产业)则居第一位,而制造业则有退居第二位的趋势。对一个国家来说,各种产业的比重反映着国家的发达程度。近年来,高技术产业的比重正在上升,并带动了大批相关新产业的建立。用高技术改造传统产业,正在使传统产业的面貌发生根本性的改变。

(3)劳动力结构的变化。知识经济时代的一些新特征决定了劳动者的构成与传统农业、传统工业相比,必然发生根本性的变化。高技术产业与制造业的一体化,服务业的知识化,迫切需要以先进技术和最新知识武装起来的"知识劳动者",随着大规模的工业生产时代向脑力劳动为主的知识经济时代的转变,劳动就业从知识含量低的工业时期的主导产业部门向知识含量高的高新技术产业和服务业大规模地流动。据美国的学者预计,在未来的一二十年内,蓝领工人将会从 1995 年占美国劳动力的 20% 缩减到 10%,甚至更少。同时由于办公自动化,非专业白领工人的比例很可能从现在的大约 40% 减到 20%～30%,其余 60%～70% 左右的劳动大军可能由知识型人员组成。现在,我们说知识分子是工人阶级的一部分;到知识经济时代,工人阶级将成为知识分子的一部分。

3. 世界经济一体化

在当今科学革命和技术革命的时代,随着网络的不断延伸,以及知识无国界的影响,大科学与高技术必将加速世界经济的一体化。与此同时,世界经济的一体化也加速了大科学与高技术的延伸。信息化为世界经济一体化提供了生产力的基础,企业的跨国化为世界经济一体化提供了组织基础,区域化、集团化为世界经济一体化准备着综合性条件。

信息化打破了时间、空间的局限性,似乎使地球变小了。目前,全世界跨国公司年产值已相当于世界总产值的 50%,相当于国际技术转让经营总额的 70%。当代经济已经开始不分国界了,而是你中有我,我中有你。发达国家海外生产的增长大多超过了其国内生产的增长。生产、管理、科研、融资、销售以及售后服务,都向本地化(即市场所在国)发展。当今的国际分工,已经开始由产业分工向产业内部分工转变。

世界经济一体化意味着市场全球化和竞争全球化。国际市场早已有之,但市场全球化却是世界经济逐步走向一体化的产物。它是指所有的经济活动和经济过程在一个以计算机、通信、网络技术联系起来的世界复杂网络中相互渗透,相互作用,被卷入统一的全球市场。而以电子信息网络技术为核心的高技术是市场全球化的动力。

世界经济一体化也将带来新的国际分工。电子信息等技术成为在国际竞争中取得优势的支撑和依托,资源和廉价劳动力的优势地位逐步丧失。一个国家对物质资源的拥有与否,将不再是决定国际竞争成败的主要因素,而智力资源特别是"综合经营力"将成为决定性因素。所谓"综合经营力",是指研究开发—产品设计—生产质量管理—营销策略—售后服务—顾客信息反馈等全方位的系统经营能力。这些大都属于智力资源的范畴。新国际分工实质上就是"大脑"与"手脚"的分工。掌握先进知识和信息的国家将成为国际分工中处于支配地位的"大脑",而不掌握先进知识和信息的国家只能扮演服从"大脑"指挥的"手脚"的角色。

从根本上看,当代世界经济一体化是一场以发达国家为主导,跨国公司为主要动力的世界范围的产业结构调整。发达资本主义国家在平等竞争的旗帜下,推行有利于发达资本主义国家的对外经济贸易战略,成为世界经济一体化的最大受益者。正是在这种激烈的竞争中,一方面是世界经济一体化,另一方面却又出现了政治多极化趋势。跨国公司在推行世界经济一体化过程中的行为,反过来也会对所在国家的经济发展、科技进步以及社会文化建设产生重要的影响。

由于现代科学技术具有高度的复杂性和综合性,任何个人、企业甚至单个国家都不可能垄断性地占有全部科学技术知识和完成技术创新的全过程,都不得不通过国家之间、企业之间的科技交流与合作来增加本国的科技知识储备,促进本国的技术创新。科技成果在国际上的传播、技术创新链条在全球的延伸已越来越超越各国间有形边界的限制。《中国科技发展研究报告(2000)》将这种发展趋势概括为科技问题的全球化、科技活动的全球化、科技体制的全球化以及科技影响的全球化,它是世界经济一体化带来的必然结果。

尽管世界经济一体化的推动力主要来自发达国家生产力的发展,主要受益者也是发达国家,但是,这种趋势作为一种客观进程是不可阻挡的。发展中国家如果拒绝或回避参与这个进程,只会在全球化进程中不断边缘化。"放眼全球,行于足下"是当代西方世界流行的警句,这对于发展中国家更是十分重要。而且,世界经济一体化是与世界政治的多极化并存的过程,世界经济一体化之中同时存在着文化的多元化。因此,汇入世界经济一体化的大潮流是一个既充满挑战也充满机遇的过程。

13.2 现代科学技术革命和发展模式的选择

和平与发展是当代世界的两大问题。从马克思主义哲学来看,发展实质上是以人与自然的协调发展为基础,以经济社会发展为目标,以科学技术进步为手段的发展;发展模式必然涉及经济、社会、文化、科学、技术与价值观念等因素,它是由这些因素组成的发展活动的概括形式。处在不同发展阶段的国家,必须结合自己的国情,选择顺应时代潮流的发展战略,形成相应的发展模式。现代发展模式的选择,必须定位在现代科学革命和技术革命这一坐标上。

一、发展模式的新变化

人类社会的历史进程是一个不平衡的、此消彼长的发展过程。世界各国发展的不平衡是事物发展的普遍规律在国家现代化发展过程中的表现。科学技术是推动历史前进的革命力量,它对人类社会的不平衡发展起着重要的作用。近代以来世界各国的发展历史,特别是当代后进国家和地区追赶现代化的行动,向我们展示了科学技术与社会发展的内在密切联系。

科学技术的发展同社会经济发展有着内在的密切联系。历史上,世界科学中心的转移路线和世界经济中心的转移路线大体上是一致的,呈现出正相关。20世纪末期,一方面资本主义较为充分地适应了现代科学技术革命特别是新技术革命的新情况,进行了一系列的调整,获得了再度的繁荣;另一方面是前苏联等社会主义国家,未能根据变化了的情况进行自我调整,从而导致生产力发展的停滞不前,在激烈的国际竞争和较量中处于被动地位。历史和现实都告诉我们,在不同的发展阶段、发展时期,只有结合自己的国情,选择好顺应时代潮流的、与自己国情相适应的科学技术和经济发展战略,才能赶上世界现代化的历史步伐。

面对知识经济的历史潮流,发达国家中的美国独占鳌头,其经济自20世纪90年代以来持续增长,成为第二次世界大战以来最兴旺的增长期。为了充分地适应知识经济的新形势,保持其经济、技术大国地位,美国坚持以发展科学技术和教育为中心,不断地变革和调整自己的发展模式。长期实施"技术立国"战略的日本,为了追赶知识经济时代的步伐,面向21世纪重新确立了"科学技术创新立国"、"知识产权战略立国"的基本国策,并相应地采取了一系列重大措施促进发展模式的进一步变化。积极推进知识经济的进展也已成为欧盟各成员国的共识。欧盟委员会的《2000议程》提出了"将知识化放在优先地位";《为了建设一个知识欧洲》的白皮书中再次公布了欧盟迈向知识经济时代的基本思路,强调全面推进科研、创新、教育、培训,建设知识化社会。

1993年,联合国教科文组织在首次发表的《世界科学报告》中指出,当今世界发达国家和发展中国家的差距是"知识的差距";世界银行编制的题为《知识与发展》的1998/1999年世界发展报告也指出,穷国和富国不仅存在人均GDP的差距和人类发展指标的差距,而且存在知识和信息的巨大差距。而且,发达国家与发展中国家之间在创造知识能力与获取传播信息能力的差距甚至大于他们之间的人均收入差距。

对于发展中国家来说,知识经济既是新的机遇,又是新的挑战。许多发展中国家开始改变过去主要依靠自然资源或劳动力的发展战略,纷纷以这样或那样的方式实施科教兴国与可持续发展的战略,并采取了一系列与之有关的新的经济发展对策,包括制定科技与教育发展的战略规划;加大科技与教育投入,保证科教事业发展;建立科技园区,加速推动科技产业化;大力发展信息产业,奠定知识经济的基石;加大人力资源开发,提高劳动者素质;逐渐形成和提高技术创新能力,等等。

二、国家竞争力的新发展

在一个国家的发展中,竞争力的发展位居其首。当代科学革命和技术革命带来的世界经济一体化趋势,使国与国之间竞争日益加剧。如何提高国家竞争力的研究成为国家决策的重要前提。

瑞士洛桑国际管理发展学院(IMD)的国家竞争力评价,是目前世界上最著名的国家竞争力评价方法之一。他们在所主持的《世界竞争力年鉴》中指出,国家竞争力是国家创造一个使企业有竞争力的环境的能力。一个有竞争力的环境是由本地化与全球化、吸引力与渗透力、资源与工艺过程、个人冒险精神与社会协调发展这四对基本力量塑造的。这四对力量通过国内经济、国际化程度、政府政策和运行、金融环境、基础设施、企业管理、科学技术和国民素质八个方面反映出来。因此,对国家竞争力的评价也主要从这八个方面入手。他们所作的评价,是以大量统计数据和调查数据为基础进行的综合要素评价。

在世界经济论坛(WEF)发布的《全球竞争力报告》中,竞争力侧重指一国或地区保持人均国内生产总值较高增长的能力。此报告中最初设计了三个国家竞争力指数——国际竞争力综合指数、经济增长排名、市场增长指数。后来,增加了经济创造力指数和环境管理体制指数两个新指数。该报告采用作者认为最新的理论来进行竞争力评价,使得竞争力指标具有多变性,并且其评价结果主要取决于评价者或调查对象的看法。

美国学者波特也对国家竞争力问题进行了大量研究,他在《竞争战略》、《竞争优势》和《国家竞争优势》等多部著作中,通过对国家竞争优势形成原因的讨论来分析国家竞争优势。波特认为,国家竞争力最恰当的定义应当是生产率,而不是人均收入(GDP)或其他。他在批判了传统的比较优势理论和新贸易理论对国家竞争优势来源的不正确解释之后,提出了"钻石理论",用以解释国家竞争优势的来源。波特的竞争优势理论有许多富有启发意义的观点。但"钻石模型"的许多结论并不适合于解释发展中国家的情况。波特还提出了国际竞争发展的四阶段理论——生产要素驱动竞争、投资驱动竞争、创新驱动竞争、财富驱动竞争。在经济发展的不同阶段,竞争的产业是不同的。波特认为,一个国家从创新驱动阶段过渡到财富驱动竞争阶段,就进入了经济衰退时期。的确,一个国家有竞争力的产业是在不断变化的,从工业化国家的发展历史看,一个国家有竞争力的产业首先是劳动密集型或自然资源密集型产业,然后由劳动或资源密集型产业向资本密集型产业过渡,最后由资本密集型产业向技术知识密集型产业过渡。创新驱动阶段之后也可能是其他产业或科技发展的阶段,出现经济衰退只是一种暂时的现象。

上述关于国家竞争力的研究成果表明,面向知识经济时代,以物品为基础的生产明显地转向以高技能、高技术和以服务为基础的生产;人们的经营观念也从高产量向高价值转化,转向更高层次的专门化的产业和服务;丰富的自然资源在竞争力提高中的作用已大为下降,甚至不起主要作用。与此相反,各国科学技术、知识经济的发展程度则成为其国际竞争力提高的中坚力量,成为该国经济能否获得长足发展的关键性因素。如巴西、印度、俄罗斯等国自然资源丰富但竞争力却较弱,而新加坡、日本、瑞士、芬兰等国自然资源匮乏而国际竞争力却十分强劲。伴随着国际间的竞争日益激烈,当前,自主创新能力又成为国家核心竞争力的决定性因素。

当代国际竞争力的发展,已经从注重比较优势,进一步发展到注重全系统竞争力,即建设和完善国家创新体系,多层次、全方位地开发和培育国家竞争优势。国家创新体系是在全球竞争的战略高度上形成的战略体系,也是国民经济可持续发展的基石。因此,我们也可以把国家创新体系理解为一种增强国家竞争力的"大战略"。

三、以知识促发展,建设创新型国家

在世界银行的1998/1999年世界发展报告《知识与发展》中,通过对100多个国家和地区的经济增长和发展实绩进行系统研究,指出"知识对于发展是至关重要的,因为我们所做的一切事情都依赖于知识";"穷国与富国以及穷人与富人之间的差距不仅在于穷国和穷人获得的资本较少,而且也在于他们获得知识较少"。通过研究,该报告提出了"以知识促发展"的新发展战略,强调知识在经济增长和发展中越来越显著地发挥主导作用,指出加速知识的创造、知识的吸收、知识的传播、知识的应用的发展,是发展中国家发挥后发优势,实现"缩小知识差距"和经济追赶的关键。

知识促发展战略是新型的追赶模式。通过以知识促发展,实现建设创新型国家的目标,这是在新时代的国家发展模式。这一模式比之于科教兴国战略,有着更为深刻的内涵。

所谓创新型国家,就是以科技创新为主要推动力实现工业化和现代化的国家。半个多世纪以来,世界上众多国家都在各自不同的起点上,努力寻求实现工业化和现代化发展的道路。一些国家的发展主要是依靠自身丰富的自然资源增加国民财富,如中东产油国家;一些国家的发展主要是依附于发达国家的资本、市场和技术,如拉美国家;还有一些国家的发展把科技创新作为基本战略,大幅度提高科技创新能力,形成日益强大的竞争优势,国际学术界把这一类国家称之为创新型国家。目前,世界上公认的创新型国家有20个左右,包括美国、日本、芬兰、韩国等。这些国家的共同特征是:创新综合指数明显高于其他国家,科技进步贡献率在70%以上。研发投入占GDP的比例一般在2%以上,对外技术依存指标一般在30%以下。此外,这些国家所获得的三方专利(美国、欧洲和日本授权的专利)数占世界数量的绝大多数。可见,作为创新型国家,真正做到了以知识促发展。

创新型国家的建设要依靠知识、科学和技术。对于像中国这样的发展中国家来说，建设创新型国家，核心就是把增强自主创新能力作为发展科学技术的战略基点，通过自主创新，推动科学技术的跨越性发展；就是把增强自主创新能力作为调整产业结构、转变增长方式的中心环节、建设资源节约型、环境友好性社会，推动国民经济又快又好发展；就是把增强自主创新能力作为国家战略，贯穿到现代化建设的各个方面，激发全民族创新精神，培养高水平创新人才，形成有利于自主创新的体制机制。

具有时代特征的科技自主创新应该包括：重大的原始性的科学发现和技术发明，在已有科学技术成果上的系统集成创新，以及在有选择的积极引进国外先进技术的基础上，进行消化、吸收和再创新。科技自主创新能力主要是指科技创新支持经济社会科学发展的能力，包括加快发展科技生产力的能力，自觉革新科技创新组织体制的能力，领导科技创新的能力，加快科技成果转化与规模产业化的能力，以及有效吸纳国际科技创新资源的能力。原始创新，是国家科技自主创新能力的根本。原始创新孕育着科学技术质的进步和发展，也是一个国家能否占领当今世界科技竞争的制高点的决定性因素。

大量国际经验表明，一个国家的现代化，关键是科学技术的现代化。面对世界科技发展的大势，面对日益激烈的国际竞争，任何一个国家要提高在国际政治生活中的地位，要在参与世界经济一体化进程中赢得更多的利益，根本的出路就是尽快提高综合国力，而提高综合国力的出路在于提高科技自主创新能力，建设创新型国家。

13.3　科学技术与中国现代化

建设社会主义的现代化强国是中国人民肩负的伟大历史使命，而科学技术现代化又是中国能否实现现代化的关键。中国的科学技术发展战略是和实现国家的现代化密切联系在一起的，正是科学技术的不断进步推动着中国社会的发展。

一、科学技术现代化是中国现代化的关键

所谓现代化一般认为是指从传统社会向现代社会转变的过程,世界历史的现代化进程是从工业化过程开始的。从历史上看,科学技术是推动现代化进程的关键;并且,由于各国所处的历史发展阶段不同,经济基础、科学技术发展水平与价值观念不同,现代化所需解决的问题与任务也不同,因而在当代呈现出各种现代化理论。

中国的现代化是在毛泽东思想、邓小平理论与"三个代表"重要思想的指导下,总结了中国革命与建设的经验提出的。根据中国处在社会主义初级阶段,市场经济体制正在完善,科学技术水平还相对落后的情况,党的十六大提出的中国现代化蓝图是:在经济建设和经济体制改革方面,完善社会主义市场经济体制,推动经济结构战略性调整,基本实现工业化,大力推进信息化;在政治建设和政治体制改革方面,发展社会主义民主政治,建设社会主义政治文明,推进政治体制改革,健全社会主义法制;在文明建设和文化体制改革方面,发展社会主义文化,建设社会主义精神文明,发扬民族文化,弘扬民族精神与爱国主义精神。现代化进程是上述几个方面的互动过程,其关键是人的现代化,是全体国民素质的提高。没有科学技术的优先发展,这一蓝图就不会实现。

回顾中国现代化的历史进程,不难看到,现代化进程中迈出的每一步,都和科学技术的发展相联系。

1.从鸦片战争到新中国成立

1840年的鸦片战争打开了中国闭关自守的门户,开始了中国现代化的历程。此后100多年,中国的现代化经历了一条曲折的道路,洋务运动、辛亥革命并没有使中国实现现代化。1949年,中国共产党领导中国人民推翻了帝国主义、封建主义与官僚资本主义三座大山,建立了中华人民共和国,中国才真正走上了现代化的道路。

2. 新中国成立后

(1) 20世纪50年代的工业化。新中国第一代领导人提出的现代化的目标,当时主要是指工业化。建国之初,毛泽东同志提出的党的总路线是:在一个相当长的时期内,逐步实现国家工业化和对农业、手工业和资本主义工商业的社会主义改造。显然,这里是把工业化作为现代化的头等重要任务的。

1953年,第一个五年计划开始实施,我国集中主要力量进行以苏联帮助设计的156个建设单位为中心的、由限额以上的694个建设单位组成的工业建设。1956年,中苏两党出现了意识形态分歧,我党意识到,如此下去我们必然要长久地受制于人。于是,周恩来总理亲自主持召集全国各个领域的专家,在1956年制定了《1956~1967全国科技发展规划》(又称《科技发展十二年规划》),这一规划的制定是科学的、实事求是的,基本上反映了科学技术发展的客观规律,并且对我国的科技发展确实起了促进作用。1957年,社会主义工业化基础初步建立,主要表现在:工业总产值的比重增加、工业基本建设规模扩大、工业生产能力大幅度提高、工业比重超过了农业、工业技术水平提高等,可以说,没有当时的十二年规划,就不会有20世纪70年代的"两弹一星"。如果中国的科技发展完全按照这一规划的道路走下去。中国的科技发展又将是另一种面貌。

遗憾的是,1958年违背客观规律的大跃进,又把我国的现代化道路引上歧途。极"左"思潮的大泛滥完全否定了经济和科技发展的客观规律。人的主观能动性被提到不适当的程度,认为在短时间内,就可以使中国的工业发展水平达到西方国家几百年积累的水平。"十年赶上英国"、"十五年赶上美国"的口号虽然动人,但由于完全脱离了实际,结果只能是适得其反。

(2) 20世纪60年代的全面封闭。1960年前后,由于国内外局势的剧变和意识形态上的进一步极"左",使中国处于空前困难的时期。中国社会的发展采取了一种"全封闭的战略",片面强调自力更生,一切都是"白手起家、从零开始",把西方国家先进的科技成果当成异端,把中国完全同世界隔离开,在"文化大革命"中,又把这一战略指导思想推向了极端,拒绝一切外来的东西,把西方的一切都看做洪水猛兽,甚至将爱因斯坦的相对论当成相对主义加以批判。中国的经济发展进入困难时期。

(3)20世纪70年代后期的洋冒进。在20世纪70年代中叶的第四届人大代表会议上,周恩来总理就重申了"四个现代化"的建设目标。可惜,由于受到"四人帮"的干扰,邓小平同志受到不公正的待遇,中国的现代化建设仍然没有走上正确轨道。粉碎"四人帮"后,由于某些领导人没能完全摆脱极"左"思潮的束缚,又要"急于求成",结果,重犯了"大跃进"的错误,现代化的进程仍然是徘徊不前。

总结1978年以前中国的现代化进程,和科学技术的发展联系起来,我们会发现两个致命弱点。一是科技发展和经济建设严重脱节,将科技工作意识形态化。这段时间里,我们也不是不重视科学技术的发展,但更多的是把它看成获取政治地位的筹码,把科学技术完全看成了为政治服务的东西,甚至把科学技术变成了政治的附庸,而没有从发展经济上来考虑问题,把科学技术看成是促进经济增长的基本因素。从政治上考虑科学技术,不是不正确,但忽视了经济和科技的结合,政治地位也不会巩固。正因如此,才造成科技和生产长期存在"两层皮"的现象。二是由于长期实行的是计划经济体制,科学研究与技术开发成为独立于生产、独立于企业的部门,科技成果产业化缺乏基本机制。科学研究和技术开发也由国家计划所确定,经费由国家统一下拨,研究人员由国家统一安排。在这一时期内,一些与弘扬国威相关的军工领域的科研,由于国家倾注了极大的力量,确实取得了一定的成果,但与人民生活相关的科技发展却进展缓慢。总之,科学技术现代化在中国现代化中的关键作用并没有体现出来。

(4)1978年以后的科学技术与经济社会协调发展。真正对现代化进程的清醒认识是从1978年党的十一届三中全会和全国科学大会开始的。至此,中国的现代化进程进入了一个新的阶段。党的十一届三中全会确立了以经济建设为中心的发展目标。在全国科学大会上,邓小平重申了"科学技术是生产力"这一马克思主义的观点。

20世纪80年代后期,邓小平洞察世界历史的重大变化,特别是世界新技术革命浪潮的冲击,提出了"科学技术是第一生产力"的观点。根据中国的具体情况,邓小平提出事关中国现代化的两项战略措施:一是尊重知识,尊重人才。靠空讲不能实现现代化,必须有知识,有人才。二是改革开放。长期闭关自守,把中国搞得贫穷落后,愚昧无知。如果不开放,再来个闭关自守,50年要接近经济发达国家,肯定不可能。邓小平这里所说的现代化实际上包括了追赶世界新技术革命的任务,所以党的十三大提出两大历史课题:我国的经济建设,肩负着既要着重推进传统产业革命,又要迎头赶上世界新技术革命的双重任务。

在邓小平的理论观点指导下,1992年党的十四大从"科学技术是第一生产力"的观点出发,提出:振兴经济首先要振兴科技。只有坚定地推进科技进步,才能在激烈的竞争中取得主动。并特别指出,知识分子是工人阶级中掌握科学文化知识较多的一部分,是先进生产力的开拓者,在改革开放和现代化建设中有着特殊重要的作用。

1997年党的十五大再次把"科学技术是第一生产力"的观点应用于分析新的世界形势,提出要充分估量未来科学技术特别是高技术发展对综合国力、社会经济结构和人民生活的巨大影响,把加速科技进步放在经济社会发展的关键地位。并着重指出,人才是科技进步和经济社会发展最重要的资源,要建立一整套有利于人才培养和使用的激励机制。

2002年党的十六大进一步论述了发挥科学技术作为第一生产力重要作用的问题,强调马克思主义执政党必须高度重视解放和发展生产力,特别是以科技含量高为标志的先进生产力,提出要注重依靠科技进步和提高劳动者素质,改善经济增长质量和效益。加强基础研究和高技术研究,推进关键技术创新和系统集成,实现技术跨越式发展。

目前,信息技术正在向数字化、综合化、智能化发展,专家们普遍认为:数字化将成为信息技术发展的新动力,而信息技术、信息网络则是新生产力的突出的代表,在优化物质经济增长方面具有不可比拟的重要作用。但是专家们同时又指出,信息技术不可能取代物质经济的增长。知识生产必须与物质生产相结合,软件制造必须与硬件制造相结合,信息网络技术必须与传统经济相结合,才能形成推动21世纪经济和社会发展的强大动力。

二、现代科学技术革命与中国发展道路

1. 传统发展道路的弊病与反思

第二次世界大战以后,发展中国家按照发达国家的经验,走工业化道路,形成了以片面地利用科学技术追求经济(GNP)的高速增长的传统工业文明的发展观。伴随着第二次世界大战后西方世界20多年的经济繁荣,这种观点发展到顶峰,其弊端也日渐暴露出来。

其一是忽视环境、资源、生态等自然系统方面的承载力。许多世纪以来,由于人们对自然界的本质和规律的认识水平较低,生态知识有限,把美丽、富饶、奇妙的大自然看做是取之不尽的原料库,向它任意索取愈来愈多的东西;把养育我们世世代代的自然界视为填不满的垃圾场,向它任意排放愈来愈多的对自然过程有害的废弃物。近三百年来,人类自恃科技的力量和无上的智能,以自然界的绝对征服者和统治者自居,肆意掠夺和摧残自然界的状况愈演愈烈,严重破坏了生态平衡规律,大大损害了大自然的自我调节和自我修复能力。

其二是没有考虑自然的成本。传统的发展观倾向于单向度地显示人类征服自然所获得的经济利润,没有考虑经济增长所付出的资源环境成本。这样的经济核算体系容易带给人们"资源无价、环境无限、消费无虑"的错误思想。而在实践行为上则采取一种"高投入、高

消耗、高污染"的粗放外延式发展方式。这样虽然实现了经济的快速增长,却同时给地球带来不可估量的损失。西方工业文明发展的许多结果已经表明,今天的自然资源的过度丧失到将来也许花费成倍的代价也难以弥补。因此,那种不计自然成本、以牺牲自然为代价的增长不再有理由被视为是真正意义上的发展,真正的发展必须尽量地降低自然成本消耗,并有效地保持自然的持续性。

其三是缺乏整体协调观念。多少年来,由于人们对物质财富的无限崇尚和追求,总是把发展片面地理解为经济的增长和生产效率的提高,将注意力集中在可以量度的诸经济指标上,如国民生产总值、人均年收入、人均电话部数、进出口贸易总额等。20世纪30年代以来,凯恩斯主义经济学一直把GNP作为国民经济统计体系的核心,作为评价经济福利的综合指标与衡量国民生活水准的象征,似乎有了经济增长就有了一切。于是,增长和效率成了发展的唯一尺度,至于人文文化、科技教育、环境保护、社会公正、全球协调等重大的社会问题则受到冷落或被淡忘。这种对经济增长的狂热崇拜与追求,不仅使人异化为工具和物质的奴隶,导致社会畸形发展,而且引发了大量短期行为,如无限度地开发、浪费矿物资源,贪婪地砍伐森林和捕猎动物,肆无忌惮地使用各种化学肥料与农药,置生态环境于不顾,等等。

由于传统工业化道路的发展观存在着无限制地追求经济的高速增长,无限制地追求物欲,无节制地浪费资源和能源,商品拜物教和国民生产总值拜物教盛行,追求高消费、高浪费的生活方式等诸多弊端,在对环境造成严重破坏的同时,也引发了一系列的社会问题,如大量的农村剩余劳动力出现,涌入城市后却找不到合适的工作;农村和城市的差距不是缩小,反而拉大了;贫富差距过大引起了社会的动荡不安,等等。人们庆贺经济这棵大树结出累累硕果的同时,人类赖以生存和发展的环境却被破坏得百孔千疮;社会似乎也变得更加动荡不安。

2. 中国发展的新型工业化道路

中国是发展中国家,在按照发达国家的经验走上工业化道路时,也同样暴露出上述问题。由于我国处在社会主义初级阶段,它的经济结构是二元的:一方面是技术比较先进、生产率比较高的现代工业部门;另一方面是大量技术落后、生产率很低的传统农业部门,因而在传统的工业化进程中出现这些问题也是不可避免的。

根据当代世界发展模式的转变,总结现代化过程的历史经验,在新的发展观的指导下,党的十六大提出了新的发展道路——新型工业化道路。

新型工业化道路具有完全不同于传统工业化道路的一些特点。

第一,在新型工业化过程中:不仅要实现工业化,而且要实现信息化,并且要以信息化为主导,加强信息产业与其他产业部门之间的相互联系与相互促进,从而推动经济发展与社会进步。

第二,在新型工业化过程中,GDP再也不是衡量经济发展的唯一指标。衡量经济的发展,不仅要用硬指标(物耗、能耗、人员数量等),而且要用软指标(科学技术含量),力求通过科学发现、技术发明与技术创新实现经济增长方式从粗放型向集约型的根本转变,以提高经济效益;不仅要提高经济效益,而且要提高社会效益和生态效益,尽量减少资源消耗,降低环境污染,从根本上解决经济发展与环境保护的矛盾,注重提高人民生活质量。

第三,把教育现代化放在现代化的优先地位。伴随着信息网络化而来的信息社会,将对全社会的教育观念、教育内容、教育手段、教育结构乃至整个教育界带来巨大的影响,必须充分应用现代信息技术,通过各种渠道普及教育、提高教学水平,从而提高全体劳动者的素质。正如邓小平高瞻远瞩地指出:"一个十亿人口的大国,教育搞上去了,人才资源的巨大优势是任何国家比不了的。"[1]

---

[1] 邓小平同志论教育.北京:人民教育出版社,1990.148

在党的十六届三中全会上,新的发展观进一步清晰化,这就是"坚持以人为本,树立全面、协调、可持续的发展观,促进经济社会和人的全面发展"的科学发展观。在科学发展观的指导下,新型工业化的道路必定越走越宽广。

三、科学技术现代化的战略选择

1. 我国科技发展三个层次的构想和"科教兴国"战略

科技发展战略是科学技术发展中有关全局与长远问题的策略。它使科学技术系统在整个人(经济社会)与自然所组成的大系统中恰当定位,包括确定它与母系统和其他子系统之间的关系,以及确定它与更低层次的子系统之间的关系。科技发展战略的内容主要包括:确定科技进步与整体社会经济发展之间的关系、确保科技发展的人力和物力资源、正确选择科技进步的方式。同时,科技发展战略还应反映"可持续发展"理论的内容,因为对自然和自然资源的保护已随着可持续发展观的出现,成为科技发展中必须解决的问题。

科学技术政策是国家有计划、有组织地制定的促进科学技术发展的方针及执行这一方针的行动体系。它具体包括:确立科技发展的目标和重点、变革科研体制、调整科技研究布局、促进科研成果的应用、分配科技资源、培养科技人才以及加强国际交流合作等。

科技进步已成为经济发展的原动力。为加速经济发展,为使科技、经济、社会相互协调发展,要求国家制定适合的科技政策和科技战略。

科技政策与科技战略是统一的。科技政策服务于一定的科技战略,是科技战略目标的具体化和操作化。有什么样的科技战略,就有什么样的科技政策。科技战略是"做什么",科技政策是"怎么做"。

中国是发展中国家,人均自然资源不够丰富,经济基础比较差,在科技发展战略上应从中国实际出发。早在20世纪90年代初期,我国就明确了科学技术发展分为三个层次的战略。

第一个层次:直接面向经济建设,为实现工业总产值翻两番服务的科学技术工作。这是直接为跨世纪的经济发展目标服务的。初期包括重点科技攻关计划、重大科技成果推广等一批科技计划,为国民经济和科学技术中近期发展服务,推进行业发展中的重大技术和装备攻关、重点产品和高新技术的开发等。20世纪90年代中期开始,又把推动企业的技术创新作为重点,以企业为中心实施"技术创新工程",在此基础上,又把推动技术与经济相结合放眼更广阔的领域——建设国家创新系统。

第二个层次:为提高我国经济竞争能力奠定基础,以求长远发展的新技术与高技术的研究开发工作。这一层次的规划,包括"高技术研究发展计划纲要"和"火炬"计划等。"高技术研究发展计划纲要"又称为"八六三"计划,该计划从世界高技术发展趋势、中国的需要和实际可能性出发,坚持"有限目标、突出重点"的方针,选择生物技术、航天技术、信息技术、激光技术、自动化技术、能源技术和新材料技术共7个领域15个主题,作为我国高技术产业研究与开发的重点,组织一部分精干的科技力量攻关。该计划的主要目的在于积极跟踪国际高科技发展动向,缩小与国际先进技术水平的差距,培养造就一批高水平科技人才,将开发成果尽快用于国民经济建设。1987年7月,国家科委开始实施"火炬"计划。这是一项促进我国高技术成果商品化、产业化和国际化的一项指导性开发计划。"火炬"计划与"八六三"计划上下衔接,其任务是重点引导、推动科研研究院所、高校、企业和广大科技人员以各种形式建立一大批具有国际竞争能力的高技术产业。

第三个层次:为经济建设和高技术发展提供科学基础,促进科学技术自身发展的基础研究和应用研究。这一层次的代表是"国家基础性研究重大项目计划"和"国家重点基础研究发展规划"。"国家基础性研究重大项目计划"又称"攀登计划"。该计划是为了加强基础性研究而制订的一项计划,是我国基础研究工作的重要组成部分。

"攀登计划"的实施,有利于实现科技的纵深部署;有利于吸引一批学术带头人,形成高水平的研究队伍;有利于集中力量在一些有优势的重要领域取得突破;有利于我国在世界科技发展的激烈竞争中占据一席之地。"攀登计划"自1991年开始实施,先后有45个项目列入该计划。随着"国家重点基础研究发展规划"的制定和实施,国家又对"攀登计划"赋予了新的内容,提出了更高的要求。"国家重点基础研究发展规划"又称"九七三"计划。实施"九七三"计划的战略目标是加强原始性创新,在更深的层面和更广泛的领域解决国家经济与社会发展中的重大科学问题,以提高我国自主创新能力和解决重大问题的能力,为国家未来发展提供科学支撑。实施"九七三"计划的主要任务包括:一是紧紧围绕农业、能源、信息、资源环境、人口与健康、材料等领域国民经济、社会发展和科技自身发展的重大科学问题,开展多学科综合性研究,提供解决问题的理论依据和科学基础;二是部署相关的、重要的、探索性强的前沿基础研究;三是培养和造就适应21世纪发展需要的高素质、有创新能力的优秀人才;四是重点建设一批高水平、能承担国家重点科技任务的科学研究基地,并形成若干跨学科的综合科学研究中心。这两个计划的实施,对我国的基础研究起了重要的推动作用。

　　三个层次科技发展战略的进一步推进,就是面向21世纪的"科教兴国"战略的提出。中共中央、国务院于1995年5月6日颁布了《关于加速科学技术进步的决定》。《决定》的一个突出要点就是提出了"科教兴国"战略。"科教兴国"战略是指全面落实"科学技术是第一生产力"的思想,坚持教育为本,把科技和教育摆在经济、社会发展的重要位置,增强国家的科技实力及其向现实生产力转化的能力,提高全民族的科学文化素质,使经济建设走上依靠科技进步和提高劳动者素质的轨道,加速实现国家的繁荣强盛。

　　邓小平同志关于"科学技术是第一生产力"的思想,是"科教兴国"战略的基本理论依据,也是我们实施这一战略最根本的指导思想。这一战略抓住了科学技术与经济发展的内在规律。只有依靠科教兴国,才能真正发挥科学技术的巨大作用;也只有依靠科学技术,才能真正找到兴国的强大而持久的动力。

按照江泽民同志在党的十五大报告中提出的要求,要实施"科教兴国"战略,必须把握好以下几点。

(1)必须全面落实邓小平关于"科学技术是第一生产力"的思想,使经济建设真正走上依靠科技进步和提高劳动者素质的轨道。

(2)必须准确把握和了解世界科学技术发展的态势和进展,从社会经济长远发展的需要出发,纵观全局,突出重点,制定切实可行的中长期科学技术发展规划,加强基础研究和高科技研究,加快实现高科技的产业化。

(3)强化应用技术的开发和推广,促进科技成果向现实生产力的转化,集中力量解决经济和社会发展中的重大问题和关键技术问题。

(4)进一步扩大对外开放,加强与世界各国的科技文化交流与合作,消化吸收人类科学文化的优秀成果,有重点、有选择地学习和引进先进技术,为我所用,增强自主创新能力。

(5)进一步深化科技体制和教育体制改革,促进科技、教育同经济的有机结合。

(6)实施"科教兴国"战略,必须充分重视和发挥知识分子的重要作用,认真贯彻党的知识分子政策,在全社会形成尊重知识、尊重人才的良好风尚,鼓励和支持知识分子为中华民族的振兴建功立业。

实施"科教兴国"战略有着重大的意义。这一战略的确立极大地鼓舞了广大科教工作者的热情,大大提高了全国人民的科技意识,解放了科技生产力。实施"科教兴国"战略,是确保实现我国社会主义现代化建设分三步走战略目标的必然选择。在当代,世界新技术革命正在形成新的高潮,又一个科技和经济大发展的新时代正在来临。为迎接挑战,缩小我国整个科技水平和经济实力与发达国家的差距,发挥社会主义制度的优越性,增强发展的后劲,实施"科教兴国"战略,是国家和民族的根本利益所在。

2. 国家创新体系

建设国家创新体系,是世界上发达国家的一致做法,他们都把国家创新体系看成是国民经济持续发展的基石。尽管世界各国的国家创新体系不尽相同,但其对国民经济持续发展所起的支撑作用日益增大却是共同的现实。20世纪70~80年代,国家技术创新体系在日本经济高速发展中起了重要作用。20世纪90年代以来,世界经济向知识经济转移,科学研究系统在其中起着知识的生产、传播和转移的关键作用。在这个过程中,强调技术立国的日本,经济增长速度明显减缓,而注重知识创新和技术创新的欧美,特别是美国,经济发展势头良好,其相对完善的国家创新体系成为经济持续增长的基础。面对新形势的挑战,日本政府调整国策,提出科技创新立国。在这种形势下,中国科学院集中专家们的智慧,于1998年也提出了建设我国国家创新体系的构想。

国家创新体系是由知识创新和技术创新相关的机构和组织构成的网络系统。其主要组成部分是企业(大型企业集团和高技术企业为主)、科研机构(包括国立科研机构、地方科研机构和非赢利科研机构)和高等院校等,广义的国家创新体系还包括政府部门、其他教育培训机构、中介机构和起支撑作用的基础设施等。

国家创新体系由知识创新系统、技术创新系统、知识传播系统和知识应用系统四个相对独立又密切联系的子系统组成。知识创新是指通过科学研究获得新的基础科学和技术科学知识的过程。知识创新系统是由与知识的生产、扩散和转移相关的机构和组织构成的网络体系,其核心部分是国立科研机构(包括国家科研机构和部门科研机构)和教学科研型大学。技术创新是指学习、革新和创造新技术的过程。技术创新系统是由与技术创新全过程相关的机构和组织构成的网络系统,其核心部分是企业。知识传播系统主要是指高等教育系统和职业培训系统,其主要作用是培养具有较高技能、最新知识和创新能力的人力资源。知识应用系统的主体是社会和企业,其主要功能是知识和技术的实际应用。知识创新是技术创新的基础和源泉;技术创新是企业发展的根本;知识传播系统培养和输送高素质人才;知识应用促使科学知识和技术知识转变成现实生产力。四个系统各有侧重,又相互交叉和支持,构成一个开放的有机整体。企业以技术创新和知识应用为主,但同时也进行知识创新、知识转移的部分工作;国立科研机构以知识创新为主,但同时也承担一些知识传播和知识转移的任务;而地方科研机构主要从事与技术创新和技术转移相关的工作;政府的职能,从目前直接组织创新活动为主转向宏观调控,创造良好环境和条件,提供政策指导和服务,促进各组成部分和国际间的交流与合作为主。

国家创新体系是经济和社会可持续发展的基础和引擎,是培养和造就高素质人才的摇篮,是综合国力和国际竞争力的支柱和后盾。其主要功能是知识创新、技术创新、知识传播和知识应用,具体包括创新活动的执行、人力、财力和信息等创新资源的配置、创新制度的建立和相关基础设施的建设等。大力促进和广泛进行知识的生产、传播和应用,是国家创新体系的基本任务。

中国国家创新系统的建设和完善有力地推动了技术创新工作的开展,为达到在新世纪中叶达到中等发达国家水平的战略目标奠定了基础。

3. 推动科学技术进步,加速中国现代化建设

党的十六大总结了改革开放与社会主义现代化建设的基本经验,提出了"全面建设小康社会的奋斗目标",明确指出:实现这个任务"最根本的是坚持以经济建设为中心,不断解放和发展社会生产力"。解放和发展生产力首先必须推动科学技术进步。

在目前阶段推动科技进步,首先要做好以下几个方面的工作。

第一,建立信息技术体系。包括信息的基础技术、支撑技术、主体技术与应用技术,以推动知识社会主导产业——信息业的发展。

第二,用信息技术改造传统工业。大力推广计算机辅助技术、机器智能化和计算机化产品、计算机集成制造系统等。它们反过来又必然促进信息化的发展。

第三,开展生命科学技术、尤其是农业科学技术研究。实施可持续发展战略,全面繁荣农村经济,必须把重点放在农业。开展这项科学技术研究,是建设良好的生态环境、建设现代农业、解决中国现代化建设的根本问题(农业、农村与农民问题)的基本途径。

第四,发展社会主义文化,建设社会主义精神文明,增强国家民族的创造力与凝聚力。在社会主义文化建设中,必须坚持科学文化与人文文化并重,自然科学与社会科学并重。"充分发挥哲学社会科学在经济和社会发展中的作用。在全社会形成崇尚科学、鼓励创新、反对迷信和伪科学的良好氛围。"

中国的社会主义现代化建设是前无古人的事业。当代的科学革命和技术革命,知识经济的初见端倪,为中国的社会主义现代化建设提供了机遇,同时又提出了挑战。坚持走中国特色自主创新道路,为建设创新型国家而努力奋斗,进一步开创全面建设小康社会、加快推进社会主义现代化的新局面,这就是我们必须作出的战略选择。

参考文献

[1] 黄顺基.自然辩证法概论[M].北京:高等教育出版社,2004.

[2] 国家教委社会科学研究与艺术教育司.自然辩证法概论[M].北京:高等教育出版社,1991.

[3] 潘仁,等.自然辩证法概论[M].哈尔滨:黑龙江人民出版社,2004.

[4] 刘大椿.自然辩证法概论[M].北京:中国人民大学出版社,2004.

[5] 舒炜光.自然辩证法原理[M].长春:吉林人民出版社,1984.

[6] 许为民,等.自然、科技、社会与辩证法[M].杭州:浙江大学出版社,2002.

[7] 陈昌曙.自然辩证法概论新编(修订版)[M].沈阳:东北大学出版社,2000.

[8] 张功耀.科学技术学导论(自然辩证法概论)[M].长沙:中南大学出版社,2003.

[9] 刘大椿.科学技术哲学导论[M].北京:中国人民大学出版社,2000.

[10] 黄顺基,等.科学技术哲学引论[M].北京:中国人民大学出版社,1991.

[11] 黄顺基,刘大椿.科学技术哲学的前沿与进展[M].北京:人民出版社,1991.

[12] 张瑞琨,等.自然辩证法通论:第1卷(自然卷)[M].北京:高等教育出版社,1992.

[13] 沈小峰.自组织的哲学[M].北京:中共中央党校出版社,1993.

[14] 余谋昌.生态学哲学[M].昆明:云南人民出版社,1991.

[15] 金吾伦.自然观与科学观[M].北京:知识出版社,1985.

[16] 殷正坤,邱仁宗.科学哲学导论[M].武汉:华中理工大学出版社,1996.

[17] 黄顺基,刘大椿.科学的哲学反思[M].北京:中国人民大学出版社,1987.

[18] 张华夏,叶侨健.现代自然科学与科学哲学[M].广州:中山大学出版社,1996.

[19] 林德宏.科学思想史[M].南京:江苏科学技术出版社,1985.

[20] 赵红洲.科学能力学引论[M].北京:科学出版社,1984.

[21] 陈昌曙.技术哲学引论[M].北京:科学出版社,1999.

[22] 许良.技术哲学[M].上海:复旦大学出版社,2004.

[23] 陈念文,等.技术论[M].长沙:湖南教育出版社,1987.

[24] 远德玉,陈昌曙. 论技术[M]. 沈阳:辽宁科学技术出版社,1986.
[25] 邓树增. 技术学导论[M]. 上海:上海科学技术文献出版社,1987.
[26] 王克强. 技术发展的历史逻辑[M]. 西安:西安交通大学出版社,1992.
[27] 陈昌曙,等. 技术选择论[M]. 沈阳:辽宁人民出版社,1990.
[28] 傅家骥,等. 技术创新学[M]. 北京:清华大学出版社,1998.
[29] 柳卸林. 技术创新经济学[M]. 北京:中国经济出版社,1993.
[30] 柳卸林. 企业技术创新管理[M]. 北京:科学技术文献出版社,1997.
[31] 孙一民. 现代企业技术创新[M]. 太原:山西经济出版社,1998.
[32] 安维复. 技术创新的社会建构[M]. 上海:文汇出版社,2003.
[33] 本书编写组. 建设创新型国家学习读本[M]. 北京:新华出版社,2006.
[34] 姜振寰. 技术社会史引论[M]. 沈阳:辽宁人民出版社,辽宁教育出版社,1997.
[35] 江泽民. 论科学技术[M]. 北京:中央文献出版社,2001.
[36] 恩格斯. 自然辩证法[M]. 于光远,译. 北京:人民出版社,1994.
[37] 贝尔纳. 科学的社会功能[M]. 陈体芳,译. 北京:商务印书馆,1981.
[38] 贝尔纳. 历史上的科学[M]. 伍况甫,等译. 北京:科学出版社,1983.
[39] 科恩. 科学中的革命[M]. 鲁旭东,等译. 北京:商务印书馆,1998.
[40] 米切姆. 技术哲学概论[M]. 殷登祥,曹南燕,译. 天津:天津科学技术出版社,1999.
[41] 齐曼. 知识的力量——科学的社会范畴[M]. 许立达,等译. 上海:上海科学技术出版社,1985.
[42] 齐曼. 真科学[M]. 曾国屏,等译. 上海:上海科技教育出版社,2002.
[43] 齐曼. 元科学导论[M]. 长沙:湖南人民出版社,1988.
[44] 弗兰克. 科学的哲学[M]. 许良英,译. 上海:上海人民出版社,1985.
[45] 赖欣巴赫. 科学哲学的兴起[M]. 伍佰尼,译. 北京:商务印书馆,1983.
[46] 拉卡托斯. 科学研究纲领方法论[M]. 兰征,译. 上海:上海译文出版社,1986.
[47] 罗姆·哈瑞. 科学哲学导论[M]. 邱仁宗,译. 沈阳:辽宁教育出版社,1998.
[48] 卡尔纳普. 科学哲学和科学方法论[M]. 北京:华夏出版社,1990.
[49] 皮尔逊. 科学的规范[M]. 李醒民,译. 北京:华夏出版社,1999.
[50] 贝弗里奇. 科学研究的艺术[M]. 陈捷,译. 北京:科学出版社,1979.

[51] 库恩. 科学革命的结构[M]. 李宝恒,译. 上海:上海译文出版社,1980.
[52] 让·拉特里尔. 科学技术对文化的挑战[M]. 吕乃基,等译. 北京:商务印书馆,1997.
[53] 丹尼尔·贝尔. 后工业社会的来临[M]. 北京:商务印书馆,1984.
[54] 阿尔温·托夫勒. 第三次浪潮[M]. 朱志焱,译. 北京:生活·读书·新知三联书店,1983.
[55] 波珀. 科学发现的逻辑[M]. 查汝强,邱仁宗,译. 北京:科学出版社,1986.
[56] 巴伯. 科学与社会秩序[M]. 顾昕,译. 上海:生活·读书·新知三联书店上海分店,1991.
[57] 默顿. 科学社会学[M]. 北京:商务印书馆,2003.

修订版后记

哈尔滨工业大学科学技术哲学教研室的教师在多年教学与研究的基础上,结合理工科院校学生的特点,于 2001 年集体编写出版了《科学技术哲学》一书,供高等院校理工类各专业硕士研究生在"自然辩证法概论"课的教学中使用。该书的编写工作由姜振寰教授主持,孟庆伟、谢咏梅、黄丽华参加了编写。在几年来的使用过程中本书受到学生们的欢迎。

本书出版不久,教育部社政司就根据形势的发展提出修订"自然辩证法概论"课程"教学基本要求"的建议,并于 2003 年末提出了新的"'自然辩证法概论'教学基本要求"。为了使"自然辩证法概论"课程的教学能够紧跟时代步伐,反映学科发展的最新水平,根据新的"教学基本要求",我们对原书进行了修订。这次修订,在结构和内容上都作了较大的调整。主要包括以下几个方面:适当强化了自然观方面的内容,将原来的一节扩展为一篇;将原教材第 3 篇的内容调整为第 10 章;根据新的"教学基本要求",对"科学技术与社会篇"的内容作了大幅度的改写。此外,一些章节的内容也作了适当补充,力求把学科发展中的最新成果反映进去。本书在修订过程中,参考了大量国内外同行的相关著作,并汲取了他们的许多有价值的思想,特别是由黄顺基主编的 2004 年版的《自然辩证法概论》。有些内容,直接体现在教材中,在此表示感谢。

本次修订由孟庆伟负责,具体分工为:绪论,孟庆伟;第 1~3 章,叶平;第 4~5 章,谢咏梅;第 6、13 章,朱凤青;第 7 章,邵宪文;第 8~9 章,黄丽华;第 10 章,孟庆伟、马云华;第 11~12 章,任守双。其中,除任守双为哈尔滨医科大学教师外,其他人员均为哈尔滨工业大学科学技术哲学教研室教师。

作为科学革命和技术革命时代的自然辩证法,"科学技术哲学"是一个博大精深的知识领域,受自身的知识水平限制,本书还有许多偏颇和不足之处,望读者和学术界同仁不吝赐教,给予批评指正。

本书编写组
2006年8月于哈工大